同天下一

Great Unity Under Heaven

秦汉文明主题展
Civilization of Qin and Han Dynasties

（上）

陕西历史博物馆 编著

侯宁彬 主编

科学出版社
北京

审图号：GS（2024）2975号

图书在版编目（CIP）数据

天下同一：秦汉文明主题展：全2册/陕西历史博物馆编著；侯宁彬主编. -- 北京：科学出版社，2024.7. -- ISBN 978-7-03-079153-5

Ⅰ. K871.412

中国国家版本馆 CIP 数据核字第 20246WZ701 号

"天下同一——秦汉文明主题展"图录编委员会

主　任
侯宁彬

副 主 任
庞雅妮　魏成广　朱　铭　步　雁

执行主任
彭　文

委　员
（以姓氏笔画为序）
马军辉　王　洪　卢　轩　代　军　朱　铭　任　刚　任雪莉　刘　艺
许　晨　李　娟　杨成成　杨效俊　步　雁　吴崔博　张小君　呼　啸
庞雅妮　姜　涛　钱锡娟　程　俊　路智勇　廉　钰　魏成广

主　编
侯宁彬

副 主 编
彭　文

正文撰写
彭　文　卢　颖　刘诗琦　路芙蓉　钱一丹　侯苏洋　翟文敏

文物说明
吴晓璇　王　靖

审　稿
刘庆柱　焦南峰　曹　龙

翻　译
段西洋

审　译
孙　岩　亓　浩　杨红英　黄文英

校　对
卢　颖　刘诗琦　路芙蓉　钱一丹　侯苏洋　翟文敏　吴晓璇　王　靖

摄　影
蔡　涛

绘　图
裴书研　冯一凡　陈　云　陈持也　田　倩　刘　洁　顾宇航

责任编辑：王　蕾 / 责任校对：邹慧卿
责任印制：肖　兴 / 装帧设计：蒋艳　陈闽非

科学出版社 出版
北京东黄城根北街16号
邮政编码：100717
http://www.sciencep.com

北京雅昌艺术印刷有限公司印刷
科学出版社发行　　各地新华书店经销

*

2024年7月第 一 版　　开本：787×1092　1/8
2024年7月第一次印刷　　印张：68
字数：1 800 000

定价：980.00元（全二册）
（如有印装质量问题，我社负责调换）

"天下同一——秦汉文明主题展"

指导单位 陕西省文物局
主　办 陕西历史博物馆

总 策 划 罗文利　贾　强　侯宁彬
学术顾问 刘庆柱　王子今　焦南峰　马永嬴　杨武站　曹　龙
展览统筹 钱继奎　马宝收　孙周勇　李　娟　庞雅妮　魏成广　朱　铭　步　雁
项目负责 任雪莉
策 展 人 彭　文
内容设计 彭　文　卢　颖　刘诗琦　路芙蓉　钱一丹　侯苏洋　翟文敏
审　稿 刘庆柱　焦南峰　曹　龙
展览执行 任雪莉　周光顺　彭　文　陈闽非　吴晓璇　王　靖　李岩松　梁　芊　高瑜璐
　　　　　 王　龙　黄一鑫　郭玉玉
展品组织 贺达忻　田小娟　李文怡　杨　洁　张　佳　侯苏洋　黄安琪　王乙妃　独盼盼
　　　　　 谷朝旭　周叶青　张旭东　梁煜东　耿　毅　秦　妍　杭志宏　李　莉　冯　茹
　　　　　 王晨露　张心睿　杨以恒　张　桢　张晓燕　陈小利　侯雨杉　张沛心　白丽莎
　　　　　 燕芳雨　乔会会　赵　青　杨　亮　罗天艺　宋　睿　何　颖　韩　棣　齐蕴华
　　　　　 宋　歌　王　博　梁　勉　董　洁　岳敏静　王　莉　万　晓　王晶晶　魏秋萍
　　　　　 许　峰　杨晓娜　卢　轩　胡　薇　白　璐
展品保障 路智勇　王　佳　付文斌　荆海燕　侯鲜婷　白　璐　张　蜓　高小超　张媛媛
　　　　　 李冬梅　马腾飞　邹浩川　郭军强　孙亚鹏　樊　雷　张　骄　薛栋峰　周禄毅
翻　译 段西洋
审　译 孙　岩　亓　浩　杨红英　黄文英
展　务 陈闽非　吴晓璇　惠月瑶　姜　晨
文字校对 彭　文　卢　颖　刘诗琦　路芙蓉　钱一丹　侯苏洋　翟文敏　李岩松　梁　芊
　　　　　 高瑜璐　任雪莉　吴晓璇　王　靖
设计施工 广东省集美设计工程有限公司
安全保卫 马军辉　姚李虎　魏　昂　焦　超
后勤保障 任　刚　南　楠　上官渊　徐四胜　王长缨　王　琳　孙　武　高　曼　杜李斌
　　　　　 马佳伟　郑瑶瑶　韩　燚　程思雯　孙晓寒
运营保障 许　晨　樊延平　刘　涛　王　龙　张　燚　张杰奎　乔力尧　郭玮璐　裴　沛
　　　　　 张家年　吕　璐　黄宇恒　李明瑾　任立本　杜龙生　宋　瑶　勾昕玥　孙　悦
　　　　　 王　苗　刘心怡　郑　菲　黄一鑫　郭玉玉

支持单位 秦始皇帝陵博物院　陕西省考古研究院　秦咸阳宫遗址博物馆　汉景帝阳陵博物院

陕西历史博物馆

中国·陕西·西安市小寨东路91号
电话：4000293806
网站：sxhm1991@sxhm.com

官方微信　　官方微博

序 Preface

陕西历史博物馆秦汉馆位于西咸新区秦汉新城，周边分布有秦咸阳城遗址、西汉帝陵、"大秦文明园"、"大汉紫道"等重要文化遗产和人文景观，是目前国内唯一一座以集中展示秦汉文明的缘起、发展、贡献为宗旨的博物馆。博物馆占地约20万平方米，主体建筑由著名建筑设计大师、中国工程院院士张锦秋主持设计。建筑以北斗七星布局，七座建筑以"复道"相连，高低错落，虚实结合，再现了秦汉时期"高台榭、美宫室"的建筑造型特征，呈现出复道行空、廊腰缦回、横桥卧波、冀阙凌空的胜景。博物馆建筑总面积39809平方米，展厅面积10360平方米，是集文物保护、陈列展览、学术研究、科普教育、旅游服务等多种功能于一体的、具有浓郁传统风格与时尚元素的文化综合体。

秦汉时期是中国古代社会的大变革、大发展时代，是中国历史上"大一统"的中央集权制度确立的时代，是中国学术思想奠基、中华传统文化体系形成的时代，是"中国"作为国家表征被周边"世界"广泛认知的时代，更是中华文明突出的连续性、创新性、统一性、包容性与和平性得以充分彰显的时代。为了立体展现秦汉文明的博大精深以及对世界文明的贡献，陕西历史博物馆秦汉馆建构了科学的展览体系，从基本陈列到专题展览，再到相关主题的临时展览，多层面、多视角地展示了秦汉文明的突出特性。

陕西历史博物馆秦汉馆依托在地资源优势，将自然风光、人文景观、历史遗产有机结合，通过观众喜闻乐见的方式，展示博物馆的建筑之美、展品之美和表达之美，彰显中华文明的突出特性和中华文化的独特魅力。秦汉馆的展陈体系是以"秦汉文明"为主题，采用"大历史"+"小专题"的展览设计理念，通过一个基本陈列（"天下同一——秦汉文明主题展"）和两个专题陈列（"城与陵""技与美"），多层次多角度地立体呈现秦汉时期在中华文明发展进程中的成就和作用，以及秦汉文明对人类文明的重大贡献。3个常设展览共展出文物1500余件（组），其中包括杜虎符、金怪兽、兵马俑、鎏金铜蚕、皇后玉玺、鎏金银竹节铜熏炉、"丝路一号"西汉古船等诸多珍贵文物。

秦汉馆的展览设计，从内容到形式，都是一次重要的突破。展览改变了以往以时间为序的历史叙事表达，整体上以大历史串联小专题的方式，从多个角度对秦汉文明进行阐释。基本陈列"天下同一——秦汉文明主题展"，通过制度创立、经济发展、思想奠基、文化创新、科技助力、交流互鉴六个方面，用732件（组）精美的展品，向世人讲述了秦汉时期是如何由政治一统逐渐达成国家、思想、文化认同，最终壮大成为一个开放、自信、强大的多民族国家的故事。展览强调秦汉文明对中华文明发展的贡献和意义，彰显了中华文明在人类文明百花园中的"范式"作用。两个专题展各有特色，是对基本陈列的丰富和补充。"城与陵"以考古实证秦汉时期作为国家文明表现的城市与帝陵的整体风貌；"技与美"则变换角度，让观众感受秦风汉韵之美。秦汉馆以基本陈列为核心，还将不定期地规划不同类型、不同主题的临时展览和多种专题教育活动，以促进秦汉新城所在地的多样性和可持续性发展，展现博物馆的文化力量。

秦汉时期，文明的创造和文化的发展，耀眼夺目。政治体制的创新，经济、文化、科技的繁荣发展，提升了国家实力，为一个自信、强大民族的形成奠定了坚实的基础。前人用时光孕育文明圣地、用包容开辟传奇、用文字书写秦汉风雅、用智慧承载百工匠心、用文化镌刻华夏盛名，努力营造的"中国大宁"，是中华民族生生不息、继往开来的力量源泉。

中华民族始终以"苟日新，日日新，又日新"的精神不断创造自己的物质文明、精神文明和政治文明，在很长的历史时期内作为最繁荣最强大的文明体屹立于世。中华文明的创新性，从根本上决定了中华民族守正不守旧、尊古不复古的进取精神，决定了中华民族不惧新挑战、勇于接受新事物的无畏品格。陕西历史博物馆秦汉馆的基本陈列，在充分解读秦汉文明物质文化和精神文化的基础上，采用多种视觉呈现及交互的方式，为观众解读了秦汉文明之所以"立中国，启世界"的重要意义。

再过十多天，2024年"5.18国际博物馆日"中国主会场活动将于陕西历史博物馆秦汉馆盛大启幕，届时"天下同一——秦汉文明主题展"等展览连同同名图录也将与观众见面，衷心地祝愿活动取得圆满成功，也期待大家能给展览、图录、教育活动等提出更多宝贵意见，以帮助我们提升展览水平，扩大博物馆的影响力。

陕西历史博物馆馆长　侯宁彬

2024年5月5日

秦汉文明的中华文明突出特性解读

刘庆柱

中华文明从五千多年前，经"前王国时代"（时称"古国时代"）至夏商周三代的王国时代，中华文明进入了秦汉王朝开启的帝国时代，这时的中华文明发生了影响世界历史的重大变化，正如著名历史学家范文澜指出的，科学意义上的"中华民族"形成是中央集权的多民族统一国家出现[1]。弗朗西斯·福山则提出中国从秦朝开始就已建立了现代国家，它比欧洲古代国家出现要早1800年[2]。在古代文明研究中，国际学术界一般认为从世界文明史角度来说，西方文明以希腊、罗马文明为代表，而东方文明则是以秦汉王朝时代的中华文明（或称"秦汉文明"）为代表。

秦汉文明集中体现了中华文明的突出特性："连续性""创新性""统一性""包容性""和平性"。

一、秦汉文化体现的"中华文明'连续性'与'创新性'"

从中华文明发展的"连续性"来看，秦汉文明是源于的"夏商周"的"王国时代文明"。比如作为"国家文化"的古代帝王陵墓，分布在秦咸阳城与汉长安城附近的战国时代秦王陵及秦始皇陵与西汉十一陵及其皇后陵墓，其平面图均为"亚字形"，也就是墓室居地宫中央，东西南北四面各辟一个"墓道"，代表帝王的"灵魂"通过四面墓道出"墓门"与东西南北"四方"相连接。根据目前已知考古发现资料，"亚字形"墓葬始于殷墟西北岗商王陵。从东汉时代开始，

---

[1] 范文澜：《中华民族的发展》："嬴政建立起统一的中央集权的以汉族为基干的民族国家，这又是一个极大重要性的历史事件，可以说是伟大中国和伟大中华民族形成的开始。"《学习》1950年第3期。
[2] [美]弗朗西斯·福山著，毛俊杰译：《政治秩序的起源：从前人类时代到法国大革命》，广西师范大学出版社，2014年。

及其以后帝陵地宫及墓道由殷墟西北岗商王陵的"亚字形"变为"甲字形"，但是其帝陵陵园仍然是"四面辟门"，这也是从地宫"四墓道"发展而来的，不过是从地下陵墓地宫与墓道转为地面之上的陵园"四门"，这一制度一直以后南北朝、隋唐、宋辽金元明清帝陵陵园制度所延续，这又体现了秦汉文明的"创新性"。

建都关中地区的咸阳与长安，秦咸阳城与汉长安城是"帝国时代"创建的最早两座国家都城，它们沿袭了夏商周"王国时代"的夏王朝都城"二里头城址"、商王朝都城"郑州商城""偃师商城""洹北商城"与"殷墟城址"的都城规划中，宫城位于都城中部或在都城东西居中位置。最大的不同是：秦咸阳城开创了都城以"大朝正殿"为"中心"与"核心"的都城"规划理念"。如秦始皇修建的"阿房宫"，《史记·秦始皇本纪》记载：秦始皇三十五年"咸阳人多，先王之宫廷小，吾闻周文王都丰，武王都镐，丰镐之间，帝王之都也。乃营作朝宫渭南上林苑中。先作前殿阿房，东西五百步，南北五十丈，上可以坐万人，下可以建五丈旗。周驰为阁道，自殿下直抵南山。表南山之颠以为阙。为复道，自阿房渡渭，属之咸阳，以象天极阁道绝汉抵营室也。阿房宫未成，成，欲更择令名名之。作宫阿房，故天下谓之阿房宫"。这段记载，反映了秦始皇营建"阿房宫"的大朝正殿是都城空间的"基点"，它是都城南北向"中轴线"的起点，其南对以"南山之颠"象征的"宫城之阙"，形成中国古代都城之中最早的以"大朝正殿"——"阿房宫"为"基点"的都城南北向"中轴线"设计理念。西汉王朝都城长安，中轴线基点在宫城（未央宫）中央的大朝正殿（前殿），其南对未央宫南宫门与汉长安城"西安门"，此城门之南是都城"南郊礼制建筑群"，以未央宫前殿为起点的南北向中轴线，出都城西安门之外，此"中轴线"之东西两侧分别为宗庙与社稷。这应该是目前所知时代最早的都城"大朝正殿居中"与"左祖右社"礼制建筑分列都城中轴线东西两侧的考古发现实证。这一强化"国家认同"的"物证"，被以后的北魏洛阳城、隋唐长安城、北宋开封城、金中都、元大都与明清北京城的大朝正殿"居中"，中轴线东西两侧的"左祖右社"在都城之南的分列东西两侧的空间布局格局所延续，这也是《周礼·考工记》所谓国家都城"大朝正殿"居中，其南中轴线东西两侧分列"左祖右社"的"最早考古实证"。其后，这一都城规制从西汉长安城一直延续至元明清北京城。上述秦汉都城遗址考古所揭示的情况，既是秦汉文明在"中华文明"发展史上"连续性"的反映，又是秦汉文明所体现的"创新性"。

秦汉王朝作为大一统帝国，在都城形制上不但继承了王国时代都城的形制特点，保持了中华文明突出特性的"连续性"，而且在都城城门门道规制方面还进行了创新性发展。就目前考古发现资料来看，汉长安城之前历代都城四周的城门分布情况与数量多少一般不甚清楚。而始建于西汉初年的汉长安城，四面均有城门，每面3座城门，全城共12座城门。每座城门各有并列的三个门道（"一门三道"），以汉长安城直城门遗址考古发现来看，中间门道没有发现车辙遗迹，门道是草拌泥地面，地面之上涂朱，犹如"红色地毯"。汉长安城12座城门均为"一门三道"，其又与城内衔接的"干道"的"一道三涂"相连接，而城门的"一门三道"的"中间门道"与城内干道的"一道三涂"之中间道路连接，其使用者只能是"帝王"，这是突出帝王所代表的国家"至高无上"。这一都城城门制度从邯郸确立伊始，与中国古代社会相始终，它们体现的是"国家化身"之"中"的"核心"地位。都城"四面辟门"则充分体现了国家之"和"，即"中和"，"四面辟门"实质上是反映了国家缩影的都城四面各辟3座城门。显示了国家对"东西南北"的"四方"之"公平""公正""公允"。

秦都咸阳的宗庙建筑，有别于"夏商周"王国时代的都城之宫殿与宗庙东西并列于宫城之中的传统[3]。周代《不寿鼎》铭文载："隹九月初吉戊辰王才大宫。"《左传·昭公十八年》记载："使子宽、子上巡群屏摄，至于大宫。"杜预《春秋左传注》释："大宫，郑祖庙。"这种"宫"与"庙"称谓的通用，应该反映了当时二者"地位"相近。不过这种"宫"与"庙"称谓相通的情况，西汉时期则多为生者在世为自己营建的"庙"称"宫"，如汉景帝在位时营建的阳陵庙则称为"德阳宫"[4]。根据《史记·秦始皇本纪》记载：秦始皇二十六年，其"诸庙及章台、上林皆在渭南"。二十七年秦始皇"作信宫渭南，已更名信宫为极庙，象天极"。"极庙"就是"秦始皇庙"，故《史记·秦始皇本纪》记载：秦始皇去世，秦二世"令群臣议尊始皇庙……今始皇为极庙"。也就是说秦始皇庙在"渭南"而不在咸阳宫与咸阳城之中。西汉一带都城长安城规制，反映了其国家政治文化"汉承秦制"原则，汉高祖与汉惠帝的庙均不在未央宫中，其后汉高祖宗庙又在长陵修建了"原庙"，此后西汉一代均皇帝均延续了城外筑庙做法，这是秦汉政治"连续性"的基础，也是开启"帝国时代"的宗庙、社稷等礼制建筑安排在都城之南的规制。从秦汉时代开始的皇帝宗庙安排在宫城之外，至中国古代社会的元明清北京城，历代都城宗庙均移出宫城。这是中华文明从王国时代发展到"帝国时代"的重要标识，而其始创于秦汉时期。

中华文明至今的考古发现：最早的并与历史文献得到互证的古代宗庙、社稷、明堂或辟雍等礼制建筑群遗址的考古发现是汉长安城南郊礼制建筑[5]。这批考古资料对佐证秦汉时代都城礼制建筑与其后汉魏洛阳城、南北朝时期的各都城与中古时代隋唐，及其后宋辽金元明清都城的礼制建筑历史发展与秦汉王朝都城礼制建筑规制的"一致性"，反映了中华文明的都城礼制建筑发展的"连续性"。

秦汉文化的相关国家政治管理，对中国乃至世界作出了历史性贡献，更是中华文明"连续性"的保证。如：考古发现秦王朝早在两千多年前为了多民族统一国家的巩固与发展，修建了世界上规模最长的长城，此后"长城"的修建历代相沿。"长城"从而成为中国第一批入选的世界文化遗产项目之一，也是中国政府公布的第一批三个"国家文化公园"之一（其余两个是"长征"与"大运河"）。秦王朝从都城咸阳直达北疆的"直道"建设与"法令由一统""一法度衡石丈尺""车同轨""书同文字"等强化"统一性"的举措，在中华文明延续性方面均发挥着长期的重要历史作用[6]。秦汉都城遗址出土的数以几千件的秦汉封泥，实证了国家政治治理的"职官制度"及其"文官政治"与影响世界的"郡县制"的"独特的制度创造"[7]。考古发现的西汉都城长安钟官遗址是中国乃至世界史历史上"货币官铸"的首创[8]。未央宫工官遗址考古发现数以6万多件的刻字骨签，这是国家直接管理军工生产的"工官"产品"记录"的物化载体，也是王国时代"工在官"延续至汉代及以后历代的物证[9]；未央宫

---

3 刘庆柱：《中国古代都城宫庙遗址的考古发现与研究》，《二十一世纪的中国考古学——庆祝佟柱臣先生八十五华诞学术文集》，文物出版社，2006年。
4 《汉书》卷五《景帝纪》臣瓒注："德阳宫"曰："是景帝庙也。帝子作之，讳不言庙，故言宫。"
5 中国社会科学院考古研究所：《西汉礼制建筑遗址》，文物出版社，2002年。
6 《史记·秦始皇本纪》卷六，中华书局，1959年，第239、241页。
7 孙慰祖主编：《中国古代封泥全集》（十五卷），吉林美术出版社，2022年。
8 西安市文物保护修复中心：《汉钟官铸钱遗址》，科学出版社，2004年。
9 中国社会科学院考古研究所：《汉长安城未央宫骨签》，中华书局，2018年。

骨签遗址也成为目前考古发现的"中国最早的中央专门档案馆库"建筑遗址[10]。

秦汉时代沿袭了中华文明的"国之大事，在祀与戎"传统[11]，对黄帝的祭祀规模更大，文献记载：秦灵公在秦国都城雍城（今凤翔）附近祭祀黄帝[12]。近年来在陕西省凤翔县西北柳林镇的血池村，考古发现了一处面积470万平方米的秦汉时代祭祀遗址，已发掘3200个祭祀坑，坑内发现了大量的马骨、木车、金属残片和玉器等遗物。根据已发掘面积，推测该处至少有祭祀坑约5000个。祭祀坑中发现了大量的马骨、木车、金属残片和玉器。在祭祀坑附近山梁上发现了夯土祭坛，发掘者认为，该遗址与祭祀"黄帝"有关[13]。这是考古发现实证西汉时代国家祭祀黄帝的重要出土资料，它与历史文献记载汉武帝在桥山祭祀黄帝陵成为相互佐证[14]。

秦汉文化开启的在都城附近祭祀"黄帝"的国家祭祀，对后代产生重大而深远影响。因黄帝祭祀，使中华大地的不同区域、不同族属的人们，多称"黄帝"为中华民族的共同祖宗。如北方匈奴认为他们的祖先是"夏后氏之苗裔也，曰淳维"[15]。又如，建立北魏王朝的大兴安岭地区鲜卑人认为其祖先"出自黄帝轩辕氏。黄帝之子曰昌意，昌意之少子受封北国，有大鲜卑山，因以为号"[16]。此后的辽、元王朝的建立者契丹、蒙古族群，他们均源于鲜卑，因此他们作为黄帝"后代"也就进入明清北京城的"帝王庙"之内，并与"黄帝"一起被后代帝王予以祭祀。祭祀黄帝一直延续此至今，现在国家仍然是每年"清明节"在陕西祭祀"黄陵"、在河南新郑黄帝故里每年"三月三"举行"黄帝拜祖大典"。秦汉时代国家实施并为此后两千多年来所继承的"黄帝"祭祀，是中华文明统一性的重要保证与中华民族共同体意识形成与延续的思想基础。

中华文明的"连续性"，离不开其"大一统"思想，这一思想早在远古时代已经出现，如《尚书·尧典》记载：那时"九族既睦，平章百姓。百姓昭明，协和万邦"。秦汉时期开创了"大一统"的中华文明，而秦始皇建立的秦王朝是中华文明中建立的第一个多民族统一的中央集权国家，其后的汉王朝"文景之治"成为中国历史上的第一个盛世。但是更为重要的中华文明"大一统"思想在秦汉之后能够一直延续至今，离不开"史圣"司马迁及其《史记》，司马迁的《史记》为"'华夷共祖''圣王始祖'的国家观和民族观提供了理论依据。《史记·五帝本纪》等篇章以黄帝为华夏民族始祖与华夏国家第一帝，将匈奴族、南越族、东岳族、西南夷等民族纳入华夏同祖共源的世系中，以开放包容的胸怀，构建了由五帝三王为起始的中国五千年文明史，并成为中国人'同源同祖''圣王始祖'的民族与国家的族统、法统、治统的渊源"[17]。

---

10 刘国能：《我国最早的中央专门档案馆库的发现——汉代骨签档案馆库》，《人民政协报》2007年10月11日第5版。
11 《左传·成公十三年》。
12 《汉书》卷二十五（上）《郊祀志》（上）载："秦灵公于吴阳作上畤，祭黄帝；作下畤，祭炎帝。"
13 陕西省考古研究院：《凤翔雍山血池秦汉祭祀遗址考古调查与发掘简报》，《考古与文物》2020年第6期。
14 《史记》卷二十八《封禅书》记载："其来年冬，上议曰：'古者先振兵泽旅，然后封禅。'乃遂北巡朔方，勒兵十余万，还祭黄帝冢桥山，释兵须如。上曰：吾闻黄帝不死，今有冢，何也？或对曰：'黄帝已僊上天，群臣葬其衣冠。'"
15 《史记》卷一一〇《匈奴列传》，中华书局，1959年，第2879页。
16 《北史》卷一《魏本纪》，中华书局，1974年，第1页。
17 李禹阶、肖玲玲：《从中华民族统一性看民族认同与国家认同》，《中国社会科学报》2023年7月10日第6版。

二、秦汉文化的中华文明"包容性"与"和平性"突出特点

秦汉等王朝的皇帝虽然是汉族人，但是其中央政府的有些重要官员是少数民族，如被汉武帝拜为马监，迁侍中驸马都尉光禄大夫的金日磾，其父为匈奴休屠王，后降汉入官，输黄门养马。《汉书》称誉："金日磾夷狄亡国，羁虏汉庭，而以笃敬寤主，忠信自著，勒功上将，传国后嗣，世名忠孝，七世内侍，何其盛也！"[18]

中华文明发展中对外的"包容性"主要表现在两方面：域外宗教在中国的发展与中华文明开创的丝绸之路对世界文化交流的贡献。

首先，域外宗教在中国的发展实证中华文明发展道路的"包容性"。中华文明在世界古代史上的一个重要特色是其"包容性"显示出的开放性，对此可以从历史上域外宗教在中国的活动得到充分反映。早在两千多年前，西汉王朝开通了连接世界东西方的丝绸之路，西汉长安作为最早"丝绸之路"的"起点"，域外宗教陆陆续续从中亚、南亚传入中国，新疆地区近年来考古发现的一些域外的宗教遗存进一步佐证中华文明对域外宗教的"有容乃大"，这也就是为什么此后汉唐宋元时代，这里活跃着世界历史上著名的琐罗亚斯德教（中国古代称祆教、拜火教）、佛教、摩尼教、景教（基督教）、伊斯兰教和道教六大宗教。它们大多集中于国家都城附近，这些宗教与本土宗教——道教——在中华大地不只是平等发展，而且有的比道教还要更受重视，其中尤以佛教从域外传入中国后的发展最为典型。

中国古代的官制发展历史，丞相与将军前者为上，这保证了国家政治的稳定性、连续性与国家"贤明政治"共同构成中华文明在世界文明史上的"和平性"特色。中华文明在这些领域的政治与组织措施，保证了国家历史发展相对更为和平、平稳与持久。这从历史文献记载与考古发现两个方面可以得到佐证。

从中央政府的皇帝之下的官员，以"文官"的"丞相"地位最高，在《汉书·百官公卿表》卷十九载："相国、丞相，皆秦官，金印紫绶，掌丞天子助理万机。"诚如《秦汉官制表》所说："西汉前期，尤其是武帝以前，丞相多由功臣出身，位极尊隆，为人臣中的最高官吏，总领百官，协理万机一切国事皆归其管辖。"

在帝王陵的"陪葬墓"中，陪葬墓在帝王陵墓陪葬区的位置，一般折射出其生前地位之"高低"，即陪葬墓距帝陵封土越近，其墓主地位越高，反之则地位越低。如汉高祖刘邦长陵的陪葬墓区在长陵之东，距帝陵最近的陪葬墓是丞相萧何与曹参[19]。

作为由多地区、多民族组成的真正"广域"国家，中国历史上的"和亲"活动具有其"中华文明"的"和平性"特色。正如在中华五千多年不断裂的文明史发展史中，由多民族组成的"民族共同体"如何实现的，是世界历史上的长时间未能处理好的难题。但是汉代"和亲文化"反映中华文明的"和平性"，在促进中华民族共同体关系形成方面，有着十分重要的历史意义。早在两千多年前实施的"和亲"活动就已经充分体现出中华文明的"和平性"特点。

汉朝政府为巩固、发展与邻近国家和地区的友好关系，往往采取和亲政策。所谓和亲，就是汉朝皇帝把宗室的女儿或皇宫的宫女嫁给那些地区的酋长与首领。这些从长安宫室中选拔的女子，作为和亲的使者，为巩固和发展所在地区与汉王朝的友好关系、增进民族融合与

---

18 《汉书》卷六十八《霍光金日磾传》，中华书局，1962年，第2967页。
19 刘庆柱、李毓芳：《西汉十一陵》，陕西人民出版社，1987年。

发展作出了杰出贡献，其中不少人成了名垂青史的政治活动家。如江都王刘建的女儿细君，汉武帝于元封六年（公元前105年）把她作为公主嫁给了乌孙国王昆莫，并且陪送了大量珍贵的嫁妆，选派了数百名干练的官宦作为随从。细君到达乌孙后，意识到自己肩负的重大政治使命，积极开展外交活动，经常宴请乌孙贵族，还把从长安带去的华丽丝绸等贵重物品，赠送给乌孙的达官显贵们，做过大量工作。不久细君病逝，汉武帝又将解忧公主嫁给乌孙国王。她在西域乌孙生活了五十多年，加强西汉王朝与西域的友好与亲情关系，取得了乌孙统治者们的信任和欢心，从而也加强了乌孙与汉朝的友好关系[20]。

西汉一代和亲政策影响最大的历史事件，莫过于昭君出塞，曾使中国北部的和平安定持续了半个多世纪。昭君名王嫱，南郡秭归（今湖北秭归）人，出身于平民之家，约生于汉宣帝甘露元年（公元前53年）。王昭君在十六七岁的时候，被朝廷选为宫女。她入宫四五年，既未见到汉元帝，也没得到妃嫔的称号，只是以待诏掖庭的名义等待皇帝的召见。当时正值匈奴与汉朝修好，呼韩邪单于提出和亲要求。朝廷最终选中王昭君，她顾全大局，义无反顾同意出塞与匈奴单于成婚。在为她与呼韩邪举行的盛大饯行宴会上，汉元帝才第一次见到王昭君倾国倾城的倩影，尽管天子对她流露出相见恨晚的心情，但王昭君并未因此而动摇，毅然告别了京华长安，伴随着她的丈夫为和平而奔向广袤的草原、浩瀚的沙漠。汉元帝为了纪念这一重大历史事件，改元"竟宁"，其含意就是双方的边境（即竟）得以安宁。匈奴单于为此也尊称王昭君为"宁胡阏氏"。阏氏为单于妻子的称呼，宁胡的含意则是指单于得到王昭君为妻，匈奴也就获得了安宁、和平[21]。

由西汉时代开启的汉王朝与其周边族群"可汗""酋长"等形成的"和亲文化"，为黄帝以后的王朝所延续，是中华优秀传统文化的重要组成部分。如唐代的文成公主入藏和亲，至今在西藏还有著名的布达拉宫、大昭寺、小昭寺等与其入藏和亲相关的建筑，文成公主庙则香火不断，朝拜者络绎不绝。这种和亲文化在中华五千多年不断裂文明史中，不限于上述乌孙、匈奴与西藏等地与中原王朝的和亲，也不只是秦汉时代，可以说从西汉王朝开创的"和亲文化"一直与中国古代社会相始终。如黄帝以后的中原王朝与北方、西北与西南地区少数族群所建立的"北方和亲文化圈""西南和亲文化圈"所建立的"和亲文化"，可为佐证[22]。

作为"丝绸之路"起点的西汉王朝都城——长安城，这里开启的"和亲"政策，是中华文明的"和为贵"的典型历史事件：公元前119年，以汉武帝派遣张骞出使西域，调查、了解西域"大国"乌孙情况，并力图加强双方联系，并向乌孙国王提出"妻以公主，与为昆弟"。皇室"细君公主"嫁给乌孙国王[23]。这也就是汉代文明从起都城长安开启的德国地理学家李希霍芬所称的"丝绸之路"，它早于大航海时代1600多年。丝绸之路是中国境内各民族的和合之路，也是世界古代史上不同国家、不同地区在"和合"理念之下的文化交流活动之路，是中国走向世界之路，更是世界走进中国之路。

2023年12月27日

20　《汉书》卷九十六（下）《西域传》（下），中华书局。
21　《汉书》卷九十四（下）《匈奴传》（下），中华书局，第3803页。
22　崔明德：《论和亲文化》，《中国边疆史地研究》2021年第2期。
23　《汉书》卷九十六（下）《西域传》，中华书局，第3902、3903页。

"一天下"与"天下一":秦汉社会正统政治意识

王子今

"天下"在春秋战国时期"礼坏乐崩"背景下成为政治学热议的主题。作为政治空间概念、政治地理概念,各种学派均就此发表辩议。虽政治倾向不同,"天下""定与一"成为政治追求的共同倾向。然而儒家学派"不嗜杀人者能一之"的理念在政治实现中未能真正付诸实施。按照秦人的政治宣传,秦通过"武德"的"奋扬"实现统一。秦汉时期"天下一统""天下一致""天下一家"政治意识得到非常广泛的宣传。在汉武帝的支持下,承董仲舒倡导使得有所修正的儒学学说成为意识形态主导的条件下,"一天下"与"天下一"的政治理念得到普遍认同。战国晚期得以正式发表的"天下非一人之天下也,天下之天下也"的认识,体现了新的以"天下"为视域,以"天下"为基点,以"天下"为对象新的政治理念。这一观念在汉代形成了新的影响。"不阿一人""不私一姓"的主张,可以看作涉及"天下"政治格局的值得肯定的思想觉醒。

一、上古"天下"观与"大一统"追求

先秦时期思想创造收获中,已经多见"天下"语汇的使用。这一现象体现出新的视界较为广阔的文化地理与政治地理意识得到多数学人的认可。《老子》说:"贵以身为天下,若可寄天下;爱以身为天下,若可托天下。""圣人抱一,为天下式。""执大象,天下往。"又言"天下之至柔""天下之至坚"……[1]《庄子》中,《胠箧》言"天下之德""天下之利器""天下之圣法",《寓言》言"天下之定",又专有《天下》篇,说到"天下之心""天下之好""天下之安宁""天下之大圣"[2]。《荀子》中,《非相》言"天下之杰""天下之

---

[1] (清)王弼注,楼宇烈校释:《老子道德经注校释》,中华书局,2008年,第29、56、87、120页。
[2] 郭庆藩辑,王孝鱼整理:《庄子集释》,中华书局,1961年,第353、953、1075、1080、1082、1088页。

君""天下法则""天下之大事",《非十二子》言"天下之心",《仲尼》言"天下之大节""天下之大知""天下之大决",以及"天下之行术""天下之通义",《儒效》言"天下之断""天下之和"等[3]。又,《文子·道德》:"帝者天下之适也,王者天下之往也,天下不适不往,不可谓帝王。"[4]《易·系辞上》:"圣人""能通天下之志""成天下之务""冒天下之道""定天下之业""断天下之疑"[5]。都是人们熟知的思想宣传,各自均言及"天下"。这些论说都涉及政治生活。先秦思想家对于以"天下"为视野的政治思索、政治说明与政治设计,已经表现出相当热烈的积极性。

"天下"的说法,可能最早见于《尚书·大禹谟》,即所谓"奄有四海,为天下君"[6]。又《诗·小雅·北山》:"溥天之下,莫非王土;率土之滨,莫非王臣。"[7]可见"天下"的观念,一开始就是和追求与认同统一的观念相联系的。与当时"天下"意识的普及同时,许多思想家都相应提出了以"一"的理想对应"天下"概念,以实现"天下""定""同""归"于"一"的主张。如《庄子·天道》:"帝道运而无所积,故天下归""帝王天子之德也""以此进而抚世,则功大名显而天下一也"。又说"一心定而王天下"。《庄子·逍遥游》则说"德合一君""治天下之民,平海内之政"[8]。《墨子·尚同中》:"选择天下贤良圣知辩慧之人,立以为天子,使从事乎一同天下之义。"《墨子·非攻下》:"古之仁人有天下者,必反大国之说,一天下之和,总四海之内焉。"[9]"天下"的行政控制与行政管理也成为议政者共同关注的对象。《荀子·不苟》:"总天下之要,治海内之众,若使一人,故操弥约而事弥大。"[10]人们已经在设计"一人"的"总天下"之"治"。"天下"为"一","天下"归"一"的理念随即鲜明地出现在政治语言中,并成为政治宣传的主题。

作为法家思想的集大成者,《韩非子》一书出现"天下"一语空前密集,凡267次[11]。如《解老》"进兼天下",《饰邪》"强匡天下",《制分》"令行禁止于天下"等[12]。成书于秦地的《吕氏春秋》可见"天下"凡281次[13]。如《先己》"取天下",《孝行》"定天下",《勿躬》"一匡天下"等[14]。以强权和暴力夺取"天下"并控制"天下"的主张,对秦政有直接的影响。其中"一匡天下""强匡天下",表露了力图以强力、强权、强势谋求"天下"归"一"的意志。

明确出现"大一统"说法的先秦典籍,是《公羊传·隐公元年》。其文曰:"何言乎王正月?

---

3 (清)王先谦撰,沈啸寰、王星贤点校:《荀子集解》,中华书局,1988年,第75、81、86、99、106、124、126页。
4 王利器撰:《文子疏义》,中华书局,2000年,第219页。
5 (清)阮元校刻:《十三经注疏》,中华书局据原世界书局缩印本1980年影印版,第81页。
6 (清)阮元校刻:《十三经注疏》,第134页。
7 (清)阮元校刻:《十三经注疏》,第463页。《左传·昭公五年》:"《诗》曰:'普天之下,莫非王土;率土之滨,莫非王臣。'"(清)阮元校刻:《十三经注疏》,第2047页。《孟子·万章上》:"《诗》云:'普天之下,莫非王土;率土之滨,莫非王臣。'"(清)焦循撰,沈文倬点校:《孟子正义》,中华书局,1987年,第637页。
8 郭庆藩辑,王孝鱼整理:《庄子集释》,中华书局,1961年,第16、30、457、458、462页。
9 (清)孙诒让著,孙以楷点校:《墨子间诂》,中华书局,1986年,第71、130页。
10 (清)王先谦撰,沈啸寰、王星贤点校:《荀子集解》,第49页。
11 参看周锺灵、施孝适、许惟贤主编:《韩非子索引》,中华书局,1982年,第428、429页。
12 陈奇猷校注:《韩非子集释》,上海人民出版社,1974年,第351、309、1141页。
13 参看张双棣、张万彬、殷国光等:《吕氏春秋索引》,山东教育出版社,2002年,第510—515页。
14 许维遹撰,梁运华整理:《吕氏春秋集释》,中华书局,2009年,第69、308、453页。

大一统也。"[15]铭写这一内容的汉代砖文的发现[16],说明"大一统"观念在汉代社会的普及。

二、"一天下"境界

苏秦立合纵之约,由赵至韩、魏、齐、楚。据《史记》卷六九《苏秦列传》,楚威王说:"今主君欲一天下,收诸侯,存危国,寡人谨奉社稷以从。"合纵成,"于是六国从合而并力焉。苏秦为从约长,并相六国"[17]。《史记》卷七○《张仪列传》也说:"且夫诸侯之为从者,将以安社稷尊主强兵显名也。今从者一天下,约为昆弟,刑白马以盟洹水之上……"[18]这种反秦联盟是松散的集合,并不能长久。此所谓"一天下",与通常意义上的统一是有所不同的。

《荀子·儒效》写道:"笞棰暴国,齐一天下,而莫能倾也。是大儒之征也。"又《荀子·非十二子》:"一天下,财万物,长养人民,兼利天下,通达之属,莫不从服。"杨倞注:"通达之属,谓舟车所至,人力所通者也。"[19]此所谓"一天下"的境界,与楚威王与苏秦语形容合纵形势之"一天下"大异。

《史记》卷二三《乐书》说:"治辨之极也,强固之本也,威行之道也,功名之总也。王公由之,所以一天下,臣诸侯也;弗由之,所以捐社稷也。故坚革利兵不足以为胜,高城深池不足以为固,严令繁刑不足以为威。由其道则行,不由其道则废。"所谓"治辨之极也,强固之本也",司马贞《索隐》:"自此已下,皆是儒分之功也。"张守节《正义》:"固,坚也。言国以礼义,四方钦仰,无有攻伐,故为强而且坚固之本也。"关于"威行之道"与"功名之总",张守节《正义》:"以礼义导天下,天下伏而归之,故为威行之道也""以礼义率天下,天下咸遵之,故为功名之总。总,合也,聚也。"[20]这种"一天下",大致可以理解为比较严格意义上的统一。类似表述,有《三国志》卷一○《魏书·贾诩传》:"帝问诩曰:'吾欲伐不从命以一天下,吴、蜀何先?'"[21]

"一天下"的追求,在方向上似乎看起来是共同的。而关于"一天下"境界的理解有异,可知就"一天下"之"一",其"一"的程度、"一"的力度、"一"的实在度、"一"致密度,认识或有不同。对于实现"一天下"的路径,不同学派的主张也有明显的分歧。

三、"孰能一之":"一天下"的路径

战国时期,社会普遍期求统一的意愿已经在不同学派发表的文化论说中有所表现。儒学

---

15 (清)阮元校刻:《十三经注疏》,第2196页。
16 王镛、李淼:《中国古代砖文》,知识出版社,1990年,第61页。
17 《史记》,第2261页。
18 《史记》,第2286页。
19 (清)王先谦撰,沈啸寰、王星贤点校:《荀子集解》,第138页。
20 《史记》,第1154、1155页。
21 《三国志》,第331页。

学者最早提出了"大一统"的政治主张[22]。其他不同学派的学者,也分别就"大一统"有论说发表[23]。"大一统"理想的提出,是以华夏文明的突出进步和我们民族文化共同体的初步形成作为历史基础的。对于"大一统"实现的方式,《老子》认为:"以道佐人主者,不以兵强天下""夫乐杀人者,则不可以得志于天下矣。"[24]《孟子·梁惠王上》记录了孟子的观点:

> 孟子见梁襄王,出语人曰:"望之不似人君,就之而不见所畏焉。卒然问曰:'天下恶乎定?'吾对曰:'定于一。''孰能一之?'对曰:'不嗜杀人者能一之。'"[25]

所谓"不嗜杀人者能一之",即以王道与仁政征服人心。另外,孟子还强调说,"尧舜之道,不以仁政,不能平治天下""三代之得天下也以仁,其失天下以不仁""夫国君好仁,天下无敌"[26]。"仁人无敌于天下,以至仁伐至不仁。"[27]王道的核心,就是以"德"统一天下[28]。

《孟子·公孙丑下》:"得道者多助,失道者寡助。寡助之至,亲戚畔之;多助之至,天下顺之。"[29]言"得道"则可以"多助","多助之至,天下顺之"。"天下"人皆归顺,自然可以成功地"定于一"。

与"一天下"对应的说法是"天下一"。有关"天下一"的表述,又可见所谓"天下一统""天下一致""天下一家"。

然而成为历史事实的"一"即统一,是通过残酷的战争实现的。秦通过军事方式,动用战争手段,施行武力征服,经历流血牺牲实现统一。秦人自称"遂发讨师,奋扬武德""威燀旁达,莫不宾服""烹灭强暴""武威旁畅,振动四极""阐并天下"[30]。《文子·道德》对于这样的问题"古有以道王者,有以兵王者,何其一也?"有明确的回答:"以道王者德也,以兵王者亦德也。用兵有五:有义兵,有应兵,有忿兵,有贪兵,有骄兵。"而"诛暴救弱谓之义"[31]。而秦人正是自称实现统一的军事强权为"义兵"。丞相王绾、御史大夫冯劫、廷尉李斯议帝号时颂扬秦始皇:"今陛下兴义兵,诛残贼,平定天下,海内为郡县,法令由一统,自上古以来未尝有,五帝所不及。"[32]

---

[22] 《孟子·万章上》引述了《诗经》中的名句"普天之下,莫非王土。率土之滨,莫非王臣",以及孔子"天无二日,民无二王"的话。(清)焦循撰,沈文倬点校:《孟子正义》,第637页。不过,孟子对"普天之下,莫非王土。率土之滨,莫非王臣"的解释,与一般的理解似乎略有不同。孔子所说的"天无二日,民无二王",见于《礼记·曾子问》《礼记·坊记》和《礼记·丧服四制》,然而都写作"天无二日,土无二王"。(清)阮元校刻:《十三经注疏》,第1392、1619、1695页。很显然,"天无二日,民无二王"或者"天无二日,土无二王",也是"大一统"政治意识的朦胧体现。

[23] 早期法家的政治理论即以君主权力的一元化为思想基点。《太平御览》卷三九〇引《申子》说:"明君治国,三寸之机运而天下定,方寸之谋正而天下治,一言正而天下定,一言倚而天下靡。"(宋)李昉等撰:《太平御览》,中华书局用上海涵芬楼影印宋本1960年复制重印版,第1804页。

[24] (魏)王弼注,楼宇烈校释:《老子道德经注校释》,第77、80页。

[25] (清)焦循撰,沈文倬点校:《孟子正义》,第69—71页。

[26] 《孟子·离娄上》。(清)焦循撰,沈文倬点校:《孟子正义》,第483、492、497页。

[27] 《孟子·尽心下》。(清)焦循撰,沈文倬点校:《孟子正义》,第959页。

[28] 对于治国方式,孟子也提出了以"德"为本的一系列主张。贺荣一:《孟子之王道主义》,北京大学出版社,1993年,第175—200页。

[29] (清)焦循撰,沈文倬点校:《孟子正义》,第254页。

[30] 《史记》卷六《秦始皇本纪》,第24、250页。

[31] 王利器撰:《文子疏义》,第235页。

[32] 《史记》卷六《秦始皇本纪》,第236页。

四、"天下一统":行政"并兼","帝业"成就

李斯曾为秦相文信侯吕不韦舍人,后为郎,于是说秦王,建议"急就"而"成大功",政治目标就是"天下一统":"昔者秦穆公之霸,终不东并六国者,何也?诸侯尚众,周德未衰,故五伯迭兴,更尊周室。自秦孝公以来,周室卑微,诸侯相兼,关东为六国,秦之乘胜役诸侯,盖六世矣。今诸侯服秦,譬若郡县。夫以秦之强,大王之贤,由灶上骚除,足以灭诸侯,成帝业,为天下一统,此万世之一时也。今怠而不急就,诸侯复强,相聚约从,虽有黄帝之贤,不能并也。"[33] 这是《史记》中唯一出现"天下一统"的文例。所谓"万世一时",指出历史机遇难得,如果"怠而不急就",敌对"诸侯复强",联合抗秦,则难以实现以"并"为路径的"天下一统"的"帝业"。

史家一般以为秦汉时期实现了"天下一统"的政治格局。《史记》卷四《周本纪》:"秦庄襄王灭东周。东西周皆入于秦,周既不祀。"张守节《正义》:"至秦始皇立,天下一统,十五年,海内咸归于汉矣。"[34] 汉王朝自以为"天下一统"的说法,见于《汉书》卷一三《异姓诸侯表》,所谓"据汉受命,谱十八王,月而列之,天下一统,乃以年数"[35]。

就政治形式的统一而言,通常认为秦汉均实现了"天下一统"。然而《汉书》卷八六《师丹传》有这样的记述:"初,哀帝即位,成帝母称太皇太后,成帝赵皇后称皇太后,而上祖母傅太后与母丁后皆在国邸,自以定陶共王为称。高昌侯董宏上书言:'秦庄襄王母本夏氏,而为华阳夫人所子,及即位后,俱称太后。宜立定陶共王后为皇太后。'事下有司,时丹以左将军与大司马王莽共劾奏宏:'知皇太后至尊之号,天下一统,而称引亡秦以为比喻,诖误圣朝,非所宜言,大不道。'"[36] 这是关于政治名号的争议。事态因复杂缘由,又有曲折的变化。我们所关注的,是师丹和王莽上奏称汉王朝"天下一统",而并不认同"亡秦"曾经取得这样的政治成功。

《盐铁论·忧边》:"今九州同域,天下一统。"[37] 也大致体现了同样的高度赞颂汉王朝政治成就的态度。

还应当注意到,在汉人的政治语言习惯中,"天下一统"又称"海内一统"。如《史记》卷一三〇《太史公自序》:"今汉兴,海内一统,明主贤君,忠臣死义之士,余为太史而弗论载,废天下之史文,余甚惧焉!"[38] 先说"海内一统",又言"废天下之史文","海内"与"天下"的对应关系,依然是明朗的。

前引李斯语"东并六国"及"今怠而不急就,诸侯复强,相聚约从,虽有黄帝之贤,不能并也",此"并",即《史记》卷六《秦始皇本纪》之所谓"并兼天下"[39],《新序·节士》之所谓"秦欲吞灭诸侯,并兼天下……"[40],汉瓦当文字"汉并天下"的"并"[41],语义亦略同。

---

33 《史记》卷八七《李斯列传》,第2540页。
34 《史记》,第169、170页。
35 《汉书》,中华书局,1962年,第364页。
36 《汉书》,第3505页。
37 王利器校注:《盐铁论校注》(定本),中华书局,1992年,第161页。
38 《史记》,第3295页。
39 《史记》,第291页。
40 (汉)刘向编著,石光瑛校释,陈新整理:《新序校释》,中华书局,2001年,第938页。
41 华非:《中国古代瓦当》,人民美术出版社,1983年,第15页。

五、"天下一致"：文化的"殊涂""同归"

对于不同思想流派的品评，《史记》卷一三〇《太史公自序》中有一段自称"论六家之要指"的文字，首先引《易大传》语："《易大传》：'天下一致而百虑，同归而殊涂。'"随即陈说"六家"基本学术基点与风格："夫阴阳、儒、墨、名、法、道德，此务为治者也，直所从言之异路，有省不省耳。尝窃观阴阳之术，大祥而众忌讳，使人拘而多所畏；然其序四时之大顺，不可失也。儒者博而寡要，劳而少功，是以其事难尽从；然其序君臣父子之礼，列夫妇长幼之别，不可易也。墨者俭而难遵，是以其事不可徧循；然其强本节用，不可废也。法家严而少恩；然其正君臣上下之分，不可改矣。名家使人俭而善失真；然其正名实，不可不察也。道家使人精神专一，动合无形，赡足万物。其为术也，因阴阳之大顺，采儒墨之善，撮名法之要，与时迁移，应物变化，立俗施事，无所不宜，指约而易操，事少而功多。儒者则不然。以为人主天下之仪表也，主倡而臣和，主先而臣随。如此则主劳而臣逸。至于大道之要，去健羡，绌聪明，释此而任术。夫神大用则竭，形大劳则敝。形神骚动，欲与天地长久，非所闻也。"对于儒学"人主天下之仪表"，说到"天下"，我们在理解时可以注意与上文"天下一致"的对应。开头所引《易大传》，裴骃《集解》："张晏曰：'谓《易·系辞》。'"张守节《正义》："张晏云'谓《易·系辞》'。案：下二句是《系辞》文也。"[42]

《汉书》卷六二《司马迁传》也载录这样的文字："《易大传》：'天下一致而百虑，同归而殊涂。'"[43]

这里所说的"天下一致"，指思想文化的"同归"。汉武帝时代以后，儒学成为国家意识形态的正统，"同归"的情形，为强调"人主天下之仪表"的儒学所主导。

六、"天下一家"："六合同风，九州共贯"

《汉纪》卷四《高祖皇帝纪》："（十二年）上立沛侯濞为吴王。濞者，郃阳侯仲之子也。已拜，上相曰：'汝面状有反相。汉后五十年东南有乱。岂非汝也？然天下一家，慎勿反也！'濞顿首曰：'不敢。'"[44]《汉纪》卷九《孝景皇帝纪》："（三年）吴王濞、胶西王卬、楚王戊、赵王遂、济南王辟光、淄川王贤、胶东王熊渠皆谋反。初，上为太子时，吴王太子入朝。与上博，争道，无礼于上。上以博局掷之而死。送丧至吴，吴王怒曰：'天下一家，何必来葬！'复遣还长安。后称疾不朝，阴怀逆谋。"[45]汉初上层人物言"天下一家"两见，均与吴王刘濞相关。此"天下一家"，是刘姓宗族内部的共同认识。

《后汉书》卷七《桓帝纪》载汉桓帝诏文也说到"天下一家"："（永兴二年）九月丁卯朔，日有食之。诏曰：'朝政失中，云汉作旱，川灵涌水，蝗螽孳蔓，残我百谷，太阳亏光，饥

---

[42] 《史记》，第 3288、3289 页。

[43] 《汉书》，第 2710 页。

[44] （汉）荀悦著，张烈点校：《汉纪》，中华书局，2002 年，第 59 页。《太平御览》卷三七一引《汉书》曰："吴王濞，高帝兄仲之子。上患吴会轻悍，无壮王镇之，乃立濞为吴王，王三郡五十二城。高祖召濞，相之曰：'尔状有反相。'因拊其背曰：'汉帝后五十年，东南有乱，岂非若耶？天下一家，慎无反！'濞顿首曰：'不敢。'"（宋）李昉等撰：《太平御览》，第 1711 页。

[45] （汉）荀悦著，张烈点校：《汉纪》，第 134、135 页。

馑荐臻。其不被害郡县，当为饥馁者储。天下一家，趣不糜烂，则为国宝。其禁郡国不得卖酒，祠祀裁足。'"[46]这里鲜明地提出了"天下一家"的政治理念。此"天下一家"之指向，已经是汉王朝管辖内的百姓万民。

对"天下一家"的理解，亦见于对西汉史的认识。《史记》卷一〇七《魏其武安侯列传》："魏其、武安俱好儒术，推毂赵绾为御史大夫，王臧为郎中令。迎鲁申公，欲设明堂，令列侯就国，除关，以礼为服制，以兴太平。"关于"除关"，司马贞《索隐》："谓除关门之税也。"[47]同一史事，《汉书》卷四《文帝纪》："除关无用传。"[48]《汉书》卷五二《田蚡传》："迎鲁申公，欲设明堂，令列侯就国，除关……"[49]对于《史记》卷一〇七《魏其武安侯列传》"除关"，徐孚远曰否定司马贞《索隐》的意见："《索隐》非也。汉立关以稽诸侯出入，至此罢之。示'天下一家'之义也。"[50]此"天下一家"之所谓"一家"者，也已经不限定于刘姓宗室了。

所谓"天下一家"，如果说西汉前期有言朝廷与诸侯关系者，那么，《后汉书》卷七《桓帝纪》"天下一家"[51]，大致可以说是具有真正意义的"天下一家"。

《晋书》卷四八《段灼传》写道："昔汉文帝据已成之业，六合同风，天下一家……"[52]与此语式相近者，有《汉书》卷六四下《终军传》："六合同风，九州共贯。"[53]《汉书》卷七二《王吉传》同[54]。而《晋书》卷八七《凉武昭王李玄盛传》："六合同风，宇宙齐贯。"[55]其实意思也是接近的。

《汉书》卷四三《叔孙通传》记载，叔孙通以博士身份在秦二世前进言，说到"夫天下为一家"[56]。"天下为一家"当然就是前说"天下一家"。《礼记·礼运》："故圣人耐以天下为一家，以中国为一人者，非意之也，必知其情。辟于其义，明于其利，达于其患，然后能为之。"[57]宋人卫湜《礼记集说》引录如下解说："延平周氏曰：天下非一家，而能以为一家；中国非一人，而能以为一人者，非特在吾身者有以结之，必先知人情无喜其所怒，无欲其所恶，然后开于人义，使之知父子君臣之伦，明于人利，使之讲信修睦，达于人患，使之无争夺以相贼，如此，则天下所以为一家，中国所以为一人也。""建安潘氏曰：天下一家，中国一人，圣时之盛也。论者每以车书混同无异区，为天下一家；亿兆欣戴无异俗，为中国一人。是知圣治之成效，而不见圣人之能事也。圣人非有他术，特洞照本原，知天下同归而殊涂，一致而百虑。夫涂殊于所由，不殊于所归。同归则宗一室，吾见天下本一家也。虑百于所思，不百于无思，无思则均一体，吾见中国本一人也。众人徇私而自蔽，见有用则彼已不通，不见不用而会归则一，每每自狥，则虽父子犹有为豺狼，兄弟犹有为参商，况他舍外人乎？圣人

---

46 《后汉书》，中华书局，1965年，第299页。
47 《史记》，第2843页。
48 《汉书》，第123页。
49 《汉书》，第2379页。
50 《史记》卷一〇七《魏其武安侯列传》《考证》，文渊阁《四库全书》本。
51 《后汉书》，第299页。
52 《晋书》，第1342页。
53 《汉书》，第2816页。
54 《汉书》，第3063页。
55 《晋书》，第2259页。
56 《汉书》，第2124页。
57 （清）阮元校刻：《十三经注疏》，第1423页。

深探本源，灼见要归，故均以一体待之，休戚一焉。是谓践形。由是乐民之乐，而民亦乐其乐；忧民之忧，而民亦忧其忧。不以一己外天下，而以一体视天下。此天下所以一家，中国所以一人也。"[58] 所谓"天下一家"，被看作"圣时之盛"，即理想的道德建设境界。而所谓"圣人之能事"，在于"乐民之乐，而民亦乐其乐；忧民之忧，而民亦忧其忧""不以一己外天下，而以一体视天下"。这在中国传统社会，只能说是一种梦想。

七、"混同天下一之虖中和"

《三国志》卷一九《魏书·陈思王植传》："方今天下一统，九州晏如，而顾西有违命之蜀，东有不臣之吴，使边境未得脱甲，谋士未得高枕者，诚欲混同宇内以致太和也。"[59] 这里所说的"天下一统，九州晏如"，只是北方的局部统一，割据力量尚"西有违命之蜀，东有不臣之吴"，所谓"混同宇内以致太和"方是更高等级的真正的"天下一统"。其中所谓"天下一统"与"宇内""太和"的关系，值得人们深思。

严遵《老子指归》卷二《不出户》言"道德为父，神明为母，清静为师，太和为友，天下为家，万物为体"[60]，所谓"太和为友，天下为家"，似乎也有助于说明"天下"与"太和"的关系。

汉代正统意识形态又有关于"天下""中和"的表述。《汉书》卷二八下《地理志下》有一段著名的关于"风俗"的论说："凡民函五常之性，而其刚柔缓急，音声不同，系水土之风气，故谓之风；好恶取舍，动静亡常，随君上之情欲，故谓之俗。孔子曰：'移风易俗，莫善于乐。'言圣王在上，统理人伦，必移其本，而易其末，此混同天下一之虖中和，然后王教成也。"[61] 所谓"王教"的成就，经历"混同天下一之虖中和"的程序。《汉书》卷六四下《王褒传》说，王褒作《中和》《乐职》《宣布诗》，宣传"盛德"。颜师古注："中和者，言政治和平也。"[62] 这一说法，可能可以帮助我们理解"混同天下一之虖中和"之"中和"的合理涵义。

汉代政治哲学论著中，"天下""中和"是讨论的重要主题。《春秋繁露·循天之理》写道："循天之道，以养其身，谓之道也。天有两和以成二中，岁立其中，用之无穷。是北方之中用合阴，而物始动于下；南方之中用合阳，而养始美于上。其动于下者，不得东方之和不能生，中春是也；其养于上者，不得西方之和不能成，中秋是也。然则天地之美恶，在两和之处，二中之所来归而遂其为也。是故东方生而西方成，东方和生北方之所起，西方和成南方之所养长。起之不至于和之所不能生，养长之不至于和之所不能成。"以所谓"天之道"宣讲的政治哲学和生命哲学，加入了天下四方意识的因素。空间与时间的合理结合，被规范于"和"与"中"的原则："成于和，生必和也；始于中，止必中也。中者，天地之所终始也；而和者，天地之所生成也。夫德莫大于和，而道莫正于中。中者，天地之美达理也，圣人之所保守也。

---

58 （宋）卫湜：《礼记集说》，清康熙十九年通志堂刻《通志堂经解》本，第2425页。
59 《三国志》，中华书局，1959年，第566页。
60 （汉）严遵著，王德有点校：《老子指归》，中华书局，1994年，第33页。
61 《汉书》，第1640页。
62 《汉书》，第2821页。《汉书》卷八五《何武传》："益州刺史王襄使辩士王褒颂汉德，作《中和》《乐职》《宣布》诗三篇。"颜师古注："中和者，言政教隆平，得中和之道也。乐职，谓百官万姓乐得其常道也。宣布，德化周洽，遍于四海也。"第3481页。

《诗》云：'不刚不柔，布政优优。'此非中和之谓与？是故能以中和理天下者，其德大盛；能以中和养其身者，其寿极命。"[63] 董仲舒理解"天之道"以及"天地之美达理"，都在于"中""和"，并以天地自然之"养""生""长""成"，与人文社会及行政生活结合，认为"以中和理天下者""以中和养其身"，均可以成就其"大"，实现其"极"。所谓"以中和理天下者，其德大盛"，是达到完美极致境界的政治成功。

董仲舒学说源自儒学传统，在汉代也是得到政界与知识界较普遍认同的。《史记》卷二四《乐书》："乐者天地之齐，中和之纪。"[64]《汉书》卷二一上《律历志上》："九者，所以究极中和，为万物元也。"[65]《汉书》卷五八《儿宽传》："唯天子建中和之极，兼总条贯。"[66]《汉书》卷八一《匡衡传》："齐之以义，然后中和之化应，而巧伪之徒不敢比周而望进。"[67] 所谓"究极中和"与"建中和之极"似乎存在某种逻辑关系。"中和之纪""中和之极"以及"中和之化"，大致都形容了政治文化的理想境界。

《汉书》卷八七下《扬雄传下》著《法言》其目，第九即："立政鼓众，动化天下，莫上于中和，中和之发，在于哲民情。"[68] 说到"动化天下"之最高等级即"中和"。此说又见于《法言序》，作："立政鼓众，动化天下，莫尚于中和，中和之发，在于哲民情。"[69]《汉书》"莫上于中和"，《法言》作"莫尚于中和"。以"中和""动化天下"，可以与前引"齐之以义，然后中和之化应"对照理解。

关于"天下""中和"的说法亦见于《太平经》，可知这一理念在社会上已经有所普及，并且渗透到民间宗教意识之中。

八、"天下非一人之天下也，天下之天下也"

前引扬雄《法言序》说，政治成功之最高境界，在于"中和"，而"中和之发，在于哲民情"。侯芭注："哲，知。"司马光说："'哲'当作'晢'。晢，明也。言将发中和之政，在先明民情也。"汪荣宝则提示"哲有知闻之训"[70]。字义释读有所不同，但是注家都理解了扬雄强调的政治理念对"民情"的看重。

《荀子·王霸》："国者，天下之制利用也；人主者，天下之利埶也。"所谓"天下之利埶"，王先谦注："埶之最利者也。"[71] 指出最高执政者管理"天下"的权利和威势。《管子·法法》曾说："黄帝、唐、虞，帝之隆也，资有天下，制在一人。"房玄龄注："资，用也。率土之滨，莫非王臣，故曰制在一人。"[72] 强调"一人"可以"有天下"，可以"制""天下"。这其实

---

63 苏舆撰，锺哲点校：《春秋繁露》，中华书局，1992年，第444、445页。
64 《史记》，第1208页。
65 《汉书》，第979页。
66 《汉书》，第2631页。
67 《汉书》，第3339页。
68 《汉书》，第3582页。
69 汪荣宝撰，陈仲夫点校：《法言义疏》，中华书局，1987年，第571页。
70 汪荣宝撰，陈仲夫点校：《法言义疏》，第571页。
71 （清）王先谦撰，沈啸寰、王星贤点校：《荀子集解》，第202页。
72 黎翔凤撰，梁运华整理：《管子校注》，中华书局，2004年，第314页。

就是专"制"。《慎子·威德》说"国家之政要在一人之心矣"[73]也是这样的意思。又，前引"天下一家，中国一人"之说，很容易被理解为极端的、绝对的以宗法为基础的政治控制。而《文子·道德》写道："以道莅天下，天下之德也。无道莅天下，天下之贼也。以一人与天下为仇，虽欲长久，不可得也。"[74]执政者"一人"和"天下"的关系，得以揭示明朗。以"道"面对"天下"，则成就"天下之德"。而"无道"则沦为"天下之贼"。以"一人"与"天下"敌对，是必然失败的。《荀子·王霸》的说法也非常明确："得道以持之，则大安也，大荣也，积美之源也。不得道以持之，则大危也，大累也，有之不如无之，及其綦也，索为匹夫不可得也，齐湣、宋献是也。"[75]

《竹书纪年》关于舜的权力交接，可见"天下非一人之天下"的说法[76]。这一理念，体现出早期政治意识中"天下"观的进步因素。《太平御览》卷八四引《周书》曰："太公曰：'夫天下，非常一人之天下也；天下之国，非常一人之国也。'"[77]《慎子·威德》写道："古者，立天子而贵之，非以利一人也""立天子以为天下，非立天下以为天子也"[78]。《六韬》卷一《文韬·文师》："太公曰：天下非一人之天下，乃天下之天下也。同天下之利者则得天下。擅天下之利者则失天下。"《六韬》卷二《武韬·发启》："大智不智，大谋不谋，大勇不勇，大利不利。利天下者，天下启之。害天下者，天下闭之。天下者非一人之天下，乃天下之天下也。取天下者，若逐野兽，而天下皆有分肉之心。若同舟而济，济则皆同其利，败则皆同其害。然则皆有以启之，无有以闭之也。"《六韬》卷二《武韬·顺启》："文王问太公曰：'何如而可以为天下？'太公曰：'大盖天下，然后能容天下。信盖天下，然后能约天下。仁盖天下，然后能怀天下。恩盖天下，然后能保天下。权盖天下，然后能不失天下。事而不疑，则天运不能移，时变不能迁。此六者备，然后可以为天下政。故利天下者，天下启之；害天下者，天下闭之；生天下者，天下德之；杀天下者，天下贼之；彻天下者，天下通之；穷天下者，天下仇之；安天下者，天下恃之；危天下者，天下灾之。天下者，非一人之天下，惟有道者处之。'"[79]管理"天下"，统治"天下"，必须重视管理、统治的对象最终有主动的积极的决定性的作用。"天下者，非一人之天下"的认识的提出，在政治思想史上是有重要意义的。

《吕氏春秋·贵公》明确提出了"天下非一人之天下也，天下之天下也"这一理念："昔先圣王之治天下也，必先公。公则天下平矣。平得于公。尝试观于上志，有得天下者众矣，其得之以公，其失之必以偏。凡主之立也生于公""天下非一人之天下也，天下之天下也。阴阳之和，不长一类。甘露时雨，不私一物。万民之主，不阿一人。"[80]这是为即将形成的秦帝国所设计政治规划的原则，只是并没有得以真正实践。西汉时期，"天下乃天下之天下，

73　许富宏撰：《慎子集校集注》，中华书局，2013年，第137页。
74　王利器撰：《文子疏义》，第255页。
75　(清)王先谦撰，沈啸寰、王星贤点校：《荀子集解》，第202页。
76　王国维：《今本竹书纪年疏证》，方诗铭、王修龄：《古本竹书纪年辑证》附，谓"出《宋书·符瑞志》"。上海古籍出版社1981年2月，第198页。《宋书》卷二七《符瑞志上》，中华书局，1974年，第762页。
77　(宋)李昉等撰：《太平御览》，第395页。
78　许富宏撰：《慎子集校集注》，第16页。
79　骈宇骞、李解民、盛冬玲译注：《武经七书》，中华书局，2007年，第360、391、403页。
80　许维遹撰，梁运华整理：《吕氏春秋集释》，第24、25页。《太平御览》卷四二九引《吕氏春秋》曰："天下非一人之天下也，天下之天下也。阴阳之和，不私长一类；甘露时雨，不私长一物；万民之主，不阿一人。"(宋)李昉等撰：《太平御览》，第1977页。

非一人之天下也"的说法,形成了政治影响。作为政论公开发表,体现了新的以"天下"为视域,以"天下"为基点,以"天下"为对象的政治理念。其中"不私一姓"的主张在帝制政治形态初步生成并得以逐渐巩固的时代出现,表现出涉及总体社会格局值得肯定的觉醒。

《汉书》卷八五《谷永传》载录如下政论:"臣闻天生蒸民,不能相治,为立王者,以统理之,方制海内。非为天子列土封疆,非为诸侯,皆以为民也。垂三统,列三正,去无道,开有德,不私一姓,明天下乃天下之天下,非一人之天下也。"[81] 又《三国志》卷二五《魏书·高堂隆传》可见直接面对帝王的类似的言论:"夫皇天无亲,惟德是辅。民咏德政,则延期过历,下有怨叹,掇录授能。由此观之,天下之天下,非独陛下之天下也。"[82] 这种具有政治新识与文化智慧的理念,是中国知识界的重要发明,也可以对世界文化的进步与完善产生积极的影响。

秦汉之世,"一天下"与"天下一"的理念得以普及,是具有进步意义的。而涉及"天下"的意识中最可贵的,体现出具有开明品质的政治思想精华的内容,应当是所谓"天下乃天下之天下,非一人之天下也"。

---

81 颜师古注:"蒸,众也。"《汉书》,第3466页。
82 《三国志》,第717页。《晋书》卷四八《段灼传》:"夫天下者,盖亦天下之天下,非一人之天下也。"第1346页。

目录 Contents

"制"启华夏 ...001
The System Giving Rise to Chinese Civilization

制度——秦汉文明的基石 ...005
Institutions: The Cornerstone of Qin and Han Civilization

大变革的时代 The Era of Great Transformation	006
多元一体的国家格局 The Pattern of Diversity in Unity	016
法律保障下的国家机器运转 Operation of State Apparatus under the Law	032
文治武功奠定版图 Political and Military Achievements in Territorial Consolidation	042
国家意识的形成 The Formation of National Consciousness	088

蓄力——农耕经济的迅猛发展 ...111
Accumulations: The Rapid Development of Agricultural Economy

统一货币和度量衡 Standardization of Currency and Measurements	112
牛耕与铁农具的发展 Ox-Drawn Ploughing and Advancements of Iron Farming Tools	124
汉武帝整顿币制 Currency Reform by Emperor Wu of Han	150
盐铁官营 Government Monopoly over Salt and Iron	178
均输法与平准法 The Policies of Equal Distribution and Price Adjustment	186
田庄与豪族经济 Manors and the Economy of Magnate Clans	190

入世——儒家思想统治地位的确立 ...217
Social Engagement: The Establishment of the Dominance of Confucianism

从"学在官府"到"有教无类" From "Elite Education" to "Education to All"	218
从"焚书坑儒"到《为吏之道》 From "Burning Books and Burying Scholars" to *the Way of Being an Official*	226
尊崇儒术 "Revere the Confucianism"	240
经学的普及 The Popularization of Confucian Classics	248

创新 ——文化力量的展现 ···273
Innovation: The Demonstration of Cultural Power

统一文字 The Standardization of Writing	274
学术成果 Academic Achievement	278
艺术之光 The Splendor of Art	314

动能 ——科技成果的助力 ···375
Driving Forces: Scientific and Technological Achievement

国家工程 National Projects	376
造纸术 Papermaking Technology	406
天文历法 Astronomy and Calendar	410
中医学体系 The System of Traditional Chinese Medicine	416
朴素生态观的形成 The Formation of the Primordial Ecological Consciousness	420
天人合一的哲学观 Philosophical Notion of "The Harmony between Man and Nature"	428

互鉴 ——中国对世界的探知 ···437
Mutual Learning: China's Exploration of the Outside World

早期秦文化的交流与发展 Cultural Exchange and Development in Early Qin	440
秦文化中的域外文化因素 External Cultural Elements in Qin Culture	444
丝绸之路的开辟 The Establishment of the Silk Road	458
从"国家意识"到"世界观念" From "National Consciousness" to "Globe View"	486

中国大宁 ···497
"The Great Stability of China"

参考文献	500
后记	511

天下同一——秦汉文明主题展

「制」启华夏

图例

- 古希腊文明
- 美索不达米亚文明
- 古埃及文明
- 古印度文明
- 美洲文明
- 古罗马文明
- 中国古代文明

时间轴事件

罗马进攻希腊 公元前192年—公元前189年

罗马征服希腊 公元前146年

纳斯卡文化 公元前100年—公元前700年

凯撒出任独裁官 公元前44年

罗马统治埃及 公元前639年

屋大维获得"奥古斯都"称号，罗马进入帝国时代 公元前27年

维苏威火山爆发，古城庞贝被毁 公元79年

耶稣被钉死在十字架上 约公元29年

贵霜王朝 约公元25年—公元375年

莫切文化 约公元200年—公元700年

萨珊人灭亡帕提亚王朝 公元224年

玛雅文明古典期 公元250年—公元900年

戴克里先改革 公元284年

公元前300年 公元前200年 公元前100年 公元元年 公元100年 公元200年 公元300年

中国古代

公元前202年 ▼ 楚汉军主力决战垓下，项羽兵败自刎。刘邦称帝。

公元前180年 ▼ 汉文帝刘恒继位。

公元前157年 ▼ 汉景帝刘启继位。

公元前141年 ▼ 汉武帝刘彻继位。

公元前140年 ▼ 始建年号，汉武帝亲自策问贤良方正直言极谏之士。推行"罢黜百家，尊崇儒术"。

公元前138年 ▼ 张骞出使西域。

公元前134年 ▼ 颁布《推恩令》。

公元前127年 ▼ 张骞返回长安。

公元前126年 ▼ 霍去病远征，大破匈奴军。浑邪王降汉。

公元前121年 ▼

公元前106年 ▼ 初置十三州部刺史。

公元前104年 ▼ 编定《太初历》。

公元前89年 ▼ 汉武帝下《轮台诏》。

公元前81年 ▼ 郡国所举贤良文学议盐铁事。

公元前74年 ▼ 汉宣帝继位。

公元8年 ▼ 王莽即真天子位，定国号曰"新"。

公元22年 ▼ 刘秀起兵。

公元25年 ▼ 刘秀称帝，定都洛阳。

公元73年 ▼ 班超立功西域，定都洛阳。

公元79年 ▼ 诸儒会白虎观，议《五经》同异。

公元91年 ▼ 以班超为西域都护。

公元97年 ▼ 班超遣甘英使大秦，临海欲渡，为安息船人所阻而还。

公元105年 ▼ 蔡伦改进造纸术

公元132年 ▼ 张衡作候风地动仪。

公元184年 ▼ 黄巾军起义。

张骞首次出使西域

东汉

赤壁之战

三国

西晋

公元208年
公元220年—公元280年
公元220年—公元317年
公元265年—公元317年

30—40°N 世界古代文明发展大事年表

- 马其顿王国崛起 公元前359年—公元前336年
- 亚历山大大帝当政 公元前336年—公元前323年
- 亚历山大大帝征服埃及 公元前332年
- 亚历山大大帝入侵印度 公元前327年—公元前326年
- 亚历山大大帝夺取巴比伦 公元前331年
- 孔雀王朝 公元前324年—公元前187年
- 塞琉古王朝 公元前312年—公元前64年
- 托勒密王朝 公元前305年—公元前30年
- 阿育王在位 约公元前273年—公元前232年
- 罗马统一意大利半岛 公元前272年
- 帕提亚王朝 公元前247年—公元224年
- 公元前400年
- 公元前300年
- 公元前221年—公元前206年
- 公元前206年—公元25年
- 西汉（包括王莽（9—23年）和更始帝（23—25年））

秦大事年表

公元前770年—公元前206年

- **公元前677年** ▼ 徙都于雍。
- **公元前384年** ▼ 秦献公继位，开始了一系列的改革。
- **公元前383年** ▼ 徙都栎阳。
- **公元前356年** ▼ 秦孝公任用商鞅变法。商鞅变法
- **公元前350年** ▼ 秦孝公第二次变法，迁都咸阳。发明司南 屈原写下千古流传的楚辞《离骚》
- **公元前221年** ▼ 秦统一中国，分天下以为三十六郡。秦
- **公元前220年** ▼ 秦始皇西巡陇西、北地。治驰道。
- **公元前219年** ▼ 秦始皇东巡，上泰山，封、祠祀、禅梁父。南登琅邪，作琅邪台。
- **公元前218年** ▼ 秦始皇再次东巡，在阳武博浪沙中遇刺客狙击。
- **公元前215年** ▼ 秦始皇东巡至碣石，巡北边，从上郡回咸阳。使将军蒙恬发兵三十万人北击匈奴，掠取河南地。
- **公元前214年** ▼ 发诸尝逋亡人、赘婿、贾人略取陆梁地，为桂林、象郡、南海，以适遣戍。西北斥逐匈奴。自榆中并河以东，属之阴山，以为四十四县，城河上为塞。又使蒙恬渡河取高阙、阳山、北假中，筑亭障以逐戎人。
- **公元前213年** ▼ 秦始皇下禁书令。
- **公元前212年** ▼ 秦始皇坑杀儒生方士四百六十余人。通直道。
- **公元前210年** ▼ 秦始皇东巡，病逝于沙丘。李斯、赵高立胡亥为帝，逼杀扶苏、蒙恬。
- **公元前209年** ▼ 陈胜、吴广于大泽乡起义。
- **公元前206年** ▼ 刘邦军入关，十月，秦王子婴降，秦亡。

秦汉以开创性的制度，翻开了中国历史的新篇章，也开启了中华文明的新纪元。中国版图的确立，『大一统』政治格局的创建，『儒学』成为政治思想的主体，以及中华民族的初步形成，都是在秦汉时期完成的。这一时期，以新的政治制度为根基，中华民族凝聚力量，奋进崛起，同时放眼世界，包容、吸收外来文化，使中国迈向强盛、自信的新时代。

The System Giving Rise to Chinese Civilization

The institutional system established during the Qin and Han dynasties was pioneering. It started a new chapter in Chinese history and ushered in a new era of Chinese civilization. The demarcation of China's territory, the establishment of the political structure of "Great Unification", the founding of a political ideology dominated by Confucianism, and the initial formation of the Chinese nation all took place during Qin and Han dynasties. During this period, a new political system was put in place, fostering national cohesion. During this period, ancient China exhibited strength and inclusivity, absorbing foreign cultures and embracing a global perspective, thus heralding a prosperous and confident new era.

"制"启华夏 The System Giving Rise to Chinese Civilization

竹的分布
以今江西为代表的黄河流域，和江南地区。

虎的分布
关中、东部地区多虎，长江流域华南虎数量多，以至于逼近成虎患；东汉时期虎患威胁到国都洛阳。

犀牛的分布
战国时分布于以蜀地为主的西南地区，汉代向南移，距中藏文化重心地区遥远（如岭南一带）。

山林植被的分布
南阳地区；秦汉咸阳"五陵原一带"；东汉洛阳上林苑一带；西北边地等。

鹿的分布
史料记载楚越之地多鹿，鹿在古代分布十分广泛，今黑龙江、吉林、河北、山西、山东、浙江、江西、广东北部山地、广西部部、四川北部、台湾省等。

野象的分布
北至秦岭淮河一线，主要在岭南地区。

图例：
— 国界
— 未定国界
— 省、自治区、直辖市界
— 特别行政区界线
★ 首都
● 省级行政中心
犀牛的分布
野象的分布
虎的分布
鹿的分布
竹的分布
山林植被的分布

秦汉时期自然环境示意图

Institutions:
The Cornerstone of Qin and Han Civilization

After enduring the vicissitudes of the Spring and Autumn period and the Warring States period for more than 500 years, Qin Shi Huang, First Emperor of Qin, instituted the political structure of "Great Unification". Western Han regime upheld the structure until the eventual realization of this political ideology during the reign of Emperor Wu of Han. Henceforth, the political regime that continued to shape the social development of ancient China for more than 2000 years was established. The establishment of this new system became the cornerstone for the development of Qin and Han society, exerting a significant influence on various facets of societal growth.

第一章 制度
——秦汉文明的基石

历经春秋战国500余年的风雨，秦始皇初创『大一统』的政治格局，经过西汉王朝继承并发展完善，到汉武帝时期完成了对『大一统』政治理念的贯彻，基本确立了影响中国古代社会发展2000余年的政治体制。新制度的创建，是秦汉社会发展的基石，也是深刻影响社会其他层面发展的核心力量。

大变革的时代

春秋战国时期是我国古代历史上的大变革时代。生产力的发展促使旧秩序逐步瓦解，各诸侯国为争霸安邦，纷纷开展变法，进一步加速了新秩序的建立。"以能任官"的官僚制度取代了"世卿世禄"的传统；郡县制普遍替代了分封的采邑制；明确废除井田而实行土地私有制，释放生产力；以"履亩而税"的实物税制取代了"籍田以力"的劳役税制；各国普遍重视法治，颁布法典；实施改革兵制，增强军队战斗力。

大变革的时代，促进了社会整体的蓬勃发展。

The Era of Great Transformation

The Spring and Autumn and the Warring States periods marked an era of great transformation in the history of ancient China. The development of productive forces expedited the disintegration of the old order. Regional states implemented political reforms in seeking power and stability, ultimately contributing to the establishment of a new order. The hereditary official system was abolished and replaced with a merit-based system. The enfeoffment system gave way to the system of prefectures and counties. The "nine squares" system was dismentled while private land ownership was implemented, enhancing productivity. A tax system based on land area supplanted the labor tax system. These states valued the rule of law, enacting legal codes. They also carried out military reforms to improve the combat effectiveness.

风起云涌的各国变法

Reforms Surging in Regional States

● 春秋战国时期，群雄逐鹿，百家争鸣，各诸侯国通过改革变法增强国力，掀起了一波又一波的变法运动。从春秋时期齐国卓有成效的改革，到战国时期的各国变法，政治上动摇了奴隶制的统治，经济上极大地促进了生产力的解放，封建制度得以确立。

春秋战国变法大事年表

各国的变法运动，实际上是一场封建化运动。各国都在不同程度上打击了奴隶主贵族，保护封建地主阶级，废除奴隶制的政治经济制度，巩固和发展封建制的政治经济制度。通过变法使封建制度得到确立，由奴隶制引起的社会矛盾基本上得到解决。从奴隶制进入封建制是历史发展中的一大进步。

春秋时期

齐桓公改革

公元前 685 年，齐桓公即位后，任用管仲为国相，积极改革内政。管仲从"富国强兵"的目的出发，明确提出"修旧法，择其善者而业用之，遂滋民与无财，而敬百姓，则国安矣"的治国原则。

秦穆公改革

公元前 659 年，秦穆公即位，重用由余和百里奚进行改革。在政治上，建立了由诸卿、诸大夫组成的官僚机构；在军事上作三军、设三帅，扩大了秦国的军队，同时大力发展经济。

晋文公改革

公元前 636 年，晋文公执掌晋国大权后，重用狐偃、赵衰等人，推行免债轻赋、救贫济弱、发展农商事业的经济措施和"明贤良""赏功劳""举善援能"的用人政策，并扩充军事编制。

楚庄王改革

公元前 613 年，楚庄王即位，任用鄙人出身的孙叔敖为令尹，进行改革，任贤用能，讲求得失，稳定政局，发展生产。

吴王阖闾改革

公元前 515 年，吴王阖(hé)闾(lú)执政，在伍子胥、孙武的协助下，进行了政治、军事等方面的改革：建造城郭，设立守备，充实仓廪，整治库兵。

越王句践改革

公元前 497 年，越王句(同"勾")践即位后，任用范蠡(lí)、文仲等人，积极从事改革，经济上采取垦殖土地，发展畜牧，充实府库，采矿晒盐等有利农工事业的措施；军事上加强剑戟习射的训练，执行严格纪律；外交上实行亲楚、结齐、附晋和孤立吴国的政策，奖励生育。

战国时期

魏文侯改革

公元前445年，魏文侯即位，之后任用李悝进行变法。李悝通过废除奴隶主官爵世袭制，推行"尽地力之教"，实行"平籴(dí)法"，创制《法经》，使魏国经济得以迅速发展，地主政权逐渐巩固，国力逐渐强大，成为战国初年一个强盛的封建国家。

赵烈侯改革

公元前409年，赵烈侯即位。他一边采纳牛畜的建议，倡"仁义"，行"王道"；一边纳荀欣和徐越的建议，在用人上"选练举贤，任官使能"，在财政上"节财俭用，察度功德"。经过这些改革，赵国封建政权得以逐渐稳固。

楚悼王改革

公元前402年，楚悼王即位。后任命吴起为令尹，实行全面改革。吴起根据楚国"大臣太重、封君太众"的现状，通过制定法令、减少爵位等方式，废除贵族世卿世禄制。同时注重整顿吏治，精简官职。吴起变法沉重地打击了楚国的旧贵族，加速了楚国封建化的进程。

秦献公改革

公元前385年，秦献公即位。他废止了奴隶主杀人殉葬的制度，制定户籍制度，建立了四个县，削弱了奴隶主贵族的特权，壮大了地主阶级的力量，为商鞅变法做了准备。

韩昭侯改革

公元前363年，韩昭侯即位，后任用申不害为相，通过"术"治进一步加强专制主义中央集权。申不害要国君"独断"，操纵最高的权力；平常不动声色，让人摸不透底细；任用官吏要使其称职，不许官吏越职办事，要经常监督和考核官吏。

秦孝公改革

公元前362年，秦孝公即位后，任用商鞅两次变法。废除世卿世禄制，废除井田制，推行县制，统一度量衡，迁都咸阳，建立户籍制度。变法使原来比较落后的秦国一跃成为战国时期最先进的强国，为日后统一六国打下了基础。

齐威王改革

公元前357年，齐威王即位，后任用邹忌为相，"谨修法律而督奸吏"，制定巩固封建秩序的法律，加强对地方官吏的监督，并注意招收流民开荒。因此在战国中期，齐国曾一度代替魏国成为东方诸侯的霸主。

赵武灵王改革

公元前326年，赵武灵王即位后，推行胡服骑射，即着胡人服装，改穿短装、束皮带、用带钩、穿皮靴，教练骑射。此后，赵国建立了以骑兵为主体的军队，增强军事力量。胡服骑射一定程度上推进了民族融合。

燕昭王改革

公元前311年，燕昭王即位，后得到乐毅等人的辅助进行改革，制定法律、严厉法治，在用人方面，确定"察能而授官"的用人原则。通过改革，燕国一度强盛起来，为伐齐做好充分的经济准备和军事准备。

秦国的锐意改革

Qin's Determination on Reform

● 春秋战国五百余年间，历经三十余代国君的奋发图强，秦国最终成为一方霸主。以秦献公、秦孝公为首的国君主张变法图强、锐意改革，极大地推动了秦国东进的进程。秦献公迁都栎阳，废除人殉制度、建立商市，同时编制户籍推广县制，改变了秦国"国乱兵弱而主卑"的局面，他是战国时期推动秦国富强崛起的重要前驱。秦孝公任用商鞅两次变法，确定了以"法"为本的治国方略和经济建设举措，使秦国日益壮大，迅速崛起。

01 发布垦草令——开垦荒地

02 再次编造户籍实行什伍连坐

03 奖励军功，禁止私斗

04 鼓励耕织，发展封建经济

05 以暴力推行新法

06 进一步废除奴隶社会的土地国有制

07 普遍实行县制

08 迁都咸阳

09 按人口征收赋税

10 统一度量衡

"廿五年"嵌错云纹簋

- 战国
- 口径19.9厘米
- 高15.5厘米

蟠虺纹铜鼎

- 战国
- 口径19.4厘米　高22.6厘米

绚索纹铜匜
- 战国
- 通长18厘米 高8.5厘米

四鸟足铜铜（hé）

- 战国
- 口径13.9厘米×11.5厘米 ◎ 高8.7厘米
- 山西吕梁临县出土

蟠虺纹铜钫

- 战国
- 口宽13.9厘米 高41.2厘米

天下同一——秦汉文明主题展

蟠螭纹铜豆
- 战国
- 口径15.9厘米 　通高18.4厘米

多元一体的国家格局

《汉书·百官公卿表上》载:"周政衰败,官制混乱,战国并争,各有变异,秦兼天下,建皇帝之号,立百官之职。汉因循而不革。"

秦的统一创立了大一统的政治体制,为中国历代王朝政治制度的基本格局打下基础。秦汉以来,以丞相为统领的中央王朝百官公卿制度和以郡县制为主体的地方行政管理形式逐渐完善,以察举制为中心的选官制度逐步满足行政体制的人才需求,多元一体的国家格局已初步显现。

The Pattern of Diversity in Unity

According to "Table of Bureaucratic and Ministerial Posts" from *the Book of Han*, the regime of Zhou declined while its bureaucratic system became chaotic. States vied for hegemony during the Warring States Period, and they all implemented reforms separately. Qin unified all others, established the imperial autocracy, set up hundreds of positions. Han followed Qin's pattern and did not pursue reforms.

Qin's unification of the Warring States established the political system of Great Unification, laying the groundwork for the fundamental structure of the political system in subsequent Chinese dynasties. Since Qin and Han dynasties, the system of a centralized court with hundreds of officials under the leadership of the Grand Councilor and the regional administrative framework, mainly based on the system of prefectures and counties, had been gradually perfected. Centered around recommendatory system, the official selection process catered to the demand for talents. The pattern of diversity in unity had initially formed.

秦始皇帝像

官僚体系的建构

Establishment of Bureaucracy

第一章

● 秦始皇时代实现了高度的中央集权。唯我独尊的『皇帝制度』奠定了此后2000余年来封建专制主义政体的基础,作为中央执政集团中枢,地位仅次于皇帝的『三公九卿』,辅助皇帝管理国家大事。汉在继承秦制的基础上,专制主义中央集权也不断加强。汉武帝时期出现的『中外朝制度』表明了皇权对朝臣管控的加强。秦汉官僚体制确立了中国历代王朝官制的基本格局。

皇帝制度

秦始皇统一六国后,为维护个人权威,确保拥有至高无上的权力,创立皇帝制度。皇权至上的政治制度,在中国历史上延续了2000多年。

三公九卿制

皇帝

- **御史大夫** — 掌监察并帮助丞相处理政务
- **丞相** — 辅助皇帝处理全国政务
- **太尉** — 协助皇帝总领全国军事

- **治粟内史** — 掌管国家财政
- **宗正** — 掌管皇族事务
- **典客** — 掌管诸侯、各少数民族事务及外交
- **卫尉** — 掌管宫门屯卫
- **廷尉** — 掌管司法
- **郎中令** — 掌管宫廷警卫
- **太仆** — 掌管宫廷车马
- **少府** — 掌管皇帝私人财政,包括山海池泽之税
- **奉常** — 掌管宗庙礼仪

秦汉官制简表

秦代郡县乡里四级地方行政管理组织图

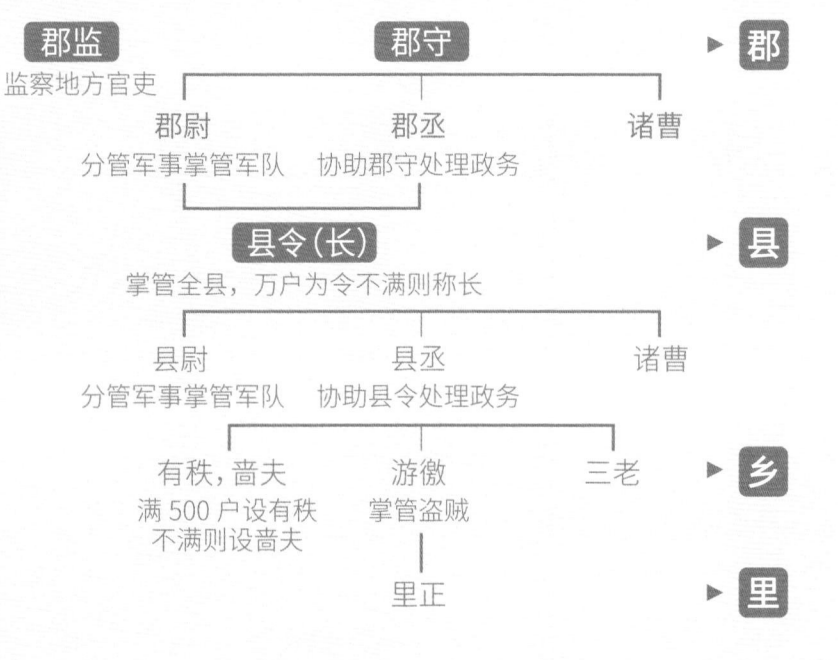

- 郡监：监察地方官吏
- 郡守
  - 郡尉：分管军事掌管军队
  - 郡丞：协助郡守处理政务
  - 诸曹

▶ 郡

- 县令（长）：掌管全县，万户为令不满则称长
  - 县尉：分管军事掌管军队
  - 县丞：协助县令处理政务
  - 诸曹

▶ 县

- 有秩，啬夫：满500户设有秩，不满则设啬夫
- 游徼：掌管盗贼
- 三老

▶ 乡

- 里正

▶ 里

汉代中外朝制度

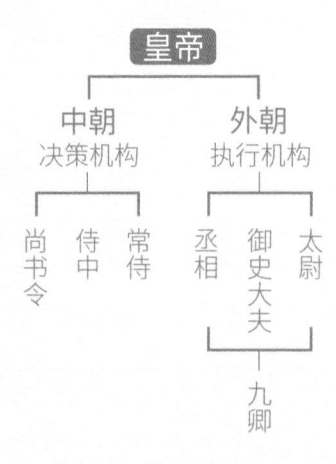

- 皇帝
  - 中朝（决策机构）
    - 尚书令
    - 侍中
    - 常侍
  - 外朝（执行机构）
    - 丞相
    - 御史大夫
    - 太尉
    - 九卿

"少府"铭银器

- 秦
- 长9.7厘米 ◎ 前端口径3.7厘米 ◎ 柄宽3.9厘米
- 1974年陕西西安临潼上焦村15号墓出土

◎ 少府，秦官，两汉皆仍旧名，仅王莽时曾一度改为共工。其职为"掌山海池泽之税，以给供养"，和大司农分工，专管所谓帝室财政。

"沛郡太守章"封泥

- 汉
- 长2.8厘米 ◎ 宽2.7厘米
- 1955年陕西省文管会移交

"大廄獄丞"封泥

- 汉
- 边长2.8厘米

◎ 大廄，太仆属官。《汉书·百官公卿表》："太仆，秦官，掌舆马，有两丞。属官有大廄、未央、家马三令，各五丞一尉。"狱丞是管理监狱的官吏，狱丞之名不见于《汉书·百官公卿表》，而《汉书·薛宣传》有阳翟狱丞，居延汉简有禄福狱丞。

"將作少府"封泥

- 汉
- 长3厘米 ◎ 宽2.8厘米
- 1955年陕西省文管会移交

◎ 《汉书·百官公卿表上》载："将作少府，秦官，掌治宫室，有两丞、左右中候。景帝中六年更名将作大匠。"是西汉时期掌管营建宫室、皇家宗庙、陵寝及其他土木工程的官长。

"军司马印"铜印

○ 汉
○ 长2.6厘米 宽2.5厘米

○ 军司马属于将军部的武官，约于西汉末东汉初设置。周代已有将军名号，还有前、后、左、右将军。秦延用其号，都是镇抚边境的将领，地位很高。军队中又有校尉、军侯、司马、百将、屯长等中下级武官。《后汉书·百官志》载"其领军皆有部曲。大将军营五部，部校尉一人，比二千石，军司马一人，比千石。部下有曲，曲有军侯一人，比六百石。曲下有屯长一人，比二百石。其不置校尉部，但军司马一人"。

"殿中司马"铜印

○ 魏晋
○ 边长2.4厘米
○ 1953年陕西鄂县出土

"将兵都尉"铜印

◎ 汉
◎ 边长2.1厘米

◎ 都尉一职始置于战国。秦汉时期设于郡内，掌郡内军事。东汉时期内郡罢置都尉，但边郡仍有设置。除郡内掌军事的都尉外，还有遇战事时临时设置的都尉。"将兵"即带兵，汉时都尉带兵与不带兵的待遇有所差异，《汉书·惠帝纪》载："吏所以治民也，能尽其治则民赖之，故重其禄，所以为民也。今吏六百石以上父母妻子与同居，及故吏尝佩将军都尉印将兵及佩二千石官印者，家唯给军赋，他无有所与。""将兵都尉"当是带兵之都尉官。

"軍中司空"銅印

- 汉
- 边长2.3厘米
- 1954年陕西兴平窦马村出土

◎ 古代军队系统中的司空，称"军司空"，《汉书·杜周传》所载："延年字幼公，亦明法律。昭帝初立，大将军霍光秉政，以延年三公子，吏材有余，补军司空。"苏林注言："主狱官也。"如淳注言："律，营军司空、军中司空各二人。"有学者认为军司空是拘押军中犯法吏卒的机构，属于"军狱"，"营军司空"和"军中司空"分别负责驻防部队和作战部队的监禁事务。

"司徒中士張尚"銅印

- 汉
- 边长2.2厘米
- 1971年陕西西安永红路工地出土

◎ 据《后汉书·百官志一》载，司徒的属官有司直、长史、掾、属、令史和御属，而未见有中士。中士为官名，乃儒家理想中的三代贵族制度。《礼记·王制》载："王者之制禄爵，公侯伯子男凡五等。诸侯之上大夫卿、下大夫、上士、中士、下士凡五等。"新莽官制设置多仿古制，《汉书·王莽传》载："（新莽始建国元年）更名秩百石曰庶士，三百石曰下士，四百石曰中士，五百石曰命士，六百石曰元士，千石曰下大夫，比二千石曰中大夫，二千石曰上大夫，中二千石曰卿。"故"司徒中士"乃新莽司徒之属官。

郡县制的确立
Establishment of the System of Prefectures and Counties

● 秦统一后,国土广袤,分天下三十六郡(之后陆续增至四十八郡),郡置守、尉诸官职,分别负责行政、军事、监察。郡的下级单位是县,秦县的数量达到一千个。郡县制,是春秋战国时期逐步形成的地方行政制度,为秦王朝继承和发展,也成为后来历代王朝中央政权控制地方行政的基本形式。

秦四十八郡及郡治所在地示意图

地　区	主要各郡
秦地	巴郡,蜀郡,陇西郡,北地郡
赵地	太原郡,云中郡,邯郸郡,巨鹿郡,雁门郡,代郡,常山郡
魏地	上郡,河东郡,东郡,砀郡,河内郡
韩地	三川郡,上党郡,颍川郡
楚越之地	汉中郡,南郡,洞庭郡,南阳郡,淮阳郡,薛郡,四川郡,九江郡,会稽郡,苍梧郡,衡山郡,庐江郡,故鄣郡
齐地	东海郡,齐郡,琅琊郡,胶东郡,济北郡
燕地	广阳郡,上谷郡,渔阳郡,右北平郡,辽西郡,辽东郡
南越故地	闽中郡,南海郡,桂林郡,象郡
匈奴故地	九原郡

制度——秦汉文明的基石　Institutions: The Cornerstone of Qin and Han Civilization

第一章

图例：
— 今国界　— 未定国界　— 政权郡族界　地区范围线　郡级政区界　● 郡城　❶ 郡治所在地　古长城

秦地
❶ 巴郡　▸ 今重庆
❷ 蜀郡　▸ 今四川成都
❸ 陇西郡　▸ 今甘肃临洮
❹ 北地郡　▸ 今甘肃庆阳西南

赵地
❺ 太原郡　▸ 今山西太原南
❻ 云中郡　▸ 今内蒙古托克托东北
❼ 邯郸郡　▸ 今河北邯郸
❽ 巨鹿郡　▸ 今河北平乡西南
❾ 雁门郡　▸ 今山西大同西
❿ 代郡　▸ 今河北蔚县东北
⓫ 常山郡　▸ 郡治不能确考

魏地
⓬ 上郡　▸ 今陕西榆林南
⓭ 河东郡　▸ 今山西夏县
⓮ 东郡　▸ 今河南濮阳南
⓯ 砀(dàng)郡　▸ 今河南商丘
⓰ 河内郡　▸ 今河南武陟南

韩地
⓱ 三川郡　▸ 今河南洛阳东
⓲ 上党郡　▸ 今山西长治
⓳ 颍川郡　▸ 今河南禹州

齐地
⓴ 东海郡　▸ 今山东郯城
㉑ 齐郡　▸ 今山东淄博
㉒ 琅邪郡　▸ 今山东胶南
㉓ 胶东郡　▸ 今山东平度东南
㉔ 济北郡　▸ 今山东泰安

燕地
㉕ 广阳郡　▸ 今北京
㉖ 上谷郡　▸ 今河北怀来东南
㉗ 渔阳郡　▸ 今北京密云
㉘ 右北平　▸ 今天津蓟县
㉙ 辽西郡　▸ 今辽宁义县西
㉚ 辽东郡　▸ 今辽宁辽阳

匈奴故地
㉛ 九原郡　▸ 今内蒙古包头西北

南越故地
㉜ 桂林郡　▸ 今广西凌乐县东
㉝ 象郡　▸ 个越南岺南附近
㉞ 南海郡　▸ 今广东广州
㉟ 闽中郡　▸ 今福建福州

楚越之地
㊱ 汉中郡　▸ 今陕西汉中
㊲ 南郡　▸ 今湖北江陵
㊳ 洞庭郡　▸ 今湖南沅陵
㊴ 南阳郡　▸ 今河南南阳
㊵ 淮阳郡　▸ 今河南淮阳
㊶ 薛郡　▸ 今山东曲阜
㊷ 四川郡　▸ 今安徽淮北西
㊸ 九江郡　▸ 今安徽寿县
㊹ 会稽郡　▸ 今江苏苏州
㊺ 苍梧郡　▸ 今湖南长沙
㊻ 衡山郡　▸ 今湖北黄冈南
㊼ 庐江郡　▸ 今江西
㊽ 故鄣郡　▸ 今浙江安吉西北

秦四十八郡及郡治所在地示意图

025

"洛令之印"封泥

- 汉
- 长2.7厘米 宽2.2厘米
- 陕西西安北郊汉城查家寨出土

"襄陽相印章"封泥

- 汉
- 长3厘米 宽2.8厘米
- 1953年西北文化局移交

○《汉书·诸侯王表》及《地理志》均不载襄阳王国，或为此王受封时间不长，旋被废徙，故史书失载。《地理志》南郡属县有襄阳，其故城在今湖北省襄阳市汉水南岸，隔水与樊城区相望，今仍名襄阳。襄阳王国的得名当与襄阳城有关。

"山陽太守章"封泥

- 汉
- 长3厘米 宽2.9厘米
- 1954年刘汉基捐

◎ 据《汉书·地理志》《诸侯王表》《武五子传》所载，山阳郡汉初属梁国，景帝中元六年（公元前144年），分梁为五国，其地置山阳国，以封梁孝王子刘定，武帝建元五年（公元前136年），刘定薨，无嗣，国除为郡。天汉四年（公元前97年）六月，又以山阳郡改设昌邑国，以封武帝子刘髆，元平元年（公元前74年）昭帝崩，昌邑王贺被征为昭帝典丧，六月受皇帝玺，袭尊号，即位二十七日，因行淫乱，废归故国，赐邑二千户，国除，复设山阳郡。

◎ 山阳郡治所设在昌邑，故址在今山东省金乡县西北20千米，辖区约有今山东省济宁市的金乡、鱼台、兖州、邹、嘉祥等五县地，菏泽地区的单、曹、成武、巨野、鄄城五县地，郓城县南部，以及河南省商丘地区的民权县地。

"東海太守章"封泥

- 汉
- 长2.6厘米 宽2.5厘米
- 1954年刘汉基捐

"樂浪太守章"封泥

- 汉
- 长2.5厘米 ◎ 宽2.2厘米

◎ 《汉书·地理志》载"乐浪郡，武帝元封三年开。莽曰乐鲜。属幽州"。郡治设在朝鲜县（今朝鲜半岛）。《汉书·百官公卿表》载"郡守，秦官，掌治其郡，秩二千石，有丞……景帝中元二年更名太守"。

"蜀守之印"封泥

- 汉
- 长2.8厘米 ◎ 宽2厘米
- 1954年刘汉基捐

◎ 《汉书·地理志》载"蜀郡，秦置，属益州"。西汉蜀郡治所设在成都，故址在今四川省成都市。辖区约有今四川省成都（不含新都、金堂二县）、自贡二市，雅安地区，阿坝藏族羌族自治州邓崃山以东及甘孜藏族自治州的嘎贡山以南地区。

◎ 汉初沿袭秦代旧制，实行以郡统县的两级地方行政制度，每郡置守，治理民政。景帝中元二年（公元前148年）改称太守。

"天水太守章"封泥

- 汉
- 长3.3厘米 ◎ 宽2.7厘米
- 1954年刘汉基捐

◎ 《汉书·地理志》有天水郡，武帝元鼎三年（公元前114年）置，治所设在平襄，故址在今甘肃省通渭县西。辖区约有今甘肃省天水市辖地（不含秦州区），平凉地区的静宁、庄浪二县，定西地区的通渭、定西二县及兰州市的榆中县地。

"郏丞之印"封泥

◎ 汉
◎ 长2.8厘米 ◎ 宽2.3厘米

◎《汉书·地理志》颍川郡属县有郏县。春秋郏邑，后属楚。《左传·昭公元年》"楚公子黑肱、伯州犁城犨、栎、郏"，《国语·郑语》"史伯谓郑桓公曰：惟谢郏之间，其冢君多骄"，即此。秦置郏县，治所在今河南省郏县城。

"會稽太守章"封泥

◎ 汉
◎ 长2.5厘米 ◎ 宽2.5厘米
◎ 1955年陕西省文管会移交

◎《汉书·地理志》载"会稽郡，秦置，高帝六年为荆国，十二年更名吴，景帝四年属江都。属扬州"。武帝元狩二年（公元前121年）江都王刘建因谋反事发自杀，六年（公元前117年）国除，其地入汉，复设会稽郡，郡治吴县。

"五原太守章"封泥

- 汉
- 长2.8厘米 宽2.4厘米
- 1955年陕西省文管会移交

《汉书·地理志》载"五原郡,秦九原郡,武帝元朔二年(公元前127年)更名。东部都尉治稒阳。莽曰获降。属并州"。五原郡治所设在九原县,故址在今内蒙古自治区包头市西北,辖区约有今内蒙古自治区阴山以南、巴彦淖尔市的乌梁素海以东、土木特右旗以西地区,包括包头市、达拉特旗、乌拉特前旗东部及准格尔旗北部。

"漢叟邑長"铜印

- 汉
- 边长2.3厘米

"叟"是东汉至魏晋时期活跃于我国西南一带的少数民族,"邑长"最早在东汉出现,是汉晋时期常见的少数民族官名,其下设丞,同比县令(长),《后汉书》载:"四夷国王,率善王,归义侯,邑君,邑长,皆有丞,比郡、县。"东汉时期是西南民族大融合的重要阶段,"汉叟邑长"铜印反映着这一时期郡县制得到进一步推进,汉文化在这一区域进一步传播的历史。

察举制的完备

Complete Implementation of the Recommendatory System

● 秦自商鞅变法后就废除了世卿世禄制，实行军功爵制，为兼并战争的胜利奠定了人才基础。汉初，一系列的选官制度和监察制度逐步建立和健全。汉武帝时期，大体完成了由『功臣政治』向『贤臣政治』的转变，开创了献策上书为郎的选官途径，使察举制逐步成为比较完备的仕进途径，察举制作为选官制度的主体地位得以确立。

察举制科目

岁科（常举科目）
- 常举科目：孝廉、茂才、察廉、光禄四行

特科
- 常见特科：贤良方正、贤良文学
- 一般特科：明经、明法、至孝、有道、敦厚、尤异、治剧、勇猛知兵法、明阴阳灾异

察举制的形成过程

公元前 196 年 — 萌芽

刘邦晚年为了使汉王朝长治久安，在公元前 196 年下诏求贤，选取具有治国才能的"贤士大夫"，显露了察举的端倪，开创了西汉察举制的先河。

公元前 165 年 — 正式产生

二年十一月诏曰："……举贤良方正能直言极谏者，以匡朕之不逮。"

十五年九月，诏诸侯王、公卿、郡守举贤良能直言极谏者，上亲策之，傅纳以言。

——《汉书·文帝纪》

对策者百余人，唯错为高第，由是迁中大夫。

——《汉书·晁错传》

可见文帝时产生了取士新方法，其步骤为：
① 皇帝下诏，制定举荐科目；
② 丞相、列侯、公卿及地方郡国按科目要求举荐人才；
③ 皇帝亲自对被举者进行策问；
④ 据对策的高第、下第不同，区别授官。

公元前 134 年 — 完全确立

元光元年冬十一月，初令郡国举孝廉各一人。

——《汉书·武帝纪》

两汉察举最重要的岁举孝廉一科，从元光元年开始实行，且人数有具体规定，这样察举就以选官常制的姿态登上汉代仕进的舞台。察举制以岁举性科目的产生为标志，表明它本身已经发展为一种比较完备的仕进途径，也表明它作为两汉仕进制度主体地位的确立。

法律保障下的国家机器运转

在中国传统社会中，国家能力主要依赖于皇权的控制力量。秦始皇统一六国后，遵循法家思想，制订了较为完整的法律制度并在全国推行。秦法制主要包括"事皆决于法""法令由一统"以及"轻罪重刑"等方面。

西汉时期，统治者继承并发展了秦的法律思想，主张将"礼"教和"德"化与刑罚结合起来使用；他们沿用秦制的律、令、科、比四种形式，并将其规范化，使之成为此后较为稳定的法律的基本形式。汉武帝时期，采用"春秋决狱"的判案推理方式，对整个封建法制产生了深远影响。儒家思想从此成为中华法系的基础，在世界五大法系中独树一帜。

Operation of State Apparatus under the Law

In traditional Chinese society, the efficacy of the empire hinged on the authority of the imperial power. After unifying the six states, First Emperor of Qin, embracing Legalist ideology, implemented a comprehensive legal system across the nation. The legal framework during Qin Dynasty was primarily constituted by several aspects. It featured definitive laws that were universally applied, centralized legislative power in the hands of the emperor, and a penchant for severe penalties.

During Western Han period, rulers further refined Qin's legal philosophy. They advocated the combined use of rituals, moral education, and punishment. They standardized the existing legal forms inherited from Qin's laws—statutes, imperial edicts, penal codes, and legal precedents—which subsequently became the enduring backbone of legal practice. Under Emperor Wu of Han, the jurisprudence of "judgment by the Spring and Autumn Annals" took precedence, exerting a lasting influence on the feudal legal codes. Since then, Confucian philosophy has stood as the cornerstone of the Chinese legal tradition, establishing a unique position amongst the world's five primary legal systems.

第一章

"事皆决于法"的《秦律十八种》

"All Matters are Decided by the Law": Eighteen Laws of Qin

● 《秦律十八种》是秦代的部分法律条文，律文自商鞅立法时开始实施，一直延续至秦始皇统治时期，经过不断修改补充完成。律文的每条末尾都记有律名或其简称。主要内容有：《田律》《厩苑律》《仓律》《金布律》《关市律》《工律》《工人程》《均工》《司空》《军爵律》《置吏律》《效》《传食律》《行书》《内史杂》《尉杂》《属邦》等，这些法律条文涉及到社会的方方面面，使判决有明确的法律依据。

法律的物证

出土的简牍，是抽象的法律的最好物证。通过陈列记录法令与判例的简牍，可以直观地了解当时的法律条文，以及法律制度对治理国家的重要性，深入感受法的力量。

睡虎地秦简《秦律十八种》第一一五支至第一二四支
长 27.5 厘米
睡虎地秦简《徭律》（复制品）
湖北省博物馆藏

原文

御中发征,乏弗行,赀二甲。失期三日到五日,谇;六日到旬,赀一盾;过旬,赀一甲。其得殹(也)不诣。水雨,除兴。兴徒以为邑中之红(功)者,令结(嫭)堵卒岁。朱卒堵坏,司空将红(功)及君子主堵者有罪,令其徒复垣之,勿计为繇(徭)。县葆禁苑、公马牛苑,兴徒以斩(堑)垣离(篱)散及补缮之,辄以效苑吏,苑吏循之。朱卒岁或坏陕(决),令县复兴徒为之,而勿计为繇(徭)。卒岁而或陕(决)坏,过三堵以上,县葆者补缮之;三堵以下,及虽未卒岁而或盗陕(决)道出入,令苑辄自补缮之。县所葆禁苑之傅山、远山,其土恶不能雨,夏有坏者,勿稍补缮,至秋毋(无)雨时而以繇(徭)为之。其近田恐兽及马牛出食稼者,县啬夫材兴有田其旁者,无贵贱,以田少多出人,以垣缮之,不得为繇(徭)。县毋敢擅坏更公舍官府及廷,其有欲坏更殹(也),必瀸之。欲以城旦春益为公舍官府及补缮之,为之,勿瀸。县为恒事及瀸有为殹(也),吏程攻(功),赢员及减员自二日以上,为不察。上之所兴,其程攻(功)而不当者,如县然。度攻(功)必令司空与匠度之,毋独令匠。其不审,以律论度者,而以其实为繇(徭)徒计。

译文

为朝廷征发徭役,如耽搁不加征发,应罚二甲。迟到三天到五天,斥责;六天到十天,罚一盾;超过十天,罚一甲。所征发人数已足,应尽速送抵服役处所。降雨不能动工,可免除本次征发。征发徒作城邑的工程,要对所筑的墙担保一年。不满一年而墙坏,主持工程的司空和负责该墙的君子有罪,令原来修墙的徒重新修筑,不得算入服徭役的时间。县应维修禁苑及牧养官有牛马的苑囿,征发徒众为苑囿建造垫壕、墙垣、藩篱并加补修,修好即上交苑吏,由苑吏加以巡视。不满一年而有毁缺,令该县重征发徒众建造,而不得算入服徭役的时间。满一年而缺毁,墙面超过三方丈的,由维修的县补修;不到三方丈大,以及虽未满一年而有人私加破坏由之出入的,令该苑即自行补修。县所维修的禁苑,不拘离山远近,如因土质不佳不能耐雨,到夏季有所毁坏,不必逐步补修,要在秋季无雨的时候兴徭役修筑。苑囿如临近农田,恐有动物及牛马出来吃去禾稼,县啬夫应酌量征发在苑囿旁边有田地的人,不分贵贱,按田地多少出入,为苑囿筑墙修补,不得作为徭役。县不准擅自拆改官有的房舍衙署,如需拆改,必须呈报。如要使用城旦、春扩建官有房屋衙署或加以修补,即可进行无须呈报。县进行经常性的及经呈报批准的工程,由吏估计工程量,如施工时间超过或不足两天,以不察论处。县以上的征发,如估计工程量不确,与县同例。估算工程量,必须由司空和匠人一起估算,不得单令匠人估算。如所估不实,对估算者依法论处,再按实际情况计算所需服徭徒众的数量。

「法令由一统」的《语书》

"Centralized Legislative Power is in the Hands of the Emperor": Book of Speech

- 《语书》出土于云梦睡虎地 11 号秦墓，是南郡守腾在秦王政对县、道官员发布的告示。它是除中央政权统一制定的法令外，地方郡一级的政权根据朝廷的法令制定的本地区相应的法令和文件，是对统一法令的补充。

- 这种法律文书在限定的地区，也同样具有法律效力。秦律在发展中逐渐确立了由中央『制作明法，臣下修饰』的律法传统。

睡虎地秦简《语书》（复制品）

睡虎地秦简《语书》第一支至第十五支
长 27.5 厘米
湖北省博物馆藏

原文

廿年四月丙戌朔丁亥，南郡守腾谓县、道啬夫：古者，民各有乡俗，其所利及好恶不同，或不便于民，害于邦。是以圣王作为法度，以矫端民心，去其邪避（僻），除其恶俗。法律未足，民多诈巧，故后有间令下者。凡法律令者，以教道（导）民，去其淫避（僻），除其恶俗，而使之于为善殹（也）。今法律令已具矣，而吏民莫用，乡俗淫失（泆）之民不止，是即法（废）主之明法殹（也），而长邪避（僻）淫失（泆）之民，甚害于邦，不便于民。故腾为是而修法律令、田令及为间私方而下之，令吏明布，令吏民皆明智（知）之，毋巨（距）于罪。今法律令已布，闻吏民犯法为间私者不止，私好、乡俗之心不变，自从令、丞以下智（知）而弗举论，是即明避主之明法殹（也），而养匿邪避（僻）之民。如此，则为人臣示不忠矣。若弗智（知），是即不胜任、不智殹（也）；智（知）而弗敢论，是即不廉殹（也）。此皆大罪殹（也），而令、丞弗明智（知）

甚不便。今且令人案行之，举劾不从令者，致以律，论及令、丞。有（又）且课县官，独多犯令而令、丞弗得者，以令、丞闻。

凡良吏明法律令，事无不能殹（也）；有（又）廉絜（洁）敦愨而好佐上；以一曹事不足独治殹（也），故有公心；有（又）能自端殹（也），而恶与人辨治，是以不争书。恶吏不明法律令，不智（知）事，不廉絜（洁），毋（无）以佐上，输（偷）随（惰）疾事，易口舌，轻恶言，而易病人，毋（无）公端之心，而有冒抵（抵）之治，是以善斥（诉）事，喜争书，因誉（佯）瞋目扼捾（腕）以视（示）力，訽詢疾言以视（示）险，阮阆强肮（伉）以视（示）强，而上犹智之殹（也）。故如此者不可不为罚。发书，移书曹，曹莫受，以告府，府令曹画之。其画最多者，当居曹奏令、丞，丞以为不直，志千里使有籍书之，以为恶吏。

译文

二十年四月初二，南郡郡守腾通告各县、道负责官吏：过去，百姓各有不同的习俗，他们所爱好和厌恶的都不一样，有的不利于百姓，有害于国家。因此圣上制定了法律用以纠正百姓的思想，去掉邪恶的行为，清除坏的习俗。由于法律不够完备，百姓中多诡诈取巧，所以后来有干扰法令的。所有法律令，都是教导百姓去掉淫恶行为、清除坏习俗，使他们能够行善的规则。现在法令已经具备了，仍有一些官吏、百姓不加遵守，习俗淫侈放恣的人未能收敛，这是不执行君上的大法，助长邪恶淫侈的人，很有害于国家，不利于百姓。所以我把法律令、田令和惩办奸私的法规整理出来，命官吏公布于众，使官吏、百姓都清楚了解，不要违法犯罪。现在法令已经公布，听说官吏、百姓犯法有奸私行为的尚未敛迹，私自的爱好和旧有的习俗仍不改变，从县令、丞以下的官员明明知道而不加检举处罪，这是公然违背君上的大法，包庇邪恶的人。这样，作为人臣就是不忠。如果不知道，是不称职、不明智；如果知道而不敢处罪，就是不正直。这些都是大罪，而县令、丞还不清楚了解，是很不应该的。现在我要派人去巡视，检举不服从法令的人，对其依法论处，同时对令、丞也要处分。还要考核各县官吏，哪一县官吏有犯令而令、丞没有查处的，要将令、丞上报处理。本文书在各县依次传阅；另抄送江陵公布，由驿站派送。

译文

　　凡良吏都通晓法律令，没有不能办理的事务；廉洁、忠诚老实而能为君上效力；他们知道一曹的事务不能独断独行，所以有公正之心；又能够纠正自己，不愿与别人分开处理事务，因此不会在办事中争竞。恶吏则不懂法律令，不通习事务，不廉洁，不能为君上效力，苟且懒惰，遇事推脱，容易搬弄是非，不知羞耻，轻率地口出恶言而侮辱别人，没有公正之心，而有冒犯的行为，因此善于争辩，喜欢在办事时争竞。争竞的时候，就假装瞪起眼睛、握住手腕，显示自己勇敢；说种种假话，抬高语音，显示自己善于治理；说违背事理的话，装作愧悔和无知，显示能约束自己；自高自大，蛮横倔强，显示自己强干，而上司还认为他们有才能。这种人不能不予以惩罚。各县、道收到本文书，应发文书到所属各曹，属曹如不受命，县、道要向郡报告，由郡官命郡的属曹进行责处。过失最多的吏，所在的曹向令、丞申报，令、丞认为该吏不公正，由郡官记录在簿籍上向全郡通报，作为恶吏。

其他秦律相关文献

　　在云梦睡虎地秦简中，还发现有如《效律》《法律答问》《秦律杂抄》《封诊式》《语书》《为吏之道》《编年纪》等文献，从方方面面昭示了秦国律法的运行方法与实践细节。

　　譬如，统一前的秦国规定：朝廷和地方郡县都设主管法令的官吏，其他官吏和人民若想了解法令都来问他，而他必须给以明确回答，同时还要将问答的内容写在一尺六寸长的"符"上。在云梦秦简中发现的《法律答问》就属于这种性质的法律文书。《法律答问》同律文本身一样具有同等法律效力。因为"答问"的范围已超出律文本身，所以它是律文的重要补充。

　　而《封诊式》则是关于审判原则及对案件进行调查、勘验、审讯、查封等方面的规定和案例。这是由朝廷统一发布的类似后来行政法和诉讼法的有关法令，如《封诊式》规定了"讯狱"的要求，以及案件记录"爰书"的格式等。

■ 秦简《封诊式》

承秦发展的《九章律》
Developed from Qin Dynasty: *Nine Chapters on Law*

● 《九章律》是汉朝的一项重要法律规范,以秦律的法律原则、指导思想及其科罪定刑的标准为基础,由萧何编撰,包含了《盗律》《贼律》《囚律》《捕律》《杂律》《具律》《兴律》《既律》和《户律》九篇。它在《法经》六篇的基础上增加了《兴律》《户律》《既律》三篇「事律」。《九章律》对中国律令法体系的形成和发展,具有不可或缺的承上启下作用,对两汉的社会稳定和政治、经济、文化的发展起到了保障作用。

规范社会的《二年律令》
Regulated the Society: the *Legal Code of the Second Year*

● 汉初,高后(即吕雉)二年(公元前186年)颁布的《二年律令》,反映了国家法律与统治阶级意志之间的紧密关系。这部律令是在秦律的基础上制定的,同时也加入了新律,是汉律对秦律的发展。《二年律令》严格遵循儒家思想的伦理观念和社会等级制度,对维护社会稳定和家庭伦理秩序,规范司法官员行为,加强司法管理有着重要作用。

法律儒家化的「春秋决狱」
The Confucianized Law: "Judgment by the Spring and Autumn Annals"

● 「春秋决狱」是汉代中国法律儒家化的标志。案件审理过程中,若出现没有明确法律条文可以执行或与人情事实相悖的情况,就可以《春秋》等儒家经典为指导,以客观事实为依据,认真考虑行为人的主观意图,遵循「经权」「本其事」和「原其志」的原则,强调灵活运用经典,尊重人情,公正执法。「春秋决狱」理念的引入,体现了儒家法律文化的影响,起到了更好地维护社会和谐与稳定的作用。「春秋决狱」的影响,一直延续至唐代儒家思想和法学的融合,即「礼、法合一」时结束。

张家山汉简《奏谳书》（复制品）

- 第一支至第七支
- 长30.5厘米
- 荆州博物馆藏

江陵张家山汉简《奏谳书》提供了一些《九章律》的具体例证。这批汉简共收录奏谳书二十多份，主要时代为秦和汉初。其中汉初部分所引用的律文能够帮助我们了解汉初法律与秦律的关系。

奏谳书-7　　奏谳书-6　　奏谳书-5　　奏谳书-4　　奏谳书-3　　奏谳书-2　　奏谳书-1

原文

十一年八月甲申朔己五，夷道介、丞嘉敢讞(谳)之。六月戊子发弩九诣男子毋忧，告为都尉屯，已受致书，行未到，去亡。毋忧曰：变(蛮)夷大男子岁出五十六钱以当繇(徭)赋，不当为屯。尉窖遣毋忧为屯，行未到，去亡。它如九。·窖曰：南郡尉发屯有令，变(蛮)夷律不曰勿令为屯，即屯卒，已去亡，何解？毋忧曰：有君长，岁出赏钱，以当繇(徭)赋，即复也，存吏，毋解。·鞫之：毋忧变(蛮)夷大男子岁出赏钱，以当繇(徭)赋，窖已遣为屯，去亡，得，皆审。·疑毋忧罪，它县论，敢谳之，谒报，署狱史曹发。·史当：毋忧当要(腰)斩，或曰不当论。·廷报：当要(腰)斩。

译文

（汉高祖）十一年（公元前 196 年）八月初六，夷道令介、丞嘉谨呈：六月戊子日，发弩卒九解送到男子毋忧一人，告发该犯接到都尉征发屯卒的文书后逃跑，不去指定地点报到。毋忧解释说："按法律规定，蛮夷成年男子每年应交纳五十六钱，就免除徭役、赋税，不应该再服兵役。都尉派遣我应征服役，我未到指定地点，就逃跑了。其他情节，和发弩卒九说的相同。"都尉窖说："南郡都尉府征发屯卒下达有专门命令。《蛮夷律》中并没有规定不征发已交纳赏钱者服役。于是便征调毋忧服兵役。不知道他为什么逃跑。其他情况和毋忧所说相同。"

诘问毋忧："法律规定蛮夷成年男子年交赏钱后，可以免除徭役、赋税，并非不再服兵役。即使规定不服兵役，都尉既然调遣，你就是一名屯卒，擅自逃跑，作何解释？"毋忧说："有一（蛮夷）君长年交赏钱后，免除徭役、赋税，并不再服兵役。长官说的是事实，无可辩解。"

复问过程中所有回答和上述供词相同。

审定：毋忧，蛮夷成年男子，年交赏钱抵当徭役、赋税。都尉派遣他服兵役，而他逃跑。现捉到案，审讯属实。毋忧应判何罪？请审议决定。其他问题，县廷已作结论。呈请判决批复谓。狱史曹发文。

史拟判：毋忧应当腰斩，或不当定罪。

廷尉断决：应当腰斩。

张家山汉简《贼律》（复制品）

- 《二年律令·贼律》第一支至第二支
- 长31厘米
- 荆州博物馆藏

张家山247号汉墓出土的汉律《二年律令》竹简526支中，完整地保留了这部律令的内容。

原文

以城邑亭障反，降诸侯，及守乘城亭障，诸侯人来攻盗，不坚守而弃去之若降之，及谋反者，皆要（腰）斩。其父母、妻子、同产，无少长皆弃市。其坐谋反者，能偏（徧）捕，若先告吏，皆除坐者罪。

译文

城邑亭障谋反投降于诸侯的人，或在此驻守，诸侯前来攻打而不坚守逃跑或投降的人，以及图谋反叛的人，都处以腰斩的刑法。犯人的父母、妻子、兄弟都处以死刑。如果收到图谋反叛牵连的人，能够先进行告发，则免除受牵连的罪责。

贼律-2　　贼律-1

文治武功奠定版图

公元前 221 年，秦始皇结束了长达 500 余年的割据纷争局面，完成了统一。之后，秦军南逾五岭一统南越和西瓯地区，北击匈奴拓地至阴山。汉武帝即位后，继续向南北拓展，先后设置河西四郡、西南七郡、东北乐浪四郡，使汉代的疆域空前辽阔。秦汉两代 400 余年间，中原王朝的版图基本奠定，这在中国历史上具有开创意义。

Political and Military Achievements in Territorial Consolidation

In 221 BCE, First Emperor of Qin ended over 500 years of fragmented regional dominance and achieved national unification. His army proceeded to cross the Five Ridges, bringing Nanyue and Xi'ou regions into the fold, and extending the northern borders to the Yinshan Mountains by defeating the Huns. Emperor Wu of Han, upon his accession, continued these expansions both to the south and the north, establishing the four commanderies of Hexi Corridor, as well as the seven commanderies of southwest, and the four commanderies of Lelang in the northeast, thus vastly enlarging the territory of Han Dynasty. In the 400 years of Qin and Han dynasties, the dynastic borders were fundamentally established, marking a significant period in Chinese history.

秦代的疆域
The Territory of Qin Dynasty

● 秦始皇统一之后，继续向北、向南扩展，兴师三十万、移民、设郡县，开拓疆土，使其疆域"东至海暨朝鲜，西至临洮、羌中，南至北向户（北回归线以南），北据河为塞，并阴山至辽东"。

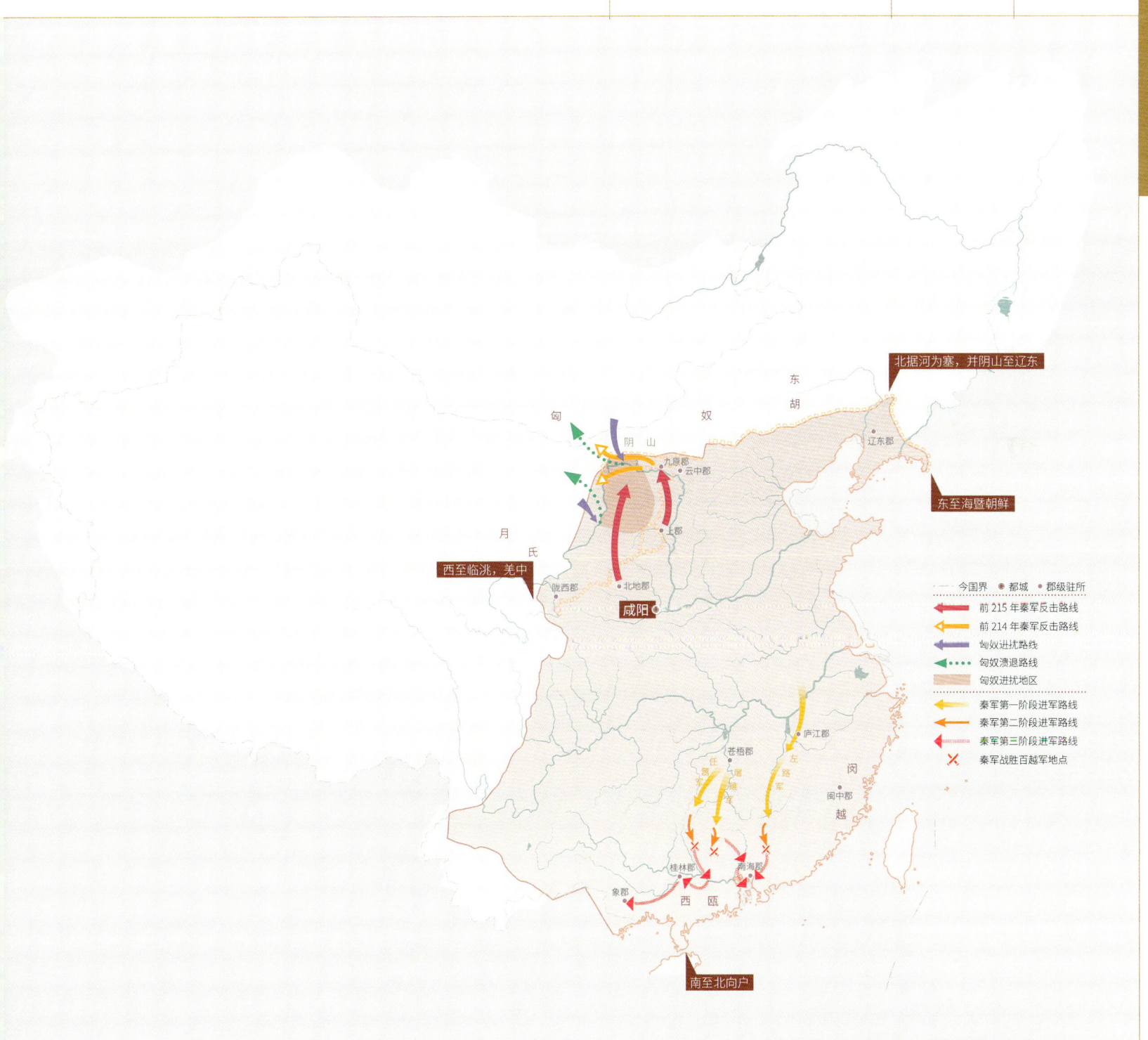

北据河为塞，并阴山至辽东

东至海暨朝鲜

西至临洮，羌中

南至北向户

图例：
— 今国界　● 都城　● 郡级驻所
← 前215年秦军反击路线
← 前214年秦军反击路线
← 匈奴进扰路线
← 匈奴溃退路线
　匈奴进扰地区
← 秦军第一阶段进军路线
← 秦军第二阶段进军路线
← 秦军第三阶段进军路线
✕ 秦军战胜百越军地点

秦军北击匈奴、南征百越路线图

彰显国家实力

精美的虎符、多样的武器和装备、身姿伟岸和种类丰富的秦汉兵马俑,充分展示了秦汉时期的国家实力。

杜虎符

◎ 长9.5厘米 ◎ 高4.4厘米
◎ 1978年陕西西安南郊北沈家桥出土

◎ 这是一件战国时期秦国杜县的兵符。全符由左右两半合成,这件是左半符。

◎ 符面有错金铭文9行40字:"兵甲之符,右才(在)君,左在杜。凡兴士被甲,用兵五十人以上,必会君符,乃敢行之。燔(fán)燧之事,虽母(毋)会符,行殹(也)。"

秦国的士兵与装备

秦国的强大武力与士兵的勇猛作战密不可分。士兵们披盔戴甲，拥有当时最先进的武器。严格的训练使他们具备出色的战斗技巧，加之无与伦比的严明纪律，使他们能以出色的战斗力和无畏的精神征服众多敌人。

跪射俑
◎ 秦
◎ 高128厘米
◎ 陕西西安临潼秦始皇兵马俑二号坑出土

铠甲武士俑

◎ 秦
◎ 高186厘米
◎ 陕西西安临潼秦始皇兵马俑一号坑出土

天下同一——秦汉文明主题展

铠甲武士俑

◎ 秦
◎ 高183厘米
◎ 陕西西安临潼秦始皇兵马俑一号坑出土

陶鞍马

- 秦
- 长212厘米 高168厘米
- 1976年陕西西安临潼秦始皇兵马俑二号坑出土

骑兵的鞍马须经过严格的选拔和训练。云梦秦简《秦律杂抄》记载：

"募马五尺八寸以上，不胜任，奔挚不如令，县司马赀二甲，令、丞各一甲。先赋募马，马备，乃粼从军者。到军课之，马殿，令、丞二甲；司马赀二甲，法（废）。"

这段律文清楚地说明了鞍马选拔的标准：马高要在1.33米以上，奔驰和系羁要听从指挥，否则有关人员将受到处罚。马匹备齐后，再从入伍的士兵中选拔骑士，骑士入伍后须接受考核。马匹被评为下等的，县令、丞、司马要受到处罚，主管的县司马则会被革职，永不录用。这说明秦代对骑兵用马的挑选是非常严格的。

从云梦秦简的有关律文中可以看出，秦军的鞍马，主要来源于官府的厩苑，县司马掌管对军马的调教与选拔。因此，军马的优劣与县司马有着直接的关系。秦向来以养马著称，秦王朝时期更盛，中央和地方都有养马的厩苑，为骑兵和战车提供马匹。

◎ K9801陪葬坑出土的铠甲可以分为三大类：人用的札甲（用较大长条形甲片制作的铠甲）、鱼鳞甲（用小片甲片制作的铠甲）和马用的石马甲。这些用于陪葬的铠甲，均用青石甲片和铜条编缀而成，其形制和编缀方法与实用铠甲一致。甲片有长方形、舌形、等腰梯形、直角梯形、圆形等多种形制，用扁铜条将其连缀在一起，除了可以保护士兵的胸腹、后背和腰肋外，还方便他们做出挺胸、弯腰、举臂等动作。

◎ 与铠甲一同出土的还有石胄，用来保护士兵的颈项。所有石胄都由一整片圆形顶片和若干板瓦形或等腰梯形不带弧度的侧片组成。石铠甲和石胄的出土，为研究秦国的用甲制度、秦军的装备，以及蕴含于甲胄里的秦代科技水平，提供了重要物证。

石铠甲及甲胄
◎ 秦
◎ 长76厘米 ◎ 宽49厘米 ◎ 高110厘米
◎ 陕西西安临潼秦始皇兵马俑K9801陪葬坑出土
◎ 陕西省考古研究院藏

秦弩

弩是春秋战国时期新兴的远射程兵器，具有射程远、命中率高和杀伤力强的特点，成为各国军队重要的武器之一。弩的出现，促使车战时代的结束，引领了以步战为主，车、步、骑协同作战的新时代。秦国先进的弓弩在一统天下的过程中发挥了重要作用。秦俑二号坑出土的弩兵方阵，就是这段辉煌历史的见证。

铜弩机
○ 秦
○ 通长16厘米
○ 1974年陕西西安临潼秦始皇兵马俑一号坑出土

铜镞
○ 战国
○ 长4.2～5.4厘米 ○ 宽1.7厘米

铜殳（shū）
- 秦
- 长10.5厘米
- 1974年陕西西安临潼秦始皇兵马俑一号坑出土

铜剑
- 秦
- 长91厘米 宽3.1厘米
- 1974年陕西西安临潼秦始皇兵马俑一号坑出土

汉代的疆域
The Territory of Han Dynasty

● 汉武帝继位后,改变了对匈奴忍辱妥协的方针,开始对其进行大规模的反击。公元前127年,派卫青收复河南地;公元前121年,派霍去病夺取河西走廊;公元前119年,卫青、霍去病各率五万兵分两路出击,共歼灭匈奴军9万余人,使其无力渡漠南下。

● 汉武帝时代的疆域空前辽阔,东抵日本海、黄海,东暨朝鲜半岛中北部,北逾阴山,西至中亚,西南至高黎贡山、哀牢山,南至越南中部和南海。

西汉与匈奴的战争示意图(公元前201-前36年)

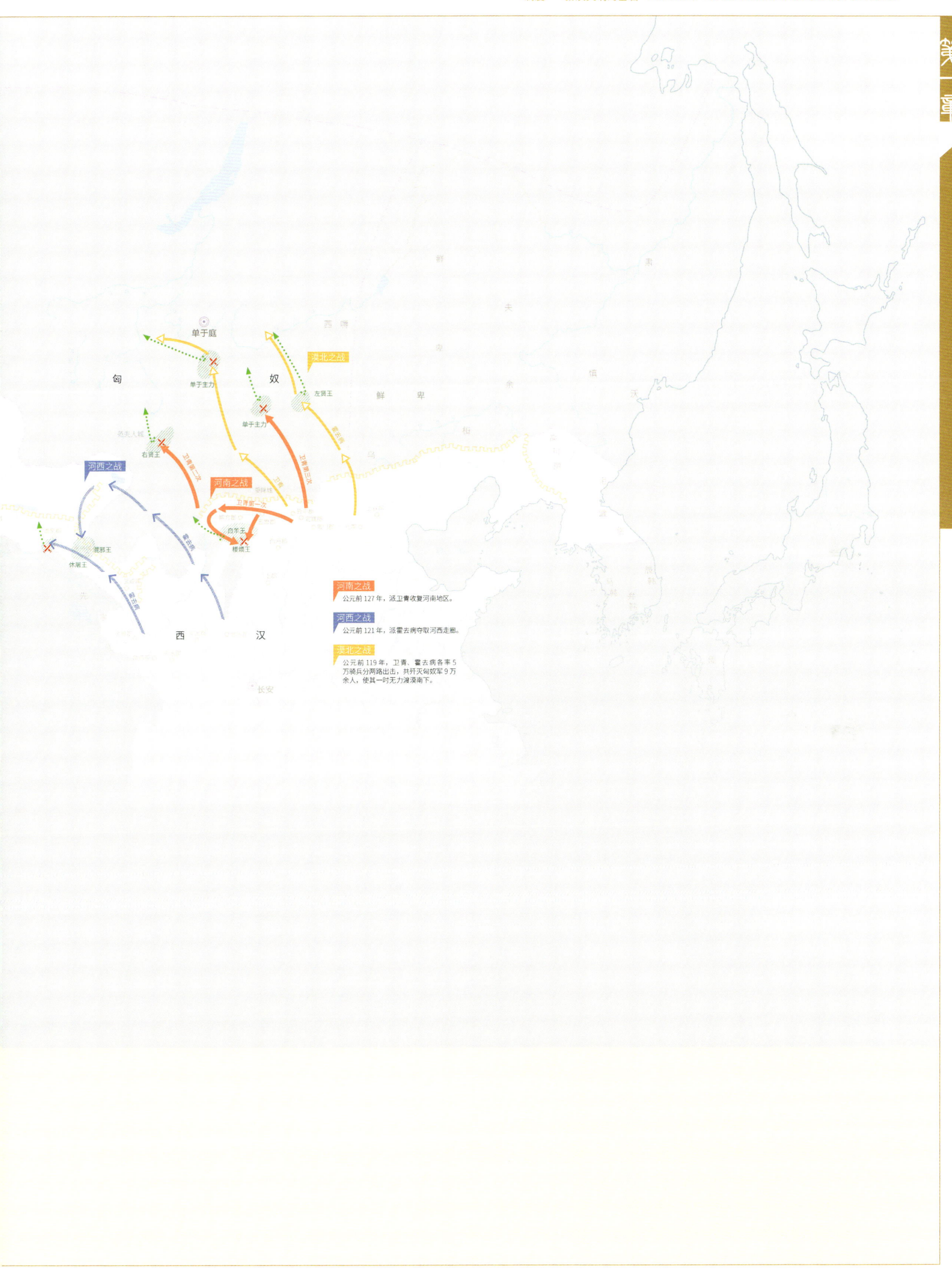

制度——秦汉文明的基石　Institutions: The Cornerstone of Qin and Han Civilization

匈　奴

单于庭
单于主力
左贤王
漠北之战
右贤王
河南之战
浑邪王
休屠王
河西之战

西　汉

长安

河南之战
公元前 127 年，派卫青收复河南地区。

河西之战
公元前 121 年，派霍去病夺取河西走廊。

漠北之战
公元前 119 年，卫青、霍去病各率 5 万骑兵分两路出击，共歼灭匈奴军 9 万余人，使其一时无力渡漠南下。

汉代的武备

汉代的武备,在秦代的基础上进行了更新迭代,无论是防御用的铠甲还是利兵利箭,都取得了巨大进步。新型铠甲材质更为坚固耐用,能够为士兵提供更好的保护。汉代改进了弓弩、长矛、剑等武器,使其更加精良。这些武备为汉王朝开疆拓土作出了重要贡献。

彩绘陶扬臂军吏俑
◎ 汉
◎ 高49.5厘米
◎ 1965年陕西咸阳杨家湾汉墓出土

彩绘陶执盾军吏俑

◎ 西汉
◎ 高48厘米
◎ 1965年陕西咸阳杨家湾汉墓出土

彩绘陶执盾军吏俑

◎ 西汉
◎ 高48厘米
◎ 1965年陕西咸阳杨家湾汉墓出土

天下同一——秦汉文明主题展

制度——秦汉文明的基石 Institutions: The Cornerstone of Qin and Han Civilization

彩绘陶转身军吏俑
- 汉
- 高47.8厘米
- 1950年陕西咸阳韩家湾狼家沟出土

彩绘陶捧物军吏俑
- 汉
- 高52厘米
- 1950年陕西咸阳韩家湾狼家沟出土

彩绘陶武士俑
◎ 西汉
◎ 高47.5厘米
◎ 1950年陕西咸阳韩家湾狼家沟出土

彩绘陶武士俑

◎ 西汉
◎ 高50厘米
◎ 1950年陕西咸阳韩家湾狼家沟出土

彩绘陶武士俑
- 西汉
- 高50厘米
- 1950年陕西咸阳韩家湾狼家沟出土

彩绘陶武士俑

◎西汉
◎高49.5厘米
◎1950年陕西咸阳韩家湾狼家沟出土

彩绘陶武士俑
◇ 西汉
◇ 高48.7厘米
◇ 1950年陕西咸阳韩家湾狼家沟出土

彩绘陶骑兵俑

- 西汉
- 长54厘米 通高68厘米
- 1965年陕西咸阳杨家湾汉墓出土

制度——秦汉文明的基石　Institutions: The Cornerstone of Qin and Han Civilization

彩绘陶骑兵俑
◎ 西汉
◎ 长58.5厘米　◎ 通高69.5厘米
◎ 1965年陕西咸阳杨家湾汉墓出土

彩绘陶骑兵俑

◎ 西汉
◎ 长54厘米 ◎ 通高68厘米
◎ 1965年陕西咸阳杨家湾汉墓出土

彩绘陶骑兵俑
- 西汉
- 长57厘米　通高68厘米
- 1965年陕西咸阳杨家湾汉墓出土

彩绘陶骑兵俑
◎ 西汉
◎ 通高68厘米
◎ 1972年陕西咸阳杨家湾汉墓出土

彩绘陶骑兵俑
- 西汉
- 通高76厘米
- 1972年陕西咸阳杨家湾汉墓出土

彩绘陶持盾武士俑
- 西汉
- 高 49.3 厘米
- 1965 年陕西咸阳杨家湾汉墓出土

彩绘陶持盾武士俑
◎ 西汉
◎ 高53厘米
◎ 1965年陕西咸阳杨家湾汉墓出土

彩绘陶持盾武士俑
◎ 西汉
◎ 高50.5厘米
◎ 1965年陕西咸阳杨家湾汉墓出土

彩绘陶骑兵俑

- 西汉
- 长59厘米 通高67厘米
- 1965年陕西咸阳杨家湾汉墓出土

彩绘陶骑兵俑
- 西汉
- 长58厘米 通高67厘米
- 1965年陕西咸阳杨家湾汉墓出土

彩绘陶骑兵俑

◎ 西汉
◎ 长46厘米 ◎ 通高66厘米
◎ 1965年陕西咸阳杨家湾汉墓出土

彩绘陶骑兵俑

- 西汉
- 长54厘米 ◎ 通高67厘米
- 1965年陕西咸阳杨家湾汉墓出土

彩绘陶骑兵俑

◎ 西汉
◎ 长54厘米 ◎ 通高65厘米
◎ 1965年陕西咸阳杨家湾汉墓出土

彩绘陶骑兵俑
◎ 西汉
◎ 通高65厘米
◎ 1972年陕西咸阳杨家湾汉墓出土

彩绘陶骑兵俑
- 西汉
- 马高54厘米
- 1972年陕西咸阳杨家湾汉墓出土

彩绘陶骑兵俑
- 西汉
- 长52厘米 通高56厘米

制度——秦汉文明的基石　Institutions: The Cornerstone of Qin and Han Civilization

彩绘陶骑兵俑
- 西汉
- 通高65厘米
- 1972年陕西咸阳杨家湾汉墓出土

彩绘陶骑兵俑

◎ 西汉
◎ 长53厘米 ◎ 通高55厘米

彩绘陶骑兵俑
- 西汉
- 长53厘米 通高54.5厘米

彩绘陶骑兵俑
- 西汉
- 长51厘米 通高59厘米

鎏金铜弩机
- 汉
- 长11.5厘米　高12.5厘米
- 陕西咸阳兴平茂陵附近出土

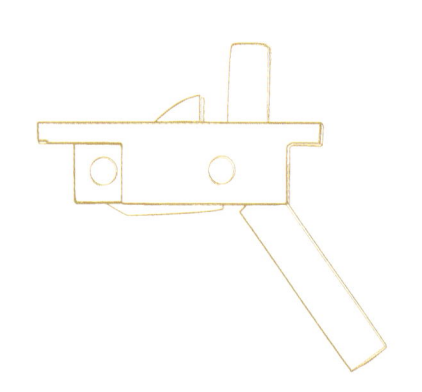

直援铜戈
- 汉
- 长23.9厘米　阑高6.5厘米
- 云南昆明石寨山出土，1975年云南省博物馆调拨

云纹带銎铜钺

- 汉
- 刃宽12.7厘米 ◎ 通高12.7厘米
- 云南昆明石寨山出土，1975年云南省博物馆调拨

◎ 钺是一种古代兵器，圆刃或平刃，安装木柄，持以砍斫。盛行于商代及西周。后来在保留部分实际功能的同时，逐渐演变成为一种权力的象征。

铜矛

◎ 汉
◎ 长22.2厘米 ◎ 宽3.4厘米
◎ 1982年陕西西安东郊三店村汉墓出土

乳钉纹铜短剑
◎ 汉
◎ 长28.7厘米
◎ 云南昆明石寨山出土，1975年云南省博物馆调拨

云纹铜矛
◎ 汉
◎ 长20厘米 ◎ 宽3.3厘米
◎ 云南昆明石寨山出土，1975年云南省博物馆调拨

"漢歸義羌長"銅印

- 汉
- 边长2.3厘米

- "归义"是汉政府给予其统辖的边远少数民族首领的一种封号。而羌是居住在我国西部地区的古代少数民族，西汉时期羌与汉朝廷时战时和，最后接受朝廷管辖，为附汉的羌民。这枚铜印应是汉朝廷颁赐给归顺汉朝的羌长的印绶。

燕然勒功拓片（局部）

- 通高94厘米
- 宽130厘米

- 东汉章和二年（88年），北匈奴大乱，饥荒加剧，次年，窦宪请求出击北匈奴。南匈奴单于同时请求北伐，六月，窦宪被任命为车骑将军与南匈奴等部队一起出征。大破北匈奴于稽落山，北单于逃亡。窦宪、耿秉深入瀚海沙漠三千里，追击至达和渠北醍海大获全胜。他们登上燕然山，班固在那里刻石记功。

- 班固作《封燕然山铭》，其辞曰："铄王师兮征荒裔，剿凶虐兮截海外，敻其邈兮亘地界，封神丘兮建隆嵑，熙帝载兮振万世。"

敦煌太守裴岑纪功碑

◎ 通高129厘米 ◎ 宽54厘米

◎ 清代将领岳钟琪在新疆巴尔库尔地区发现的、记载汉代将领裴岑战绩的石碑。碑文6行，每行10字。讲述了东汉永和二年（137年），敦煌太守裴岑率三千或五千郡兵战胜北匈奴呼衍氏并诛杀其首领呼衍王。裴岑的这次胜利为汉在西域换来了十余年的安定生活。

国家意识的形成

秦汉时期，三晋文化、楚文化、齐文化、燕文化、秦文化等多种区域文化，经数百年的融汇与交互影响，逐渐形成了具有统一风貌的汉文化。汉王朝以华夏族为主体，吸纳了周边各部族的人民，在中华民族多元一体的发展过程中，融合成为一个人数庞大的族群——"汉"族，中华民族文化共同体开始形成。

The Formation of National Consciousness

After centuries of interaction, integration, and mutual influence, a diverse array of regional cultures, including those of the Three Jin, Chu, Qi, Yan, and Qin, coalesced into the unified style of Han culture. Han Dynasty, with the Huaxia people at its core, embraced individuals from various surrounding ethnic groups. Through this process, featuring diversity in unity within the development of the Chinese nation, these groups amalgamated into a large ethnic entity known as the "Han", laying the groundwork for the Chinese cultural community.

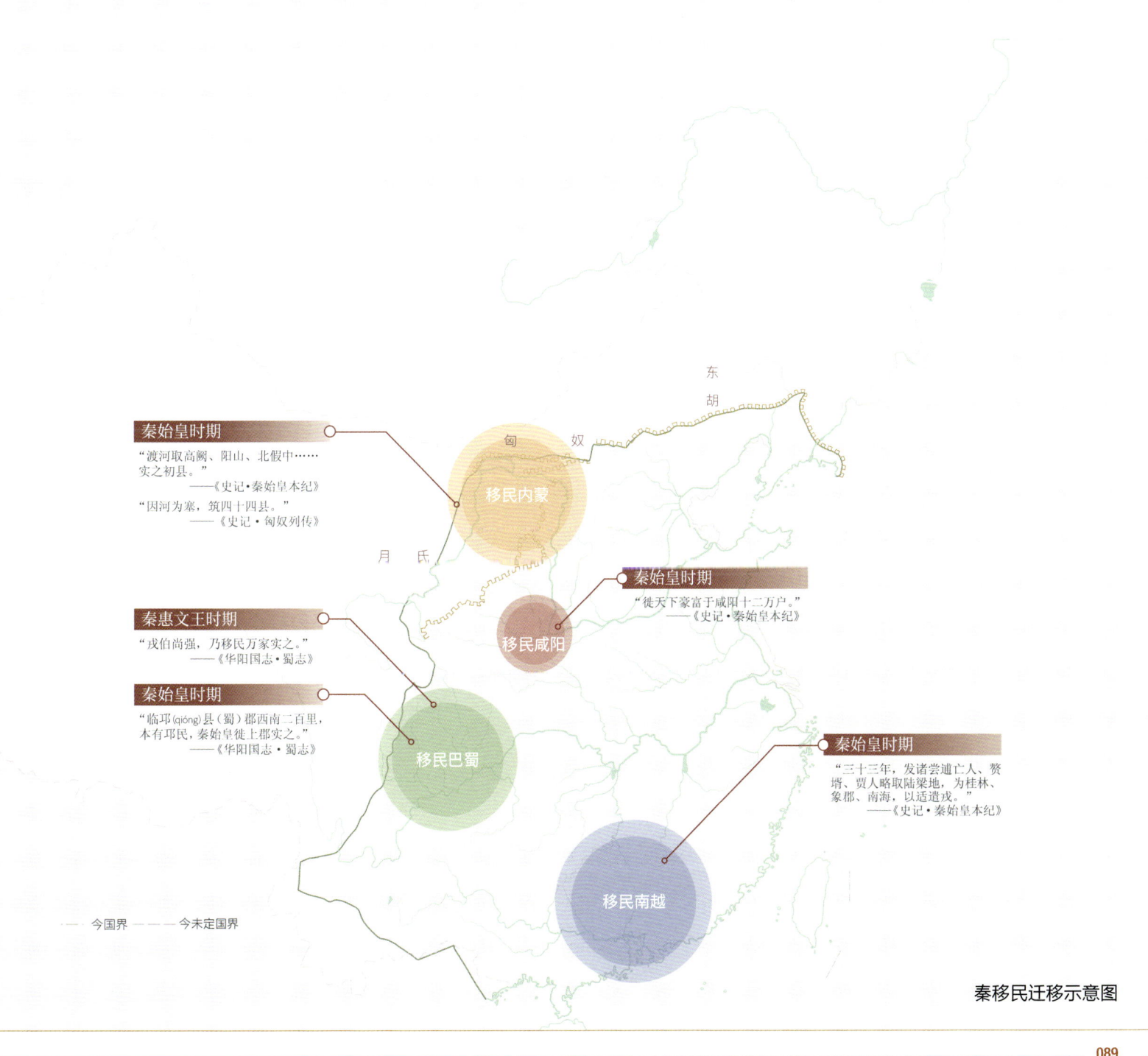

秦汉移民与乡土观念

Immigration and the Notion of Homeland in Qin and Han Dynasties

● 秦汉时期，政府大规模向各地迁移人民的行为，体现了封建统治者在政治、经济、军事等方面的需要和意图。政治上，通过迁徙豪强、高赀商人、豪猾吏民、惩处罪犯，达到巩固封建政权的目的；军事上，通过移民实边，缓解同周边各族之间的矛盾；经济上，通过移民，躲避灾害，解决了财政困难。

秦始皇时期
"渡河取高阙、阳山、北假中……实之初县。"
——《史记·秦始皇本纪》
"因河为塞，筑四十四县。"
——《史记·匈奴列传》

秦始皇时期
"徙天下豪富于咸阳十二万户。"
——《史记·秦始皇本纪》

秦惠文王时期
"戎伯尚强，乃移民万家实之。"
——《华阳国志·蜀志》

秦始皇时期
"临邛(qióng)县(蜀)郡西南二百里，本有邛民，秦始皇徙上郡实之。"
——《华阳国志·蜀志》

秦始皇时期
"三十三年，发诸尝逋亡人、赘婿、贾人略取陆梁地，为桂林、象郡、南海，以适遣戍。"
——《史记·秦始皇本纪》

移民内蒙　移民咸阳　移民巴蜀　移民南越

东胡　匈奴　月氏

——今国界　----今未定国界

秦移民迁移示意图

国家祭祀体系
National Ritual System

● 秦汉时期国家祭祀体系的建立，始于战国时期秦国所具有的广立神祠的传统。战国晚期，秦的畤、庙、祠以雍为中心，遍布关中地区。秦统一后，原六国山川祭祀及齐地八主祠也被纳入其中央祠官的管辖范围。

● 汉初，承秦旧制；至汉武帝时期，虽对国家祭祀进行了重大改革，但主要手段仍以在全国广修神祠为主。这种广布神祠的祭祀形态，直至西汉末年南郊郊祀制度的成立，才得以真正被改变。这种改变，也深刻影响着东汉以来人们对国家祭祀的认知。

吴山遗址

吴山遗址位于陕西省宝鸡市陈仓区新街镇庙川村北侧吴山东麓山前台地，遗址面积约为10.2万平方米。2018年，考古队员对吴山遗址进行考古发掘，揭露面积800平方米，发现车马祭祀坑8座，坑内均有驷马一车，出土青铜车马器、玉器、铁器、骨器等232件（组）。综合历史文献和考古发现，吴山遗址出土的铁锸应与玉人、玉琮、车马器具有同样的祭祀属性，并用于祭祀特定对象炎帝。吴山遗址应是秦灵公所作吴阳下畤。

血池遗址

雍山血池遗址位于陕西省宝鸡市凤翔区西北柳林镇，经考古调查勘探，该遗址面积达到470万平方米。陕西省考古研究院联合多家单位于2016～2018年对该遗址进行了调查与发掘，发掘面积5000平方米，发现夯土台、祭祀坑、建筑、道路等各类遗迹292处。该遗址系首次在雍城发现的与古文献记载吻合、时代最早、规模最大、性质最明确、持续时间最长且功能结构趋于完整的大型国家"郊祀"遗存，对秦汉祭祀制度研究具有非常重要的意义。

秦汉时期祭祀示意图

秦王朝的国家祭祀,以神祠为主体,这种祭祀传统本故秦国。秦征服东方后,将部分东方祭祀也纳入国家祭祀的范畴。秦代的国家祭祀中既有秦人传统的陈宝、雍四畤,也有关东地区的八主祭祀,还有燕齐方士的求仙传统。来源不同的祭祀传统得以整合,统一帝国的国家祭祀体系首次建立。

汉武帝在始皇及汉初诸帝的基础上大兴建设,摆脱了秦及战国的旧框架,剔除国家祭祀中异质、矛盾的因素,建立起统一而宏大的祭祀体系。他立秦畤——后土祠创建汉家郊祭;经营云阳甘泉宫,使之成为汉王朝,尤其是关中地区最大的祭祀中心;封禅泰山、修造明堂、大兴仙人祭祀,以泰山为轴心辐射和带动了山东半岛祭祀环与五岳祭祀;他还改造了雍五畤祭仪,并打通回中道,通过雍地控制陇西、北地。借由这三大祭祀中心,中央得以控制散布于全国的众多神祠。

玉眼罩
◎ 汉
◎ 长2.5厘米 ◎ 宽1.5厘米

玉鼻塞
◎ 汉
◎ 高1.7厘米

琉璃耳塞
◎ 汉
◎ 长1.8厘米

琉璃蝉
◎ 汉
◎ 长5厘米 ◎ 宽3厘米

琉璃蝉
◎ 汉
◎ 长5.5厘米 ◎ 宽2.8厘米

玉猪
◎ 汉
◎ 长11.5厘米
◎ 1959年陕西咸阳南上召村出土

玉肛塞
◎ 汉
◎ 长6.4~6.5厘米 ◎ 直径1.4~1.6厘米
◎ 1956年陕西西安东郊汉墓出土

蒲纹男玉人
◎ 西汉
◎ 长12厘米 ◎ 宽2.3厘米

蒲纹女玉人
◎ 西汉
◎ 长11.5厘米 ◎ 宽2.4厘米

制度——秦汉文明的基石　Institutions: The Cornerstone of Qin and Han Civilization

青玉圭
- 汉
- 长9.2厘米　宽2.3厘米
- 1953年陕西宝鸡渭滨郭家村出土

玛瑙环
- 战国
- 直径8.3厘米
- 1956年陕西西安灞桥红旗公社出土

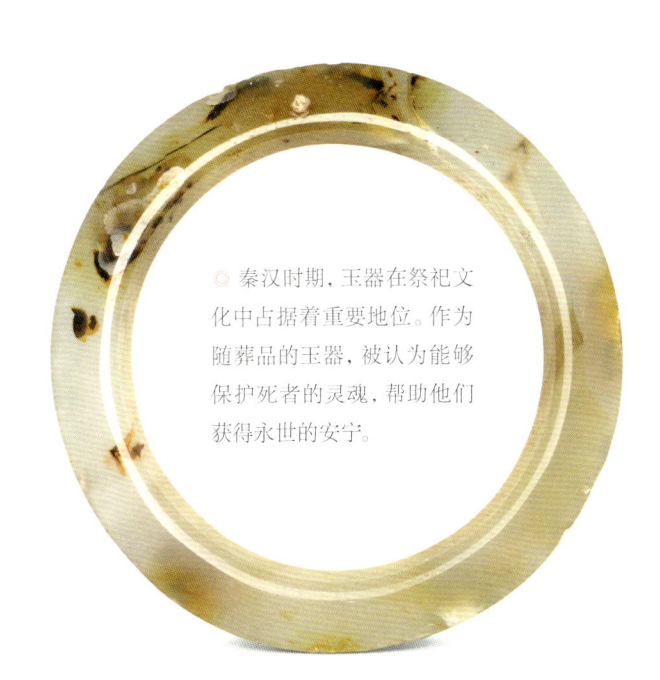

◎ 秦汉时期，玉器在祭祀文化中占据着重要地位。作为随葬品的玉器，被认为能够保护死者的灵魂，帮助他们获得永世的安宁。

谷纹玉璧
- 汉
- 直径13.8厘米

从区域融合走向文化认同

From Regional Integration to Culture Identity

● 文化认同意识作为一种无形的精神力量，于统一的多民族国家的发展起到了重要的推进作用。以郡县制为基础的中央集权政治制度和神化君权、强化纲纪为思想内容的社会等级制度，构成了汉代对国家制度的认同意识；以礼义文化分辨夷夏的汉代夷夏之辨，继承和发展了先秦时期的传统，也表现出了浓厚的礼义文化认同意识。秦汉王朝，开启了中华民族从区域融合走向文化认同的新征程。

文字瓦当

全国各地都出土了类似的吉语文字瓦当，表现出"大一统"体制下的区域文化走向认同。

《史记》中出现"中国"的含义分类

《史记》中出现"中国"一词多达百余次。虽然有指称"一国之中心""中原""华夏""汉族""文化"等涵义，但主要还是用来指称国家政权。

书中或采用历史文献的记载，或采用当时人的说辞，或以著书者叙述的形式，用"中"字指称国家政权的涵义出现多次，分别用来指称夏、商、西周、春秋战国时期的中原各国、秦朝、汉朝以及历代中原王朝等国家政权。

"羽陽千歲"瓦当

- 秦
- 直径17厘米
- 1956年刘百训捐

"延年"半瓦当
- 秦
- 直径16.5厘米
- 1956年刘百训捐

"千秋萬歲"瓦当
- 汉
- 直径15厘米
- 1959年李长庆代黎伯豪交

"富貴萬歲"瓦当

- 汉
- 直径14厘米

"延年益壽"瓦当

- 汉
- 直径15.5厘米
- 1956年王耀堂捐

"長生未央"瓦当

- 汉
- 直径20厘米
- 1956年刘百训捐

"億年無疆"瓦当

- 汉
- 直径15厘米
- 1953年西北文化局移交

"與華無極"瓦当

◎ 汉
◎ 直径15.3厘米
◎ 1956年刘百训捐

"羽陽千歲"瓦当

- 汉
- 直径16.5厘米
- 1956年刘百训捐

古代文明的"大一统"尝试

古代亚欧大陆孕育了诸多辉煌灿烂的文明，其中，幅员辽阔的大国接连涌现——亚述帝国、波斯帝国、亚历山大帝国、罗马帝国、贵霜帝国……这些大国的统治者采取了一系列手段来巩固领土、维系统治，在特定的区域内实现了统一。但最终，这些国家在外族入侵和内部权力的斗争下四分五裂，只有中国延续了"大一统"的政治思想核心，这或许就是中华文明得以延续千年的原因之一。

The Attempts of "Great Unification" by Ancient Civilizations

The ancient Eurasian continent nurtured numerous splendid civilizations, among which great empires that vast in territory emerged successively, including the Assyrian Empire, the Persian Empire, the Roman Empire, the Kushan Empire and others. Rulers of these great empires adopted series of measures to consolidate their territories and maintain their governance, achieving unification within specific regions. However, eventually they were fragmented by foreign invasions and internal power struggle. In contrast, ancient China continued the political ideology of "Great Unification", which may have contributed as one of the reasons why Chinese civilization has endured for thousands of years.

公元前 500 年波斯疆域示意图

公元 2 世纪罗马帝国疆域示意图

维系帝国的手段——行省制

The Measure of Sustaining the Empire: the Provincial System

● 为了维系帝国的有效统治,实现疆域内社会稳定和统筹资源等目的,统治者把国家划分成若干不同的区域,分派相应的官员代为管辖,这一政策较为典型的案例就是"行省制"。

波斯阿契美尼德王朝的行省制

波斯在阿契美尼德王朝的大流士一世统治时期,成为了当时世界上最大的帝国。大流士一世将帝国划分成约20个行省,并为每个行省任命一个总督。然而,波斯统治者对于行省总督在地方的权力缺乏有效约束,导致腐败、叛乱事件频现,严重威胁到国家的稳定。

古罗马的行省制

古代罗马将征服的领土划为行省,向其派遣总督进行治理。这些行省中,有的城市拥有自治权,为罗马提供各类生产生活及军事资源,有的则作为罗马的殖民地,用以缓解人口压力。行省居民难免遭受罗马的掠夺和剥削——这或许是帝国领土扩张带来的必然结果。

从希腊到罗马，从城邦政治到强大帝国

古希腊各城邦在其相对独立的政治环境中，形成了寡头政治和民主政治。古希腊寡头政治通常是由社会中掌握经济、军事等资源较多的成员行使政治特权的政体，以斯巴达的军事寡头制为代表；古希腊民主政治是由所有的男性自由民行使政治权力的政体，以雅典的民主制为代表。在这两种制度的作用下，斯巴达和雅典成为了古希腊各城邦中的强国。

古罗马共和国建立后，贵族与平民、公民与非公民之间的长期斗争，促使其不断进行立法和改革，罗马人开始将公民权赋予被征服地的人民，克服了希腊城邦公民权的狭隘；共和政体确保其决策兼顾远见和审慎，避免了直接民主的弊端。这使得罗马在政治实践下形成了影响后世的混合政体，也促使古罗马发展为当时地中海地区最强大的帝国。

From Greece to Rome, From City-state Politics to A Mighty Empire

The ancient Greek city-states formed oligarchy and democracy. The ancient Greek oligarchy was usually a political system in which the members of the society who possessed more economic and military resources exercised political privileges, such as Sparta's military oligarchy. The ancient Greek democracy was a political system in which all male freemen exercised political power, represented by Athenian democracy. Under the influence of these two systems, Sparta and Athens became the great powers among the city-states of ancient Greece.

After the establishment of the Roman Republic, the long-term struggle between the nobility and the common people, citizens and non-citizens, led to the continuous legislation and reform, and the Romans began to grant citizenship to the people of conquered territories, overcoming the narrow citizenship of Greek city-states. The republic ensured that its decisions were made with foresight and prudence, avoiding the drawbacks of direct democracy. This led to the formation of a mixed polity in Roman political practice that influenced later generations, and also contributed to the development of Ancient Rome as the most powerful empire in the Mediterranean region at that time.

古希腊的政治制度

古代希腊地处地中海东北部，其境内多山地，少平原，使古希腊形成了以城市为单位的小国寡民的政治环境，各城邦之间相对独立，诞生了两种主要政体——寡头政治和民主政治。

雅典卫城遗址。建于公元前447～前432年的伯里克利时代，以帕特农神庙为主要建筑，供奉着这座城市的守护神雅典娜

罗马的政治制度

同样起步于城邦,罗马借鉴和发展了雅典的政治制度。从公元前509年开始,先后经历了共和制、个人专制、中央集权的君主制,帝国的版图和影响力不断扩大,而曾经辉煌数个世纪的民主制,则在公元284年,皇帝戴克里先的强权下荡然无存。

奥古斯都雕像,现藏于梵蒂冈博物馆恺撒馆

雅典和罗马的政治变革
The Political Reform in Athens and Rome

● "通常来说,追求平等与正义导致了政体的变革。"(陈伟:《西方政治思想史》)雅典政体的演变,经历了古代地中海文明城邦制度演变的较为典型的过程——从"王政",经由贵族政治、僭主政治,到民主政治。而在罗马,变革、立法也被历任执政者不断地推行,其中既有对权力分配的积极应对,也有暴政对人民的残酷剥削,它们看似不同阶层之于彼此的妥协,实为古代罗马平民阶层与贵族阶层之间权力斗争的缩影,见证了罗马的兴盛和衰亡。

雅典的梭伦改革

公元前594年,梭伦当选雅典的执政官,开始进行具有宪政意义的一系列经济、政治和社会改革运动。他的改革主要涉及以下几个方面:

1. 恢复债务奴隶自由,维护了作为城邦基础的公民团体的利益;

2. 综合考虑自由身份、公民资格和财富等因素,一方面使每个公民享有基本平等的政治权利,另一方面使为城邦承担较多义务的富有者占有一定的优势;

3. 对私人生活进行约束,规定"公民责任"——人们在面临叛乱活动时,所有保持中立者皆要罚没家产,公民不应对公共事务漠不关心。

梭伦的改革体现了古典共和主义的基本精神,为雅典民主时代的到来做出了制度上的准备。

雅典的克里斯提尼改革

公元前508年，克里斯提尼担任雅典执政官，在此之前，僭主政体中断了雅典的民主探索，却在另一方面削弱了贵族的权力，一定程度上增强了平民的凝聚力。在这样的情况下，克里斯提尼主要进行了如下改革措施：

1. 重组雅典的部落制度，打破贵族世家拥地自重的局面，进一步削弱贵族势力；

2. 以"五百人会议"代替梭伦创立的"四百人会议"，它在日后成为了雅典最重要的国家行政机关；

3. 设立十将军委员会作为最高的军事机构；

4. 制订了"陶片放逐法"，以秘密投票的方式表决流放危害国家的分子，打击贵族顽固分子，防止僭主政治再起。

克里斯提尼的改革举措克服了血缘、地理等自然因素的限制，使公民产生政治认同，一定程度上促进了公民平等，为雅典的民主政治奠定了基础。

雅典的伯里克利改革

公元前5世纪，希腊在与波斯的战争中获胜，雅典在战争期间形成了强大的海上军事力量，在战后垄断了海上商路。拥有了更加丰富的物质基础，雅典的文化、艺术发展繁荣，也滋生了一种具有侵略性的帝国主义思想。在这样的背景下，公元前461年，伯里克利担任雅典的执政官，随后主要进行了如下改革：

1. 除十将军以外，各级官职向所有公民开放，并都以抽签方式产生，这意味着所有成年男性公民几乎可以担任一切官职；

2. 向担任公职和参加政治活动的公民发放工资，以鼓励公民积极参政；

3. 限制雅典公民身份的范围，只有父母双方皆为雅典本邦人者，才能获得雅典公民权；

4. 倡导雅典海上霸权的理念，但雅典人必须立足于希腊本土。

伯里克利的改革使雅典民主制得以最终确立，开启了雅典民主政治的黄金时代，但是这种民主制可能导致个人对权力的滥用——利用民众的信任为谋私利浪费公共资源。

罗马的《十二铜表法》

罗马共和国建立以来，贵族与平民之间的矛盾日渐尖锐，大小冲突不断。公元前451年，在平民对元老院的一再施压下，公民大会选举出10人负责制定一部新法典，他们参考了希腊的法律，并结合罗马的旧习惯法，制定了新的法典，因其被刻在十二块铜牌上面得名为《十二铜表法》。它的内容广泛，包括传唤、审判、求偿、家长权、继承及监护、所有权及占有、房屋及土地、私犯、公法、宗教法、前五表之补充、后五表之补充十二篇。它体现出古代罗马人的法治精神和奴隶制国家的本质特点。

《十二铜表法》是罗马的第一部成文法，也是欧洲法学的渊源，其法律架构是罗马最了不起的成就，也是罗马对人类文明的巨大贡献。

罗马的《波提利乌斯法》

奴隶制度在欧洲有着悠久的历史，在罗马时代之前就已存在。古罗马的奴隶大多来自其行省或其他被征服的地区，他们可能是被定罪的犯人、被遗弃的孩子、东欧的战俘，甚至可能是太过贫困的自由人自愿为奴——负债过重的普通人会沦为债务奴隶。奴隶维系了罗马的经济运作，但法律却并不将他们界定为生物，而是物品。公元前326年，古罗马元老院通过《波提利乌斯法》，废止了公民内部的债务奴役制，平民的人身自由得到了一定程度的保障。而罗马的奴隶制，直到拜占庭帝国时期仍未完全终结。

罗马的《霍滕西亚法》

公元前287年，罗马平民与贵族的斗争又趋激化，国家正遭遇危急时刻。根据法律，罗马成立了专门应对紧急状态的临时政府，昆图斯·霍滕西乌斯被推选为独裁官，为解决国内纷争，他与临时政府公布法案规定：平民可以参与国家立法，平民议事会通过的决议无需元老院首肯也具有法律效力，即平民议会的决议对全体公民具有约束力。这项法案缓解了罗马平民的不满情绪，是罗马民主政治的基石和胜利。

然而，这并不意味着广大平民的胜利，只有拥有相当财富的平民才能争取到权利。"等级冲突的结果并非人民革命，而是创造了一个由富有平民和贵族组成的新统治阶层。"（玛丽·比尔德：《罗马元老院与人民：一部古罗马史》）

公元前444～前443年刻有"伯里克利"名字的陶片。它被当作选票使用，由雅典公民投票决定某个公民是否被驱逐出城邦（现藏于雅典古集市博物馆）。

Accumulations:
The Rapid Development of Agricultural Economy

The prolonged warfare had a profound impact on society, resulting in population decline, scarcity of resources, and a significant drop in productivity. With the establishment of "Great Unification", the central government assumed full control of the economic lifeline of national development and adjusted related economic policies, gradually restoring the national economy, which relied on small-scaled farming. The national treasury became increasingly robust, providing a solid material foundation for the opening up during the reign of Emperor Wu of Han. The growth of national strength became a crucial safeguard for Han Dynasty's expansion and engagement with the world.

第二章 蓄力
——农耕经济的迅猛发展

长期战乱导致的人口减少,物资匮乏以及生产力的大大下降,严重阻碍了战国时期社会的发展。随着"大一统"政治体制的确立,中央政府全面掌控国家发展的经济命脉,相关经济政策的调整,使小农经济支撑下的国家经济发展渐入正轨,国库日渐充盈,为汉武帝时期的对外开放奠定了坚实的物质基础。经济蓄力,国力增强,成为汉王朝打开国门眺望世界的重要保障。

统一货币和度量衡

　　秦王朝建立后，在全国范围内推行了一系列巩固统一的政策。统一货币，在全国推行使用圆形方孔的秦半两钱。币制的统一，克服了以往币类多样导致的使用与换算困难，便利了各地的商品交换和经济的交流。秦代外圆内方的货币形制，一直沿用了两千余年。

　　此外，秦始皇颁发诏书，统一度量衡，在全国通行由国家制作的标准度量衡器，大大促进了经济的发展。

Standardization of Currency and Measurements

Following the establishment of Qin Dynasty, a series of unifying policies were implemented nationwide. Currency was standardized to *Banliang* coin——rounded in shape with a square hole, issued by Qin. This currency uniformity resolved the complications of using and converting various coin types, facilitating trade and economic exchange across the regions. The distinctive design of coin during Qin Dynasty, round with a square hole, was utilized for over two thousand years until it was finally phased out in modern times.

First Emperor of Qin promulgated an edict to unify weights and measures, advancing the nationwide adoption of nationally regulated standards, which greatly promoted economic development.

统一货币
The Standardization of Currency

● 秦朝通过两种途径实现了统一货币：一是由国家统一铸币，严惩私人铸币，将货币的制造权掌握在国家手中；二是将通行货币统一为两种，即上币黄金和下币铜钱。同时，改黄金的单位为『镒』（yì），一镒为二十两；铜钱是铸有『半两』二字的圆形方孔钱，俗称『秦半两』。金币主要供皇帝赏赐群臣，铜币才是主要的流通货币。原六国通行的珠玉、龟贝、银锡等，不得再充当货币之用。

先秦时期的货币

先秦货币，即秦始皇统一之前的货币，包括原始货币、金属称量货币和金属铸币等。货币的发展，从商周先民使用天然海贝做货币，到春秋战国时期金属铸币的出现，再到秦始皇统一的方孔圜（yuán）形钱，其发展经历了漫长的过程。

我国国土广袤，先秦时期各地区的生产方式和文化发展也存在较大差异，因此，各地铸造的货币形态也各有特色。以农业为主的中原地区使用布币；以游牧、渔猎为主的东部和北部地区使用起源于削刀的刀币；南方的楚国使用蚁鼻钱以及金版。圜钱主要流行于三晋两周地区，是战国时期最为进步的一种金属铸币形态。秦统一后，圆形方孔的秦半两钱在全国通行，结束了中国古代货币形状各异、重量悬殊的杂乱状态，促进了社会经济的整体发展。

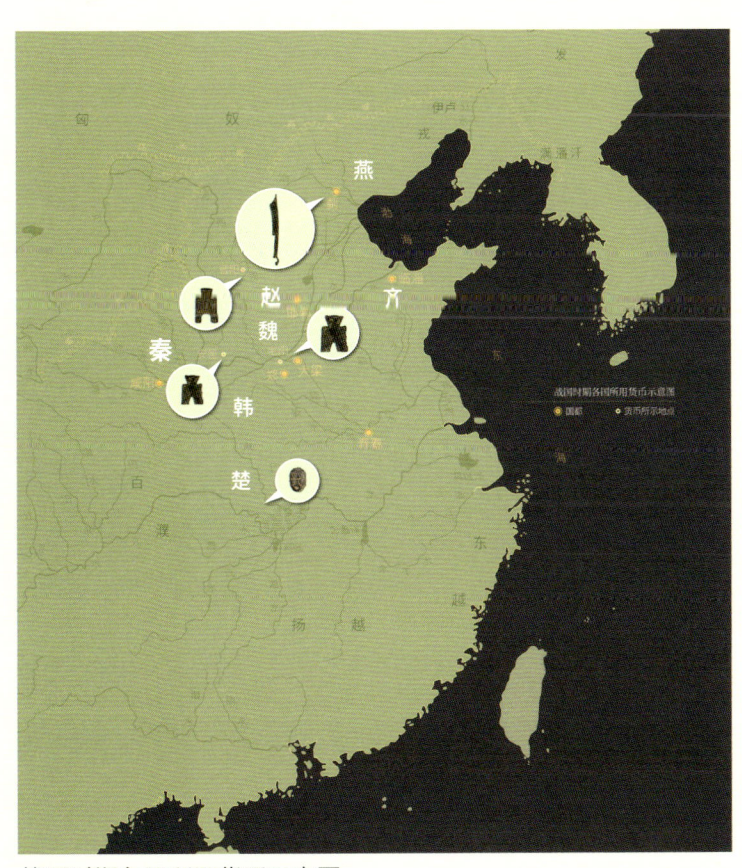

战国时期各国所用货币示意图

六国的货币

中国古代货币发展大事记（以秦汉时期为界）

时期	流通的货币	说明	图片
公元前3000年~前1122年	贝币	贝壳从装饰品发展为支付手段	
公元前1500年~前1122年	铜贝	开始铸造	
公元前800年~前700年	空首布	早期空首布产生	
公元前524年	铸大钱	传说为周景王所铸	
公元前386年	齐造邦刀	田和称齐公，齐造邦刀或铸于此时	
公元前361年	当寽（lüè）币	魏迁都大梁，当寽币的铸造当在此以后	
公元前336年	秦惠文王行钱		
公元前284年~前279年	齐明刀	燕军攻占齐国七十余城，齐明刀应铸于此时	
公元前241年~前223年	郢爯（chèng）	楚迁都寿春，铸郢爯等金币	
公元前221年	半两	秦始皇统一全国币制，推行半两，黄金以镒为单位	
公元前204年	半两减重，许民铸钱	西汉政权建立，半两开始减重，黄金以斤为单位。许民铸钱	
公元前186年	八铢半两	半两减为八铢。禁民铸钱	
公元前182年	五分	半两减为二铢四纍（lěi），称五分钱	

续表

时期	流通的货币	说明	图片
公元前175年	四铢半两	铸四铢半两。又许民铸钱	
公元前144年	定铸钱	定铸钱，伪黄金弃市律	
公元前140年	三铢	汉武帝铸三铢	
公元前136年	复行半两	废三铢，复行半两。三铢、四铢方形和圆形小钱当铸于此时	
公元前119年	白金和皮币	发行白金和皮币	
公元前118年	五铢	铸五铢	
公元前117年	废白金		
公元前115年	赤仄五铢	行赤仄五铢，一当五	
公元前113年	废赤仄五铢当五制	集中全国铸币权于上林三官	
公元前95年	马蹄金		
7年	错刀、契刀和大泉	王莽第一次改革币制	
9年	废刀币，专用大小泉	王莽第二次改革币制	
10年	宝货制	王莽第三次改革币制	
14年	货泉和货布	王莽第四次改革币制	
40年	五铢	东汉光武帝恢复五铢	

统一天下前的货币

　　成组、集中地展示春秋战国时期的各国货币,并梳理中国古代货币(以秦汉时期为界)的发展状况,让观众直接形象地感受到秦始皇统一货币前流通于市场的复杂多样的币类。

空首布
- 春秋
- 长7.4厘米　宽4.3厘米
- 1979年河南洛阳伊川出土

蓄力——农耕经济的迅猛发展　Accumulations: The Rapid Development of Agricultural Economy

尖首刀币
- 战国·燕
- 长15.3厘米
- 1981年陈尊祥捐

"明"字刀
- 战国·燕
- 长14厘米　宽1.7厘米

"明"字刀

◎ 战国·燕
◎ 长13.7厘米 ◎ 宽1.8厘米
◎ 1981年陈尊祥捐

"襄平"平首布

◎ 战国·魏
◎ 长4厘米 ◎ 宽2.5厘米
◎ 1981年陈尊祥捐

"安邑一釿"平首布

◎ 战国
◎ 长5.2厘米 ◎ 宽3.5厘米
◎ 1970年河南洛阳石人村窖藏出土，1975年洛阳博物馆调拨

"安阳"平首布
- 战国
- 长4.7厘米

"齐贝"平首布
- 战国
- 长4.4厘米 宽2.8厘米
- 1965年李仲宣捐

"平阳"平首布
- 战国
- 长4.6厘米 宽2.8厘米
- 1981年陈尊祥捐

"蔺"字平首布
- 战国
- 长4.2厘米

"梁邑"平首布
- 战国·韩
- 长4.5厘米
- 1981年陈尊祥捐

"郢爯"金币

- 战国
- 长1.8厘米 ◎ 宽1.5厘米 ◎ 厚0.4厘米
- 1972年安徽省博物馆调拨

"郢爯"明币

- 战国
- 长4.5厘米 ◎ 宽3.7厘米
- 1958年陕西西安北郊郭家村出土

"半两"钱

- 秦
- 外径3.3厘米 内径0.6厘米

"半两"钱铜范

- 秦
- 长16.5厘米 宽9厘米
- 陕西岐山故郡乡亢家村出土，1991年岐山县博物馆调拨

统一度量衡
The Standardization of Weights and Measures

● 战国时期，各诸侯国都有自己的度量衡制度。统一后，不同的制度严重阻碍了国家经济的发展。秦王朝以秦国原有的度、量、衡为标准，并在商鞅曾颁布的标准器上再加刻统一诏书，制成统一后的标准器发布全国，而与标准器不同的度、量、衡一律被禁止使用。

"高奴禾石"铜权

○ 秦
○ 通高17.2厘米 ○ 底径23.6厘米 ○ 腹围76厘米 ○ 重30.75千克
○ 1964年陕西西安西郊高窑村出土

○ "禾"指此权是用作称谷物的衡器；"石"为秦时衡制，一石为120斤。秦制一斤是今天的256.25克，故一石相当于61.5斤。

○ 权是古代的衡器，用途相当于现在天平上的砝码。秦昭王三年（公元前304年），这件铜权被当作标准衡器发送到高奴（今陕西延安延川）。秦始皇统一六国后，这件权被调回校正，并加刻始皇廿六年统一度量衡的诏书以及"高奴石"三字后，重新发回高奴。秦二世元年（公元前209年），此权又被收回，重刻二世元年诏书。诏文内容显示了秦在度量衡政策上的延续性。

牛耕与铁农具的发展

战国时期，随着冶炼技术的提高，铁制农具得到改进，种类不断创新。秦汉时期，"大一统"国家政体的确立，使耕地面积不断扩大，耕作技术随之进步，铁犁牛耕迎来了大发展时期，也催生了精耕细作生产模式的出现，提高了农业生产效率和土地利用率，促进了农业的长足进步。

铁农具的应用，是中国农业技术史上划时代的变革；牛耕的普及更是中国农用动力的一次重大革命，对于中国古代农业生产方式的改进产生了巨大影响。

Ox-Drawn Ploughing and Advancements of Iron Farming Tools

During the Warring States Period, advancements in smelting techniques led to the enhancement and diversification of iron farming tools. In Qin and Han dynasties, the centralized national system facilitated the expansion of farmland and the development of farming techniques. This era witnessed a significant growth in the use of iron plows and ox-drawn ploughing, which promoted the adoption of intensive and meticulous farming. The agricultural productivity and the land utilization were both then elevated, fostering the agricultural development.

The deployment of iron farming tools marked a revolutionary epoch in the history of Chinese agricultural technology. Moreover, the widespread adoption of ox-drawn ploughing represented a major revolution in China's agricultural labor force, exerting a profound impact on the production methods of ancient Chinese agriculture.

推广牛耕

Promoting the Ox-Drawn Ploughing

● 牛耕早在春秋时期便已出现，并得到初步发展。之前难以实现的深耕，在秦汉时期成为可能。西汉中期以后，牛耕在关中及黄河下游地区获得大范围推广；东汉时，牛耕在关中、山东经济区基本普及，并呈扩散状向北、西、南推广。

"上林農官"瓦当

○ 汉
○ 直径14厘米
○ 1953年西北文化局移交

陶牛

◎ 汉
◎ 长28厘米 ◎ 宽9厘米 ◎ 高18厘米
◎ 2021年陕西咸阳泾阳大堡子墓地出土

蓄力——农耕经济的迅猛发展　Accumulations: The Rapid Development of Agricultural Economy

陶囷

- 汉
- 长34厘米　宽34厘米　高25厘米
- 2021年陕西咸阳泾阳大堡子墓地出土

陶灶

- 汉
- 长32厘米 宽15厘米 高16厘米
- 1952年李长庆捐

蓄力——农耕经济的迅猛发展　Accumulations: The Rapid Development of Agricultural Economy

陶灶

汉

长36厘米 宽18厘米 高20厘米

2021年陕西咸阳泾阳大堡子墓地出土

陶灶

- 汉
- 长16厘米 宽13厘米 高14厘米
- 1982年陕西西安长安出土

蓄力——农耕经济的迅猛发展　Accumulations: The Rapid Development of Agricultural Economy

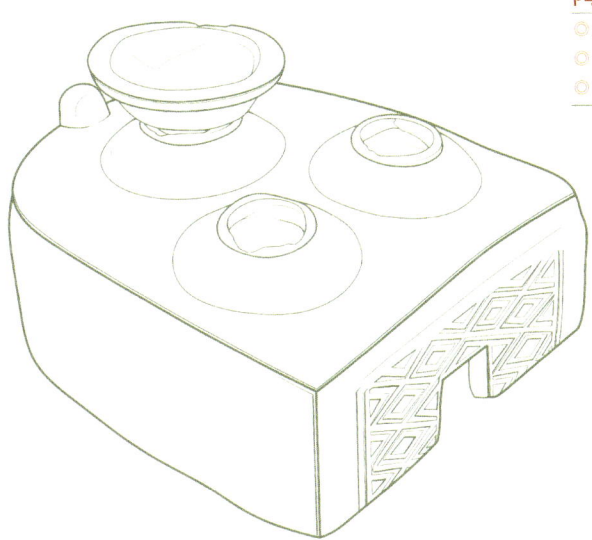

陶灶
○ 汉
○ 长17厘米 ○ 宽14.5厘米 ○ 高9.5厘米
○ 陕西西安北郊福临门出土

铜灶具一套

◎ 汉
◎ 通长21.8厘米 ◎ 宽15.1厘米

蓄力——农耕经济的迅猛发展　Accumulations: The Rapid Development of Agricultural Economy

彩绘铜套碟
- 汉
- 最大口径15.5厘米
- 1972年陕西西安灞桥砖瓦厂出土

陶仓

- 汉
- 口径7.5厘米 底径13厘米 高27厘米
- 陕西西安北郊福临门出土

蓄力——农耕经济的迅猛发展　Accumulations: The Rapid Development of Agricultural Economy

陶仓

- 汉
- 口径7.3厘米 ◎ 底径14厘米 ◎ 高26.5厘米
- 陕西西安北郊福临门出土

彩绘陶仓

- 汉
- 高27厘米
- 1972年陕西西安南郊三爻村砖瓦厂出土

陶仓
- 汉
- 长37厘米　宽23厘米　高27厘米
- 陕西西安北关红庙坡出土

陶仓
- 东汉
- 长38厘米　宽20厘米　高16.5厘米
- 1955年陕西西安北郊红庙坡第二砖瓦厂（建新窑厂）出土

与秦汉农业相关的出土简帛（牍）

农作物种子的挑选与存储

【原文】《秦律十八种·效》："入禾，万[石一积而]比黎之，为户，籍之曰：'厫禾若干石，仓啬夫某、佐某、史某、稟人某。'是县入之，县啬夫若丞及仓、乡相杂以封印之，而遗仓啬夫及离邑仓佐主稟者各一户，以气（饩）人。其出禾，有（又）书其出者，如入禾然。"

【译文】谷物入仓，以一万石为一积而加以排列，设置仓门，登记上"某仓贮有谷物若干石，仓啬夫某、佐某、史某、稟人某"等入仓人姓名。在该县入仓，由县啬夫或丞和仓、乡主管人员共同封缄，并且给仓啬夫和距离城邑较远的仓佐、主稟每人一仓，以便需要时开放谷仓。出仓时也要记录下出仓人的姓名，与入仓时一样。

【原文】《秦律十八种·仓律》："县遗麦以为种用者，殽（xiáo）禾以臧（藏）之。"

【译文】规定种子储藏方法。即各县留作种子的麦子，应和谷物一样储藏。

农田水利的修筑与灌溉

【原文】《秦律十八种·田律》："春二月，毋敢伐材木山林及雍（壅）堤水。"

【译文】二月是枯水季节，又是农田开耕的季节，禁止砍伐材木山林以及筑堤堵塞水道，要保障水道畅通，便于农田灌溉。

【原文】四川省青川县郝家坪50号秦墓出土木牍："以秋八月，修封埒（埒，liè），正彊（疆）畔，及癹千（阡）百（陌）之大草。九月，大除道及阪险。十月，为桥，修波（陂）堤，利津[汤+水]（梁），鲜草离。"

【译文】每年八月，政府组织人员整饬水利工程，清除农田杂草。九月，完缮坡堤、道路。十月，整修桥梁、坡堤，避免汛期到来时决堤。

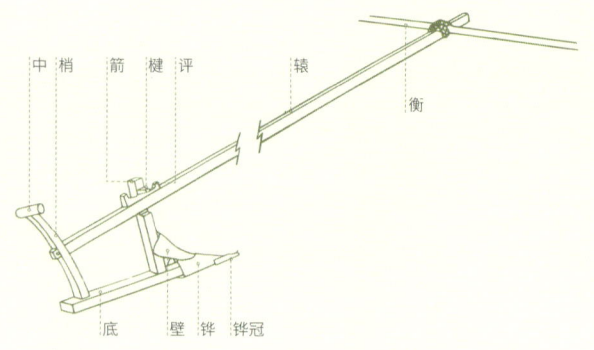

长辕犁

短辕犁 画像石 甘肃武威磨嘴子出土

长辕驾一牛的犁 画像石 山东枣庄出土

带犁盘的犁 画像石 山东枣庄出土

二牛抬杠式犁 画像石 江苏睢宁双沟出土

古代牛耕方式

农畜的使用与保护

【原文】《秦律十八种·厩苑律》:"四月、七月、十月、正月肤田牛。卒岁,以正月大课之,最,赐田啬夫壶酉(酒)束脯,为旱(皂)者除一更,赐牛长日三旬;殿者,谇田啬夫,罚冗皂者二月。其以牛田,牛减絜,治(笞)主者寸十。有(又)里课之,最者,赐田典日旬;殿,治(笞)卅。厩苑律。"

【译文】在每年四月、七月、十月、正月进行耕牛饲养评比。饲养满一年,在正月举行大考核,成绩优秀的,赏赐田啬夫酒一壶,干肉十条,免除饲牛者一次更役,赏赐牛长三十天劳资;成绩低下的,训斥田啬夫,罚饲牛者两个月劳资。如果用牛耕田,牛的腰围减少,每减少一寸要笞打耕牛主管人十下。另外,也会在乡里举行考核,成绩优秀的赏赐里典十天劳资,成绩低下的要被笞打三十下。

【原文】张家山汉简《田律》:"诸马牛到所,皆毋敢穿阱(jǐng)及置它[机],敢穿阱及置它机能害人、马牛者,虽未有杀伤也,耐为隶臣妾。杀伤马牛,与盗同法。"

【译文】凡是马牛农畜所到的地方,严令禁止伤害它们,伤害马牛农畜但未致死伤者,被贬为奴隶。凡杀伤农畜者,会受到与盗贼一样的惩处。

祭祀农神

【原文】里耶秦简《祀先农》:"盐四分升一以祠先农""卅二年三月丁丑朔丙申,仓是佐狗出黍米四斗以祠先农""卅二年三月丁丑朔丙申,仓是佐狗出祠先农余彻羊头一、足四卖于城旦赫,所取钱四□。"

【译文】秦迁陵县府在每年的三月初举行祭祀先农活动,所有的官员都要参加,并要献出贡品。祭祀贡品有猪、羊,还有酒、盐、黍米等。在一次祭祀农神的活动中,一位叫"狗"的管仓库官吏,献出黍米四斗。祭祀先农结束后,县府会将祭品分发或售卖给百姓。那位叫"狗"的管仓库官吏,当天就将剩余的一个羊头、四条羊腿卖给了一位叫"赫"的修城民工,得钱四□(简牍中"四"后面的字已无法释读,但据专家推测,应为四十)。

罗马的农业与经济作物
The Food Crop and the Cash Crop in Ancient Rome

● 罗马共和国向帝国发展期间，疆域不断扩张，直至统治欧洲、北非和中东的大部分地区。因此，整体农业环境较为复杂，而其中以夏季干燥炎热，冬季凉爽多雨的地中海式气候的农业环境最为常见。在此种环境中，三种农作物最为重要：谷物、橄榄和葡萄。

餐桌上的主角

罗马早期的主要作物是小麦。面包是当时人们的主食，提供平均饮食中 70% 到 80% 的卡路里。同时大麦被广泛食用，它也是重要的动物饲料。

天赐的丰饶

橄榄是罗马重要的经济作物。它能够在贫瘠多岩石的土壤中生长，但无法抵御低温，主要生长在地中海沿岸。橄榄油提供了普通罗马人饮食中约 12% 的卡路里和约 80% 的必需脂肪。

流动的黄金

葡萄的原产地在地中海与黑海沿岸，可能是由希腊殖民者带到意大利南部和西西里岛的。

古罗马在葡萄酒生产的历史中占有重要地位。当迦太基战争结束时，迦太基人种植葡萄和酿酒的技术也被传入罗马。随着罗马帝国的兴起，新的酿酒技术蔓延到帝国各地。罗马人认为，葡萄酒是日常生活的必需品，各个等级的人们都应该拥有。于是，葡萄酒成为"大众化"的饮品。葡萄酒贸易带来的商机，鼓励了罗马商人与其他民族的商业往来，使罗马的影响传播至各地。

蓄力——农耕经济的迅猛发展　Accumulations: The Rapid Development of Agricultural Economy

发现于意大利赫库兰尼姆的一幅壁画，是古罗马酒店外墙的葡萄酒销售广告。这家古代酒店的外墙上用不同颜色展示了四种酒并标注了它们的价格。

公元1世纪的罗马浮雕，描绘了用船运输装载葡萄酒的场景。现藏于法国教皇新堡布罗特葡萄酒博物馆。

铁农具的普及
Popularization of the Iron Farming Tools

● 春秋战国时期，铁制农具逐渐在农业生产中得以使用。西汉以后，铁制农具得到广泛应用，成为农耕工具的主体，为"民之大用"。秦汉帝国的强大，离不开农业繁盛，而农业的快速发展与铁制农具的普及关系密切。铁制农具的发明和推广，是我国农业生产史上的一次重大革命。

秦汉铁农具出土地域分布图

图例：
- 国界
- 省、自治区、直辖市界
- 特别行政区界线
- 出土公元前3世纪前铁农具地区
- 出土秦汉时期铁农具地区

古代铁农具

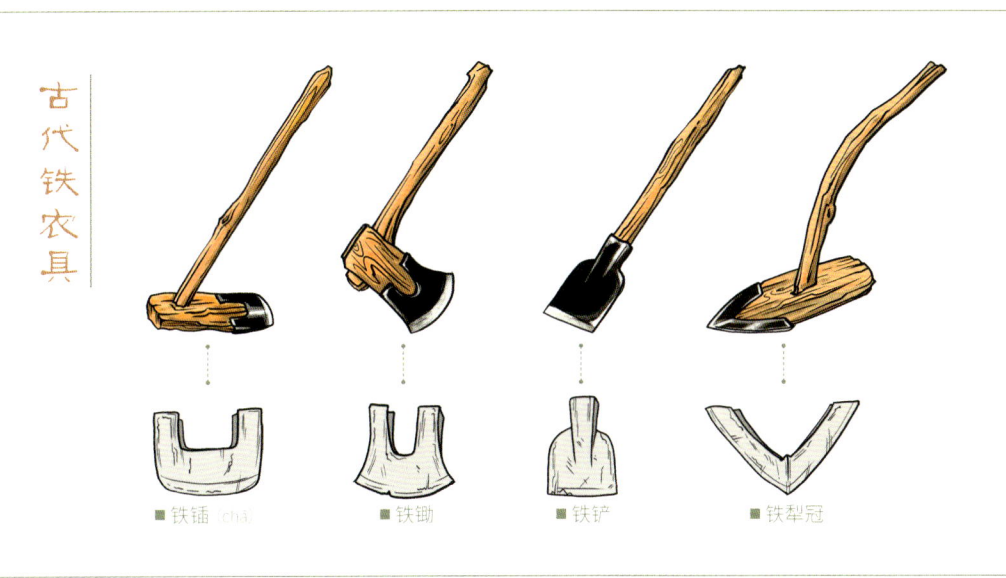

■ 铁锸（chā）　■ 铁锄　■ 铁铲　■ 铁犁冠

铁䤄（bì）土

- 汉
- 通长34.4厘米
- 陕西西安蓝田孟村出土，1964年蓝田文化馆调拨

铁铧

- 汉
- 通长79.5厘米 宽25.9厘米
- 1964年陕西西安长安韦兆镇出土

蓄力——农耕经济的迅猛发展　Accumulations: The Rapid Development of Agricultural Economy

铁铧
汉
通长30.9厘米　宽28厘米

铁犁冠

- 汉
- 长18.9厘米 宽27.4厘米
- 1973年陕西咸阳永寿监军公社西村出土

铁锄
- 汉
- 长23.5厘米 宽15.6厘米
- 1955年陕西西安建筑工程学院一号墓出土

锄草示意图

铁臿

◎ 汉
◎ 宽12.8厘米 ◎ 高6.1厘米
◎ 1958年陕西西安三桥针织厂工地出土

铁铲

◎ 汉
◎ 宽9.5厘米 ◎ 残高12.8厘米
◎ 1973年陕西咸阳永寿监军公社西村出土

铁钁
◎ 汉
◎ 长23.9厘米 ◎ 宽7.5厘米
◎ 1975年陕西长安韦曲公社出土

汉武帝整顿币制

西汉初年实行的郡国并行制，使地方势力扩张，中央政府无力有效调控货币的生产，诸侯贵胄私铸货币盛行，币制混乱阻碍了经济发展。汉武帝经过多年经营，不断削弱诸侯势力，强化中央政府的执行力，经过数次币制改革，实现了铜料国有，不仅禁止私人铸钱，而且有效遏制了郡国铸币，并将铸币权完全收归中央所有。五铢钱作为汉代法定货币最终确立下来，为经济的稳定发展扫清了障碍。

Currency Reforms by Emperor Wu of Han

At the outset of Western Han Dynasty, the simultaneous implementation of the prefectural and the enfeoffment systems led to an expansion of regional powers. The central court lacked the ability to effectively regulate the production of currency, and the prevalence of private coin minting among the elite and the wealthy further disrupted the monetary system, impeding economic development. Over successive years, Emperor Wu of Han diligently worked to diminish the power of regional lords and strengthen the authority of the central government. Following a series of monetary reforms, the mining and use of copper was brought under national control. These reforms not only prohibited private minting but also effectively suppressed the coinage activities of the prefectures, consolidating the minting right entirely in the hands of the central government. With *Wuzhu* coin ultimately established as the legal tender of Han Dynasty, Emperor Wu of Han and his reforms paved the way for the stable economic development of the empire.

郡国商贾私铸货币
Private Coin Minting among the Elites and the Wealthy

● 自汉高祖刘邦建国始,便"为秦钱重难用,更令民铸钱",从而揭开了民间大量自由铸币的序幕。汉景帝时期,禁止民间私铸货币,实行郡国铸币。私铸货币带来的巨大经济利益,导致社会上出现了以轻代重、以伪乱真、大量铸造伪币的乱象,严重影响了经济生活的正常发展。由郡国商贾操持货币,使其富比天子,威胁西汉中央王朝的统治。

武帝的数次币制改革
Currency Reforms by Emperor Wu of Han

● 建元元年(公元前140年),汉武帝下令废除实行了35年之久的四铢"半两"钱,推行三铢钱;建元五年(公元前136年)废三铢,再行四铢"半两";元狩四年(公元前119年)废四铢"半两",重行三铢;元狩五年(公元前118年)再行废除三铢,更请郡国铸造五铢;元鼎二年(公元前115年)除伪钱,颁行赤仄钱;元鼎四年(公元前113年)统一货币,确立五铢钱制。在这20余年的时间里,汉武帝先后进行了6次货币改革,使汉王朝的货币制度得以最终稳定下来。

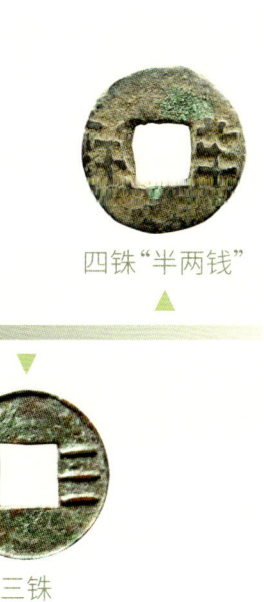

汉武帝时期先后流通的货币

五铢钱　郡国五铢　四铢"半两钱"

赤仄钱（外沿为赤铜）　三铢

西汉早期半两钱范出土情况一览表

功能	质地	形状	地点	数量	浇筑方式
范模	铜质	圆盘形	陕西咸阳	2	中流散铸式
			宝鸡青铜博物院收藏	1	
			陕西安康石泉	1	
			陕西西安长安斗门镇	1	
		长方形	陕西西安长安斗门镇	1	直流分铸式
	泥质	残	河南洛阳		直流分铸式
			河南洛阳汉河南县城北部		直流分铸式
			山西运城夏县禹王城		直流分铸式
	铅质	圭形	河北平原	1	直流分铸式
		长方形	北京朝阳	1	直流分铸式
铸范	石质	长方形	山东滨州	13	双面范，直流分铸式
			山东诸城	7	双面范，直流分铸式
			山东邹城	1	双面范，直流分铸式
			山东青岛	4	直流分铸式
			山东淄博齐故城	9	直流分铸式
			山东淄博齐故城	1	直流分铸式
			山东淄博齐故城	4	直流分铸式
			山东济南莱芜铜山	2	直流分铸式
			山东潍坊城阴城古城	2	直流分铸式
			山东日照莒县	4	直流分铸式
			山东邹城	1	直流分铸式
			山东滨州博兴贤城村	3	直流分铸式
			山东平度	2	直流分铸式
			山东潍坊临朐	13	直流分铸式
			山东青岛即墨	2	直流分铸式
			山东章丘东平陵故城	5	直流分铸式
			河南洛阳汉河南县城城外东南近城	4	直流分铸式
			河南洛阳	1	直流分铸式
			河南新郑东岭村	1	直流分铸式
			河南开封杞城	1	直流分铸式
			陕西咸阳韩家湾	2	直流分铸式
			陕西安康	1	直流分铸式
			山西运城夏县	1	直流分铸式
			河北石家庄东郊	8	直流分铸式
			河北邯郸	50	直流分铸式
		圭形	河南南阳宛城东城墙外	4	直流分铸式
			陕西渭南同家村	1	直流分铸式
		残	河南洛阳	1	直流分铸式
			陕西西安相家巷	1	直流分铸式
			内蒙古呼和浩特郊区	1	直流分铸式
	铜质	长方形	江苏徐州北洞山	1	直流分铸式
	泥质	长方形	河南洛阳汉河南县城内南部稍偏东		直流分铸式
	铁质	长方形	河南许昌	1	直流分铸式

蓄力——农耕经济的迅猛发展　Accumulations: The Rapid Development of Agricultural Economy

"半两"钱铜范
- 汉
- 长14.5厘米　宽8厘米

"半两"钱铜合范

◎ 汉
◎ 长20厘米 ◎ 宽9厘米
◎ 1994年陕西榆林绥德辛店乡邓家楼村出土

蓄力——农耕经济的迅猛发展　Accumulations: The Rapid Development of Agricultural Economy

"半两"钱
- 汉
- 直径5.2厘米
- 1982年陕西西安东郊三店村汉墓出土

"三铢"钱
- 汉
- 直径2.3厘米

金饼

- 汉
- 直径约6.4厘米 ◦ 重约251克
- 陕西西安谭家乡、陕西咸阳三义村长陵等地出土

蓄力——农耕经济的迅猛发展　Accumulations: The Rapid Development of Agricultural Economy

金饼
- 汉
- 最大径6.1厘米　厚0.7厘米　重219克
- 1969年陕西咸阳韩家湾狼家沟出土

金饼
- 汉
- 最大径6厘米　厚1.5厘米　重254克
- 1979年陕西西安北郊六村堡出土

金饼
- 汉
- 最大径5.4厘米　厚1.9厘米　重249克
- 1975年陕西咸阳乾县大洋公社双庙村出土

"杨"字金饼

- 汉
- 直径5.5厘米 高2厘米 重230克
- 1965年陕西咸阳长陵车站出土

"田"字金饼

- 汉
- 最大径6.3厘米 厚0.9厘米 重236克
- 1971年陕西西安郊区先锋公社出土

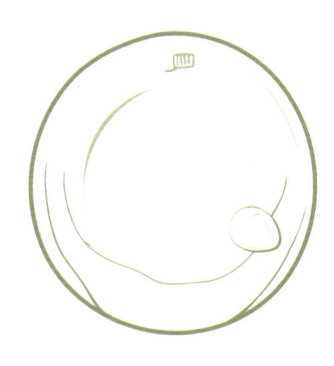

蓄力——农耕经济的迅猛发展　Accumulations: The Rapid Development of Agricultural Economy

马蹄金
◎ 汉
◎ 直径5.6厘米 ◎ 高1.2厘米 ◎ 重249克
◎ 1965年陕西西安三桥出土

麟趾金
◎ 汉
◎ 最大径5厘米 ◎ 厚2.1厘米 ◎ 重256克
◎ 1972年陕西咸阳兴平树寨公社出土

麟趾金
◎ 汉
◎ 最大径5厘米 ◎ 厚1.9厘米 ◎ 重251克
◎ 1972年陕西咸阳兴平树寨公社出土

密集陈列

　　以密集陈列的展示方式，将最能体现大汉王朝经济发展要素的五铢钱与钱范集中、大量展出，带给观众视觉上的冲击，使其直观具象地感受汉王朝经济的鼎盛与繁荣。

"五铢"钱
- 汉
- 直径均为2.5厘米

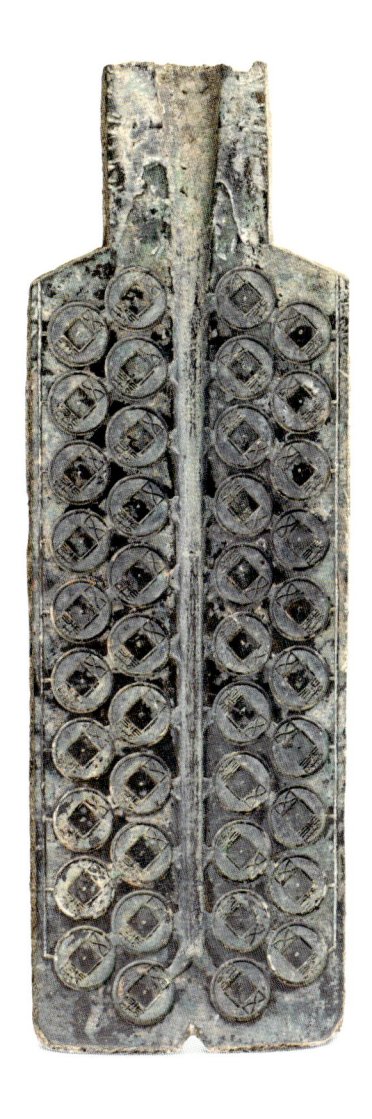

"五铢"钱铜范

- 西汉
- 长41厘米 宽13.9厘米 厚1厘米
- 1979年陕西渭南澄城坡头村西汉钱址出土

"五铢"钱铜范

- 汉
- 长41.2厘米 宽14厘米
- 1980年陕西渭南澄城坡头村出土

铜锭

◎ 汉
◎ 长39.5厘米 ◎ 宽20厘米 ◎ 厚7厘米
◎ 1955年陕西西安西郊皂河明渠出土

中央集中统一铸币权

The Central Government's Consolidation and Unification of the Minting

● 多次币制改革后，汉武帝决心由中央集中统一铸币权。元鼎四年（公元前113年），中央政府设水衡都尉机构，专执铸币，严禁郡国私铸，将铸币权完全收归中央。政府统一铸造的货币，工艺水平高、铸造技术规范，工序也比较复杂，货币币值与重量「重如其文」，伪造者不易仿造，从根本上制止了伪钱的泛滥。中央政府统一铸币权，稳定了国家财政，加强了中央集权的统治。

陶风管
- 西汉
- 径7厘米 高17厘米
- 1979年陕西渭南澄城坡头村西汉钱址出土

统一标准铸五铢

The Standardization of Wuzhu Bronze Coin

● 『五铢』钱，因货币表面有『五铢』两个篆字而得名，是汉武帝时期最终确立的币制，由中央政府设置的水衡都尉的属官——钟官、技巧、六厩三官统一铸钱，三官都是管理铸钱的官署，它们既是铸钱的行政管理机构，又是官办的铸钱工场。由中央统一铸造的五铢钱制作精美，边郭工整，重量准确，钱文秀丽，通行全国。

汉长安城地区铸钱遗址分布位置示意图

蓄力——农耕经济的迅猛发展　Accumulations: The Rapid Development of Agricultural Economy

"五铢"钱（135枚）

- 汉
- 直径均为2.5厘米

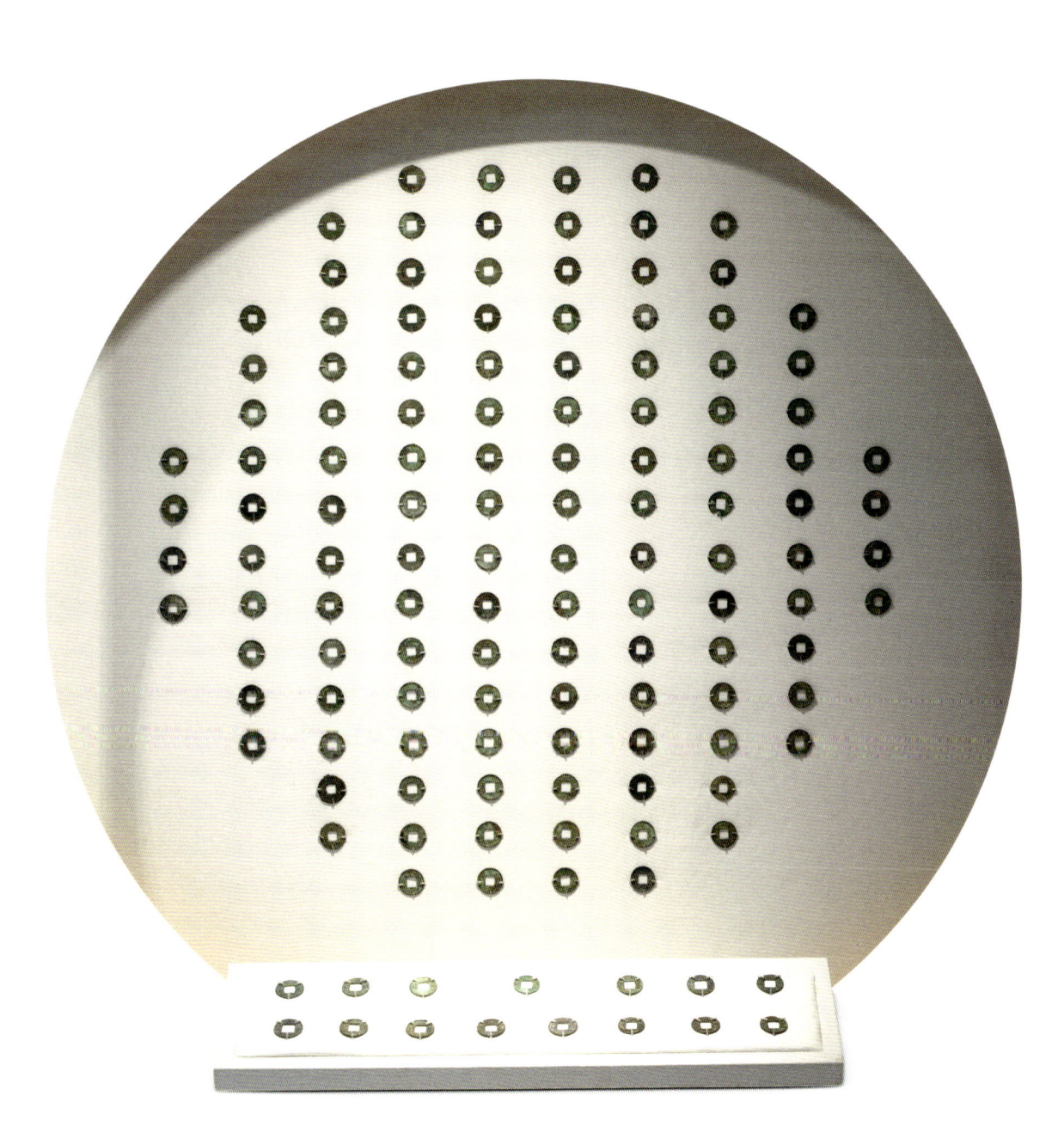

"五铢"钱陶范

◎ 汉
◎ 长26～29厘米 ◎ 宽18.5～21厘米

蓄力——农耕经济的迅猛发展　Accumulations: The Rapid Development of Agricultural Economy

"神爵元年"铭陶范

○ 公元前61年
○ 残长8.3厘米 ○ 残宽5.1厘米

王莽的币制改革

The Currency Reforms by Wang Mang

- 西汉后期，朝廷的赋税劳役日益严重，土地被兼并，奴婢、流民的数量恶性膨胀，成为当时严重的社会问题。阶级矛盾和统治阶级内部矛盾日趋尖锐，各地起义不断。

- 初始元年（8年），王莽接受孺子婴（刘婴）的禅让后称帝，改国号为"新"，改长安为"常安"，作为新朝都城。新朝建立后，王莽仿照《周礼》的制度推行新政，开始进行全面的社会改革，但其前后四次的币制改革，最终导致了"农桑失业，食货俱废"的局面。

王莽的币制改革

次数	时间	流通的货币	说明
第一次	居摄二年（7年）	1.五铢钱 2.大泉五十 3.契刀 4.一刀平五千	1.大泉五十，每枚当五十枚五铢钱使用 2.契刀，每枚当五百枚五铢钱使用 3.一刀平五千，每枚当五千枚五铢钱使用
第二次	始建国元年（9年）	1.大泉五十 2.小泉直一	1.废除契刀、一刀平五千和五铢钱 2.小泉直一与五铢钱同等价值
第三次	始建国二年（10年）	"五物六名二十八品"的"宝货制"	1.五物，即五种材质：金、银、铜、龟、贝 2.六名，即六个大类：金货、银货、龟币、贝币、布、泉 3.二十八品，即二十八个具体品类 （1）泉货六品（小泉直一、幺泉一十、幼泉二十、中泉三十、壮泉四十、大泉五十） （2）布货十品（小布一百、幺布二百、序布四百、差布五百、中布六百、壮布七百、弟布八百、次布九百、大布黄千） （3）黄金一品（黄金每斤值万） （4）银货二品（银八两为一流。普通银每流值一千、朱提银每流值一千五百八十） （5）龟宝四品（子龟五寸以上每个值一百；侯龟七寸以上每个值三百；公龟九寸，每个值五百；元龟一尺二寸，每个值二千一百六十） （6）贝货五品（每两贝为一朋；贝不盈寸二分，每个值三；小贝寸二分以上每朋值十；幺贝二寸四分以上每朋值三十；壮贝三寸六分以上每朋值五十；大贝四寸八分以上每朋值二百一十）
第四次	天凤元年（14年）	废除大钱和小钱。另铸货泉、货布	1.货泉与五铢钱等值 2.货布值二十五枚货泉 3.大泉五十在此次改革后不再铸造，但一直沿用至地皇元年（20年） 3.金、银、龟、贝四品虽削减其价值，但并未被废除，在实际流通中没有发挥作用

"始建国"陶瓦残片

- 新朝
- 长27厘米 宽16厘米
- 1955年西安市文管会移交

错金"一刀平五千"铜钱
- 新朝
- 长7.5厘米 宽3厘米
- 1950年文物处移交

错金"一刀平五千"铜钱
- 新朝
- 长7.7厘米
- 1965年陕西西安新安砖厂出土

"契刀五百"铜钱

- 新朝
- 长7.5厘米
- 1971年陕西咸阳礼泉骏马公社东庄头出土

"幼泉二十"铜钱

- 新朝
- 直径1.8厘米

"大泉五十"钱陶范

◎ 汉
◎ 长14厘米 ◎ 宽11.5厘米
◎ 1958年陕西西安北郊郭家村出土

"大泉五十"钱铜范

◎ 汉
◎ 长26厘米 ◎ 宽9厘米
◎ 1971年陕西西安土产公司交

"左作货泉"灰陶块
- 新朝
- 长10厘米 宽6厘米 高2.4厘米
- 1956年刘百训捐

"五作"灰陶块
- 新朝
- 长10.5厘米 宽6厘米 高2.2厘米
- 陕西西安长安三桥好汉庙出土，1954年中国科学院赠

蓄力——农耕经济的迅猛发展　Accumulations: The Rapid Development of Agricultural Economy

"大布黄千"钱铜范
- 汉
- 长27厘米　宽19厘米

"货布"钱铜范
- 汉
- 长15.5厘米　宽9厘米

帝国的货币

The Imperial Currency

● 贸易，以一种相对和平的方式将不同地区联系在一起。大流士一世成为波斯的统治者后，通过改革统一了货币，在西亚地区形成了世界上第一个"共同市场"，促进了不同民族间的交流；罗马帝国在其鼎盛时期，将地中海变为帝国的"内海"，使罗马货币在此区域内广泛流通，而该地区成熟、发达的商业环境和物资储备，为罗马帝国提供了重要的经济基础。

波斯的货币

波斯金币"达利克"和银币"谢克尔"

蓄力——农耕经济的迅猛发展 Accumulations: The Rapid Development of Agricultural Economy

COMMON COINS OF THE ROMAN EMPIRE

Aureus 200 BCE-305 CE
7g, ~20mm

Solidus 310-693 CE
4.5g, ~20mm

AE3 315-400 CE
2-4g, ~18mm

AE4 383-400 CE
0.5-1.5g, ~14mm

Denarius 211 BCE-241 CE
3g, ~19mm

Tremissis 380-367 CE
1.5g, ~14mm

Sestertius 23 BCE-250 CE
20-30g, ~35mm

Antoninianus 215-295 CE
3-5g, ~21mm

Siliqua 310-650 CE
1-3g, ~18mm

As 280 BCE-250 CE
9-12g, ~27mm

Follis 294-310 CE
5-12g, ~26mm (early)

Dupondius 23 BCE-250 CE
11-15g, ~29mm

A free infographic by *Dirty Old Coins, LLC*

罗马帝国常见货币

罗马历史上大部分的货币由金、银、铜铸造而成。从古典时代到中世纪，罗马货币在整个亚欧大陆西部和北非被广泛使用。

177

盐铁官营

　　汉初，延续秦朝的政策，由民间经营盐铁的生产与销售，故煮盐、冶铁得到迅速发展。西汉时期，为增加国家财政收入，朝廷在盐、铁产地设置盐、铁官，实行统一生产和统一销售，利润为国家所有。严厉禁止私煮、私铸，违令者处以重罚。盐铁官营使国家独占了当时最为重要的经济之利，出现"民不加赋而国用充裕"的景象。

Government Monopoly over Salt and Iron

In early Han Dyansty, continuing the policies of Qin, salt and iron were produced and sold through non-government business, leading to rapid advances in salt evaporation and iron smelting techniques. During Western Han period, in order to enhance national revenues, the court appointed officials at sites of salt and iron production to oversee centralized production and sales, yielding profits directly to the government. Private production of salt and iron was strictly prohibited, with violators facing severe penalties. The court's control over salt and iron enabled the empire to exclusively profit from the most economically significant commodities of the time. Thus, without raising taxes on the people, the empire remained wealthy.

盐铁计划
Salt and Iron Project

● 汉武帝时期，由于连年对外用兵，对内滥肆封赏，大兴土木，使汉初70年的储积为之一空，造成财用不足的局面。当时，冶铁和煮盐业全部由豪富权贵之家操控，富累巨万，但"不佐公家之急"。元狩三年（公元前120年）御史大夫张汤上书，请求"笼天下盐铁"。汉武帝于是起用盐铁大商出身的孔仅、东郭咸阳等人，在时任治粟都尉桑弘羊的主持下，实行盐铁专卖制度，将盐铁经营权由民间收归官府。

"齐盐鲁豉"铭双联釉陶罐
○ 汉
○ 长18.5厘米 ○ 宽9.5厘米 ○ 高14.5厘米

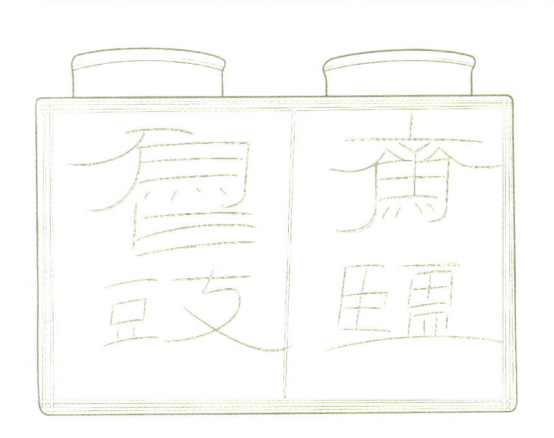

铁钳

◎ 汉
◎ 通长69.5厘米

铁铲

◎ 汉
◎ 通长79.7厘米 ◎ 刃宽12.7厘米

铁锛

- 汉
- 长12.1厘米 刃宽6.3厘米
- 1955年陕西西安灞桥狄寨鲍旗寨村出土

铁戟

- 汉
- 残长26.3厘米
- 1982年陕西西安东郊三店村汉墓出土

铁剑
⊙ 汉
⊙ 残长103.8厘米

环首铁刀
⊙ 汉
⊙ 长112.3厘米
⊙ 1980年陕西宝鸡岐山青化公社出土

铁刑具

◎ 汉
◎ 长18厘米 ◎ 宽12厘米 ◎ 高5厘米
◎ 陕西蓝田鹿塬大寨乡出土，1957年蓝田文化馆调拨

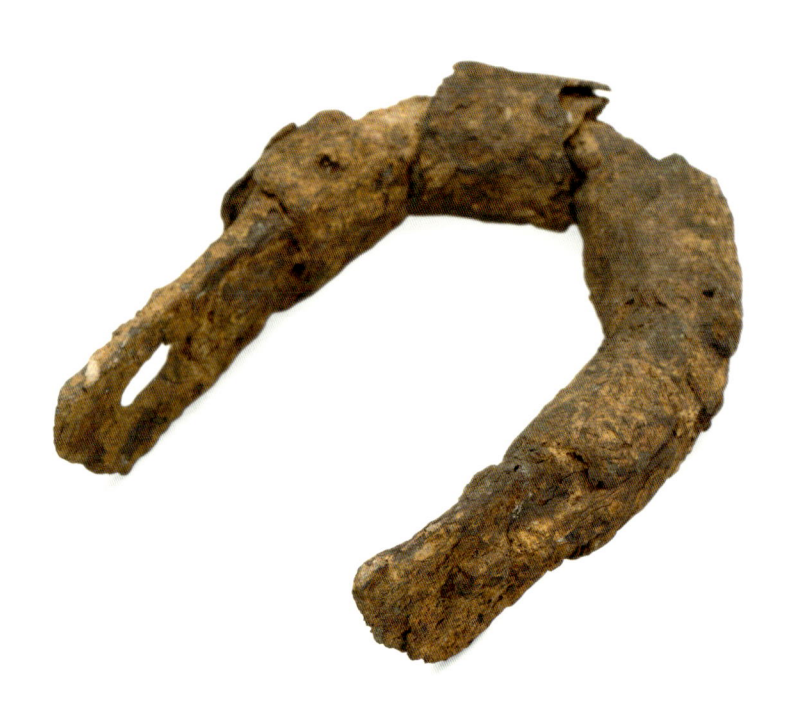

锻冶图　画像砖　1930年山东滕县宏道院出土　中国国家博物馆藏

左侧三人操作皮鼓风冶铸，右有四人锤锻兵器，墙上挂有锻制好的刀剑，旁还有四人对锻打好的器物进行再加工或检测，右侧有门亭、人物。冶铁的画像石比较罕见，此画像石描绘了一个兵器作坊的情形，虽较为简单，但仍是汉代山东冶铸手工业的真实写照，其中皮鼓风的形象极为珍贵。有研究者根据这一形象，复原了汉代鼓风机的工作原理。

盐铁会议
Salt and Iron Conference

● 汉武帝时期实行的盐铁官营等经济政策，在汉昭帝时弊端渐显，激起民怨。汉昭帝始元六年（公元前81年），霍光以昭帝的名义，令丞相田千秋、御史大夫桑弘羊及召集来的贤良文学60余人，就武帝时期的各项经济政策进行全面的总结与辩论，史称『盐铁会议』。此次会议，取消了武帝时期的郡国酒榷（què）和关内铁官制度，使得国家官营政策有所收缩。

《盐铁论》

《盐铁论》是汉宣帝（公元前73—前49年）时期做过庐江太守丞的桓宽，根据昭帝始元六年朝廷召开的盐铁会议所做的记录而创作的一部政论性散文集，撰写体裁为对话体，共六十篇。全书体例统一，风格一致，结构严密，通晓畅达，在经济思想史和文学史上都具有重要价值。

其中第一篇至第四十一篇，记述了盐铁会议正式辩论的经过及双方的主要观点；第四十二篇至第五十九篇记述会议结束后，争辩双方对匈奴的外交策略、法制等问题的争论要点。最后一篇为后序。

（节选）山海之利，广泽之畜，天地之藏也，皆宜属少府；陛下不私，以属大司农，以佐助百姓。
（节选）山当此之时，四方征暴乱，车甲之费，克获之赏，以亿万计，皆赡大司农。此者扁鹊之力，而盐、铁之福也。
——《盐铁论》

均输法与平准法

均输法与平准法，是西汉时期施行的在全国范围内进行大规模的商品收购和转卖的政策，实际是将富商大贾的致富术变为官营商业的生意，从而有效调剂物资供应，控制市场。中央政府在主管国家财政的大司农下设置均输官，把应由各地输入长安的物品，从出产处转运他处易地出售，再经辗转交换，将关中所需货物运达长安。平准官利用均输官所存物资，根据"贵则卖之，贱则买之"的原则，实现调剂供给、节制市场、平衡物价的作用。

均输平准之法的实施，使得中央政府掌握的物资大大增加，平抑市场价格的同时，打击了富商大贾囤积居奇、垄断市场的行为，也增加了国家的财政收入。

The Policies of Equal Distribution and Price Adjustment

The policies of equal distribution *Junshu* and price adjustment *Pingzhun* were enacted during Western Han Dynasty, facilitating large-scale national purchase and resale of commodities. These measures effectively converted the wealth-accumulations methods of affluent merchants into a government-run business, allowing for efficient regulation of resource supply and market control. The central government established the position of the Equalization Official *Junshu Guan* under the Chamberlain for the National Treasury *Da Sinong*, tasked with dispatching commodities directly from their production sites to different regions for sale and subsequently ensuring effective transportation of required resources to Chang'an. Following the principle of "selling high and buying low", the Price Adjustment Official *Pingzhun Guan* managed the Equalization Official's storage for supply adjustments, market correction, and price stabilization.

The successful implementation of these policies significantly increased the resources controlled by the government. It curbed opportunistic practices of hoarding and market monopolization by wealthy merchants, while simultaneously boosting the national fiscal revenue.

均输法的推行

Implementation of the Policy of Equal Distribution

● 均输法的基本内容可概括为八个字，即"徙贵就贱"和"用近易远"。所谓"徙贵就贱"是指不以固定数额向各地征收实物赋税，而是根据农业年景丰歉的变化，在农业歉收、物价高涨地区折征钱币，用折征钱币在丰收地区低价购买上供物资。"用近易远"是指上供物资如果存在于多个物产丰饶、物价低廉的地区，则选择距离较近且交通便利的地方，以减少运费。

均输示意图

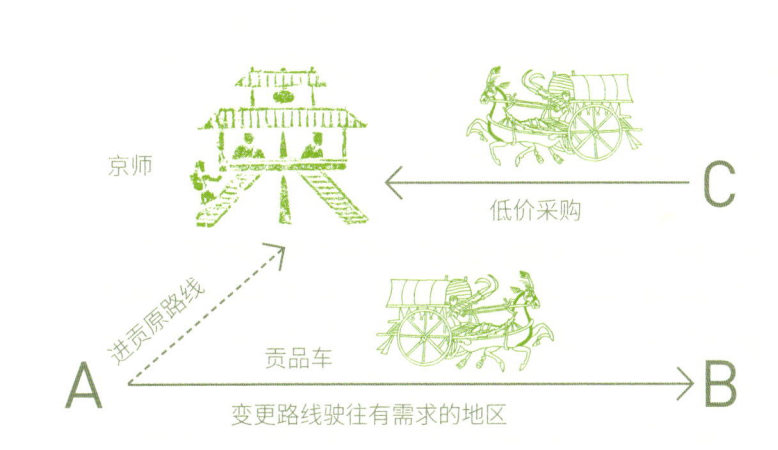

京师　低价采购　C
进贡原路线
贡品车
A　变更路线驶往有需求的地区　B

平准示意图

低价时购入　政府　高价时，以低于市场的价格售出
商品　　　　　　　　　　商品

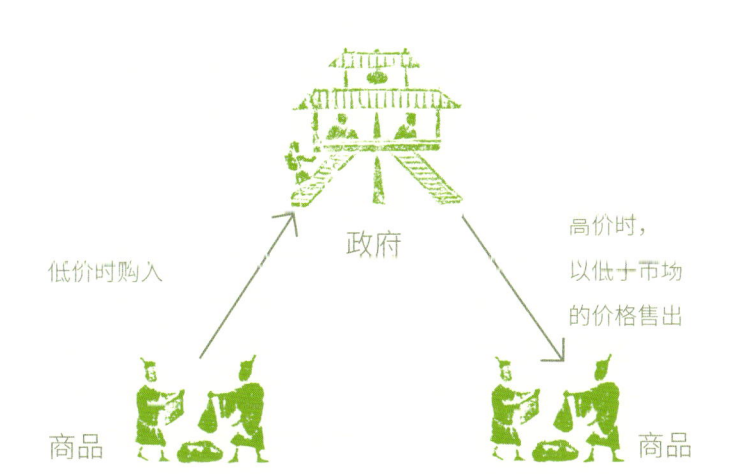

平准法的施行
Implementation of the Policy of Price Adjustment

● 平准法与均输法相互配合，紧密联系，是汉王朝平衡物价的政策之一。具体内容是在京师和主要城市设置「平准」机构，利用均输官所掌握的物资，根据物价，贵时抛售，贱时收购，从而调控物价，稳定经济秩序。

《史记·平准书》（节选）

【原文】

元封元年……桑弘羊为治粟都尉，领大农，尽代仅筦天下盐铁。弘羊以诸官各自市，相与争，物故腾跃，而天下赋输或不偿其僦费，乃请置大农部丞数十人，分部主郡国，各往往县置均输盐铁官，令远方各以其物贵时商贾所转贩者为赋，而相灌输。置平准于京师，都受天下委输……大农之诸官尽笼天下之货物，贵即卖之，贱则买之。如此，富商大贾无所牟大利，则反本，而万物不得腾踊。故抑天下物，名曰「平准」。天子以为然，许之。

【译文】

元封元年，桑弘羊兼任大农。因各官府都做买卖，互相争利，导致物价上涨。于是，桑弘羊呈请设置大农部丞数十人，进行分部主管。各郡国、各郡县一般都设置均输盐铁官员。在京师设置平准官，总管收受各地运来的货物。大农所属各官完全掌握天下的货物，贵时卖出，贱时买进。这样一来，富商大贾无法牟取大利，于是返本务农，而物价不会上涨。因为抑制了天下的物价，所以称为"平准"。天子认为有道理，便准许桑弘羊实施此法。

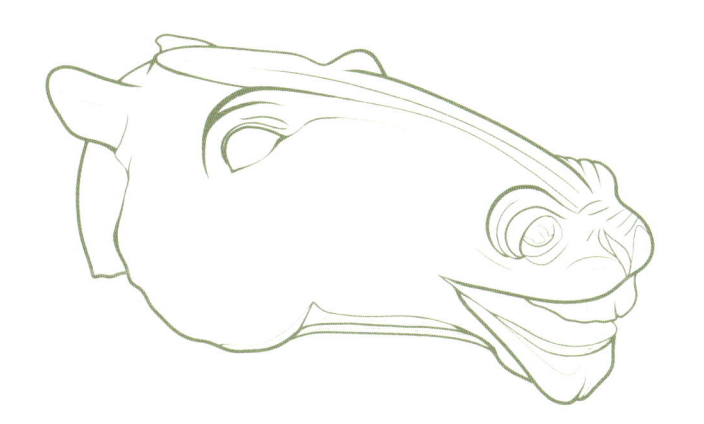

蓄力——农耕经济的迅猛发展　Accumulations: The Rapid Development of Agricultural Economy

彩绘陶马头
- 汉
- 长21厘米 高9.5厘米
- 1954年刘汉基捐

田庄与豪族经济

　　田庄是东汉时期豪强地主经营地产的一种生产组织形式，它以大土地所有制为基础，以雇佣劳动或收取地租为生产形态，有着严密的生产管理体系，是能够自给自足地进行生产生活并带有一定政治色彩的经济实体。

　　在东汉宦官与外戚相继专权、政治腐败、社会混乱的情况下，田庄成为有些农民的庇荫地，在一定程度上起到了保全社会生产力的作用。虽然它在国家与自耕农之间起着缓冲两者利害冲突的作用，但其强大的政治、经济实体，对中央集权统治构成了威胁，对依附农民的剥削和奴役也不断加重。

Manors and the Economy of Magnate Clans

Manors were a prevalent form of agricultural organization during Eastern Han period, wherein powerful landlords managed their landholdings. Based on large-scale land ownership, these manors operated through either employing labor or collecting rent, featuring a meticulous system of production management. They were self-sustaining economic entities with significant political influence.
During Eastern Han Dynasty, as court eunuchs and imperial relatives successively seized power, government corruption, and social chaos, manors became the refuge for some peasants, playing a role in preserving social production. While serving as a buffer between the court and independent farmers, their formidable political and economic influence posed a threat to centralized rule, and their ongoing exploitation and subjugation of dependent peasants only intensified.

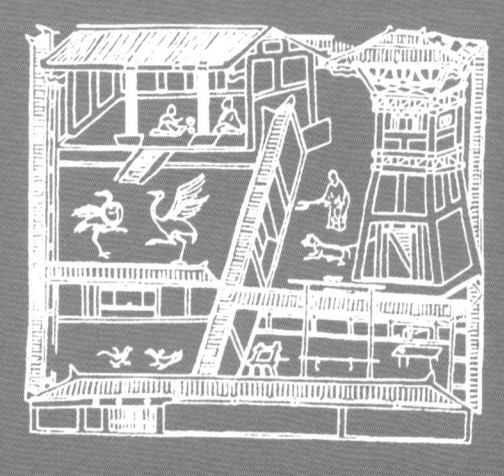

带望楼的院落　壁画　河北安平出土　　　　　　汉代庄园建筑模型图

自给性的生产模式
Self-sufficient Production Mode

● 东汉时期，豪强地主通过购买、兼并或者私下开垦土地的方式，占有大片土地和山林川泽，他们能够根据不同的土质和生态环境，种植不同的农作物以及各类经济作物，形成了聚族而居、相对封闭的生活状态，使得田庄内部的生产生活实现了自给自足。

院落组合

为呈现东汉时期田庄生活的真实面貌，专门陈列一组院落组合，创意"文物装置"的概念，以文物作为装置设计的元素，搭建叙事场景，传达时代信息。引领观众在参观中深入历史情境，感受当时的社会面貌。

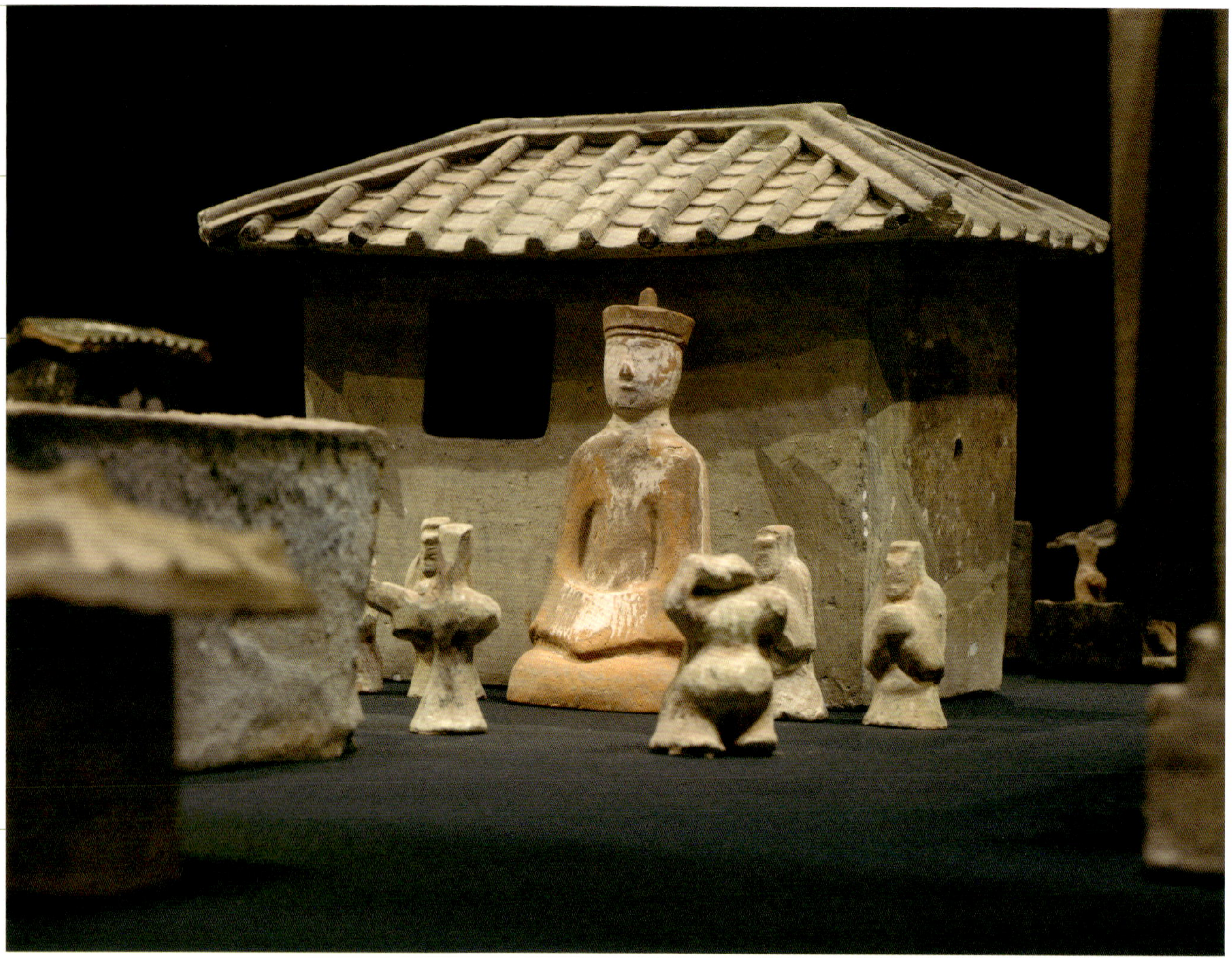

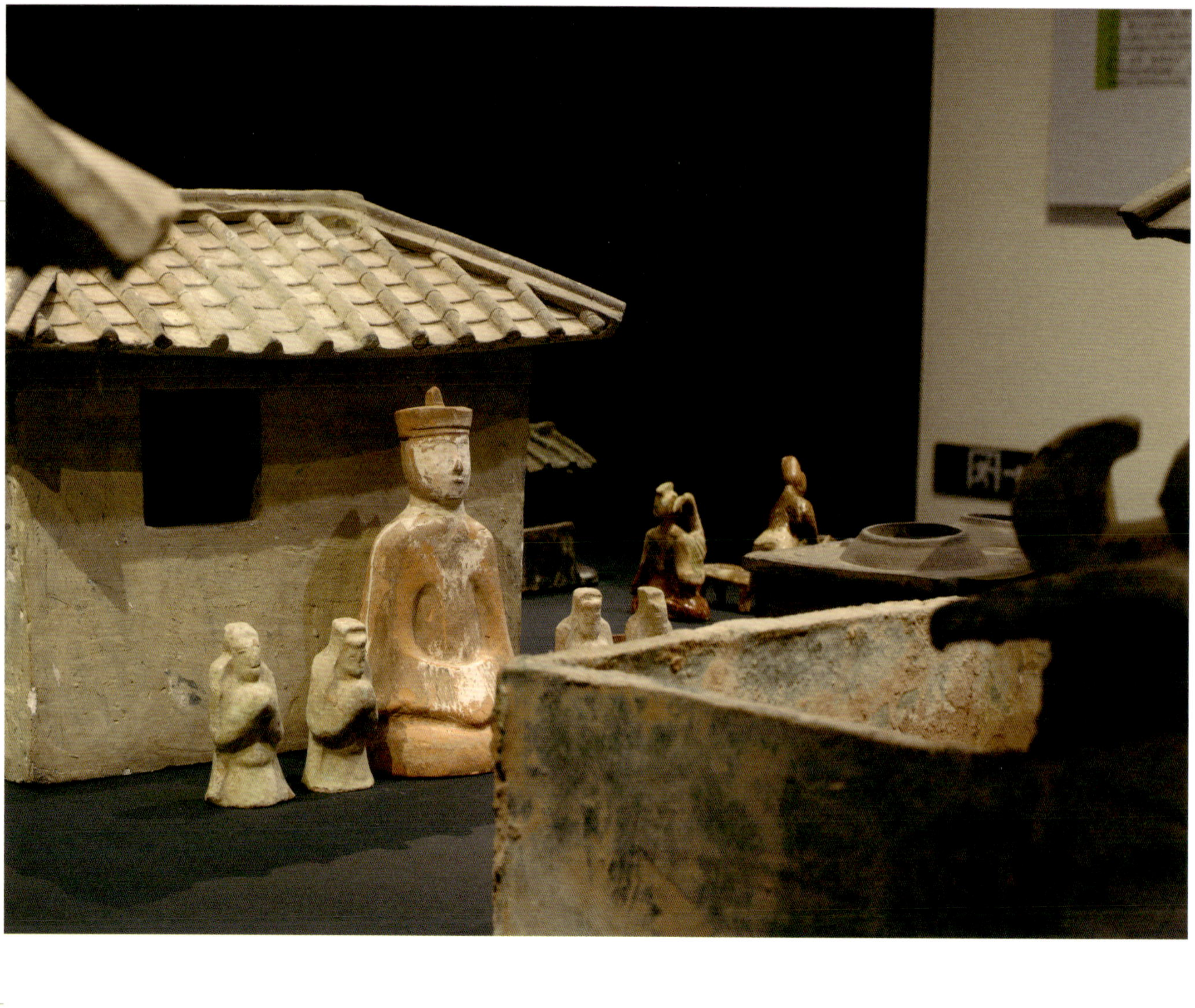

蓄力——农耕经济的迅猛发展　Accumulations: The Rapid Development of Agricultural Economy

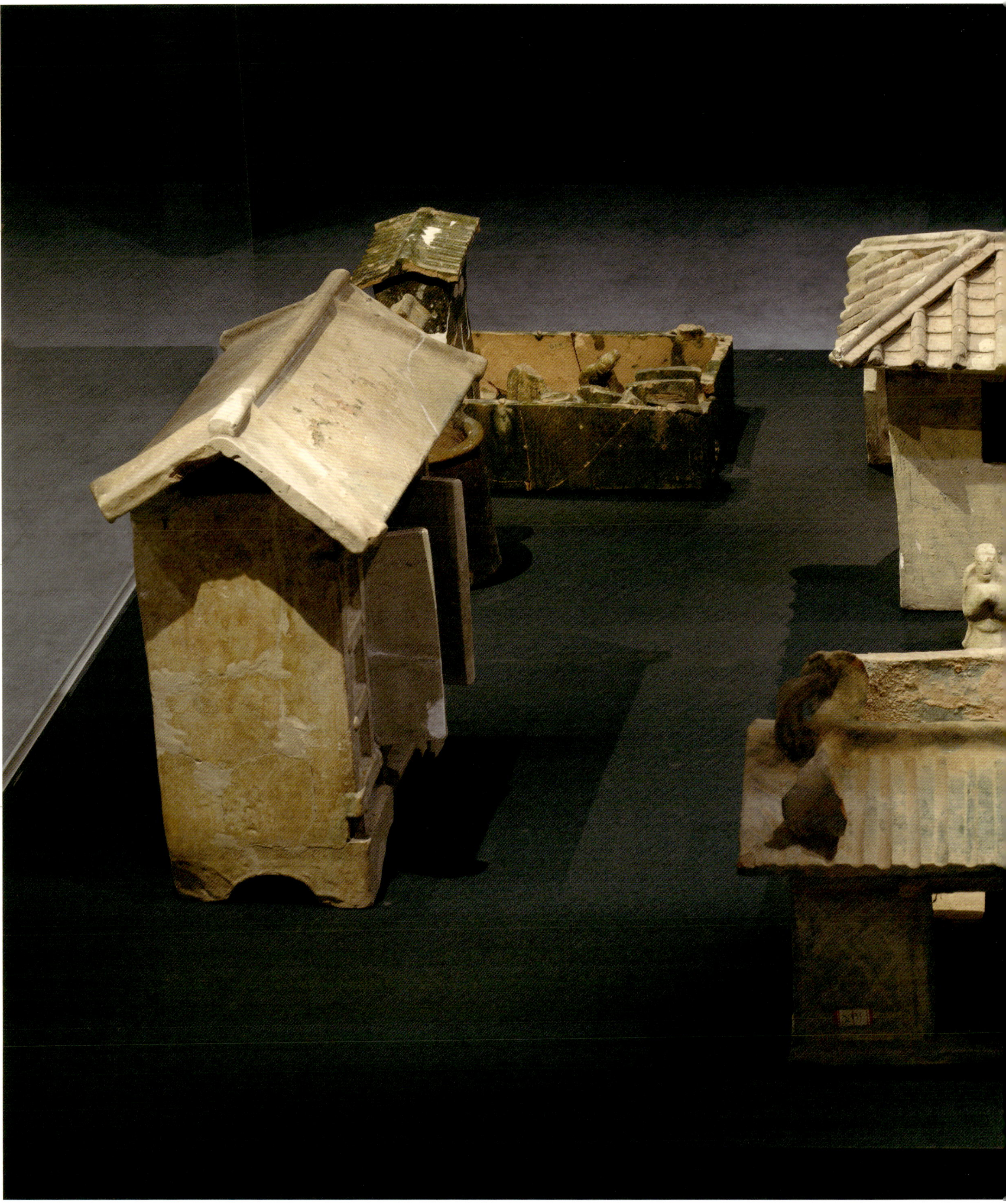

蓄力——农耕经济的迅猛发展　Accumulations: The Rapid Development of Agricultural Economy

彩绘陶跪坐男俑
- 汉
- 高22厘米
- 陕西咸阳苏家村出土

彩绘陶拱手男立俑
- 东汉
- 高33厘米
- 1972年陕西西安南郊出土

蓄力——农耕经济的迅猛发展 Accumulations: The Rapid Development of Agricultural Economy

彩绘陶跽坐女俑
- 汉
- 高33厘米
- 1985年陕西省考古研究所调拨

釉陶井

○ 汉
○ 高28厘米
○ 1956年西安市文管会移交

绿釉陶橱屋
◎汉
◎长34.2厘米 ◎宽15厘米 ◎高39.3厘米

釉陶杀猪俑
◎ 东汉
◎ 高12.9厘米

釉陶庖厨俑
- 东汉
- 高10厘米

釉陶簸箕
- 汉
- 长8.3厘米 宽5.5厘米

绿釉陶磨坊

- 东汉
- 长21厘米 宽15.5厘米 高17.5厘米

蓄力——农耕经济的迅猛发展　Accumulations: The Rapid Development of Agricultural Economy

绿釉陶磨坊

- 东汉
- 长33.6厘米　宽26.5厘米　高22厘米
- 1964年河南三门峡出土

绿釉陶羊圈
- 汉
- 长19.6厘米 宽19.6厘米 高10厘米
- 陕西西安郊区出土

釉陶猪羊圈
- 汉
- 长29厘米 宽19厘米 高10厘米
- 甘肃出土，1988年西铁分局乘警队移交

陶猪羊圈
- 汉
- 高15厘米
- 1986年陕西西安西郊出土

多样化的经营内容

Diversified Business Operations

● 田庄经济的产品结构，呈现多样化的特征，包含农、林、牧、副、渔多种生产内容。农业生产是田庄经济存在和发展的基础，种植的粮食种类多样，畜牧业发达。手工业是田庄经营的重要组成部分，包括织染业、酿造业、粮食加工业、制药业以及冶铁业等。

绿釉陶羊圈

○ 汉
○ 直径28厘米 ○ 高7.5厘米
○ 甘肃出土，1988年西铁分局乘警队移交

绿釉陶羊圈
- 汉
- 直径22厘米 高6厘米
- 陕西西安郊区出土

绿釉陶猴
- 汉
- 高 5.5 厘米
- 1957 年蒋宗彝捐

绿釉骑羊俑
- 汉
- 长 4 厘米 高 3.5 厘米
- 1953 年西北文化局移交

绿釉陶猪
- 汉
- 长 5.5 厘米 高 3.3 厘米
- 陕西西安岳家寨出土

釉陶鱼雁陂池
◎ 东汉
◎ 长19厘米 ◎ 宽15厘米

绿釉陶磨坊

- 汉
- 长27厘米 宽20厘米 高14.5厘米
- 甘肃出土，1988年西铁分局乘警队移交

绿釉陶磨坊

○ 东汉
○ 宽20.5厘米 ○ 高18厘米
○ 1959年陕西渭南潼关吊桥乡出土

绿釉陶猪圈

○ 汉
○ 长20厘米 ○ 宽15厘米 ○ 高12厘米
○ 甘肃出土，1988年西铁分局乘警队移交

完备的田庄防御体系
The Comprehensive Defense System of Manors

● 田庄不仅是生产组织,也是军事组织。东汉时期,政局不稳、战事频仍,豪强地主拥有的私人武装,由依附的青壮年男子组成,称为『部曲』或者『家兵』,主要任务是看家护院,后来转变成为豪族镇压农民起义和拥兵割据的武装力量。魏晋南北朝时期,田庄演变为北方地区普遍存在的坞(wù)壁。

东汉田庄的组织架构

人口构成	特点	职责	与田庄主的关系
田庄主(豪强地主)	拥有大量土地,有一定的政治、经济权利。既是田庄主,又是宗族的大家长	庄园的统治者,保护庄园里各类人员的人身安全	
宗族	与田庄主有血缘关系	战乱时为田庄主冲锋陷阵,保卫田庄;日常为田庄主从事各类劳动	既是宗族关系,又是主仆或主佃关系
奴婢	数量多	从事歌舞、扈从以及家务杂事	是田庄主的私人财产
宾客	外来人口,分为食客和佣客。食客:离开自己的土地而到处游说的游士。佣客:失去自己的土地"卖佣而播耕"的人	食客主要是用以壮大田庄主势力,为其排忧解难。佣客主要是从事农业生产,给田庄主当雇工	与田庄主之间没有严格的隶属关系,拥有人身自由
附徒	外族民。包括贫穷的宗族成员、地位低下的食客,投靠田庄主的雇农、佃农	租种田庄主的土地,从事生产活动	依附于田庄主
部曲	无地或少地的农业劳动者	防止农民反抗;抵御外来侵袭	田庄主的私人武装

釉陶骑马俑
◎ 东汉
◎ 长4.7厘米 ◎ 高4.8厘米

蓄力——农耕经济的迅猛发展　Accumulations: The Rapid Development of Agricultural Economy

"騎部曲將"銅印
- 汉
- 边长2.3厘米

"騎部曲督"銅印
- 汉
- 边长2.5厘米

"部曲將印"銅印
- 汉
- 边长2.2厘米

《宁城图》壁画线图

《宁城图》壁画出土于内蒙古和林格尔，是迄今为止已发现的最完整的东汉时期的地主庄园图像资料。墓主人是一位护乌桓校尉，是驻守一方的"封疆大吏"。《宁城图》壁画中有城垣、城门、衙署等内容，其中宁城南门外武士持戟列队、身着胡服的人物形象徐徐入内的场景最为突出。整个幕府分为堂院、营舍和庖舍3个部分，堂屋为高大的庑（wǔ）殿式房屋，墓主人端坐堂上，堂下艺人在表演乐舞杂耍，身穿胡服的人物伏拜觐见，周围环立官吏武士，场面喧嚣隆重。营舍位于幕府后院，是幕府中管理军务的机构所在。庖厨位于幕府的东南角，掌管幕府厨饮之事。

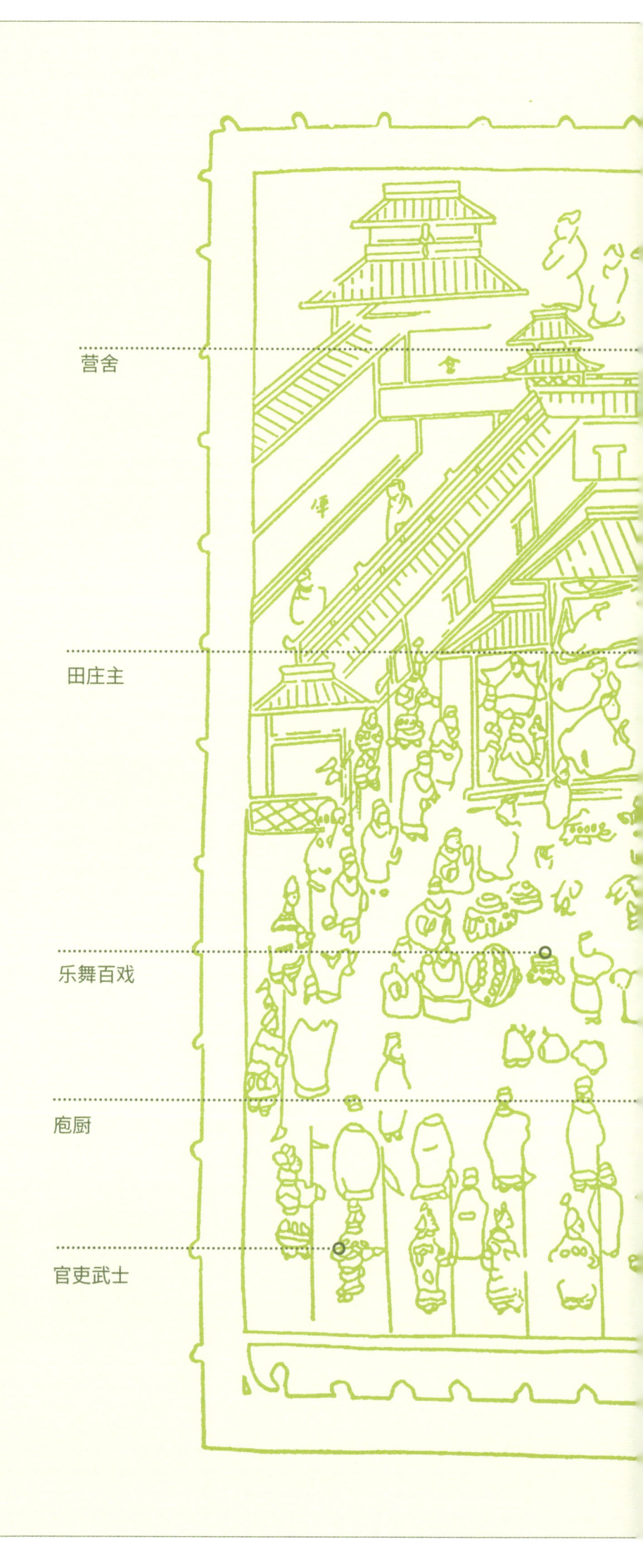

营舍

田庄主

乐舞百戏

庖厨

官吏武士

蓄力——农耕经济的迅猛发展 Accumulations: The Rapid Development of Agricultural Economy

Social Engagement:
The Establishment of the Dominance of Confucianism

During Eastern Zhou period, the dramatic and turbulent social changes became the catalyst for thinkers to engage in discussions on various practical issues that they encountered, which gave rise to the "Contention of a Hundred Schools of Thought". The consequence of Qin's power politics made the rulers of Han Dynasty to reflect and readjust their approach to governing the empire. In early Han Dynasty, the rulers adhered to the teachings of Huang-Lao school and the political philosophy of "noninterference (Wu Wei)". During the reign of Emperor Wu of Han, the trend of "Revere only the Confucians" prevailed. Confucianism became the ruling philosophy of the centralized empire. With the establishment of the Imperial College, the popularization of classics, the facilitation of cultural transmission, Confucian thoughts were rooted into the hearts of the people. The development and establishment of Confucian politics made social engagement within confucianism inevitable.

入世
——儒家思想统治地位的确立

春秋战国时期，急剧动荡的社会变革，从根本上冲击了原有的社会秩序，激发了思想家对面临的各种现实问题进行的讨论，促生了百家争鸣局面的形成。秦王朝强权政治导致的后果，促使汉王朝的统治者进行深刻反思，调整国家治理思路，汉初，统治者崇奉黄老，无为而治。汉武帝时期，尊崇儒术，儒家思想开始成为集权国家的统治思想。太学兴起，经学普及，广开学路推动文化传播，这些更使儒家思想根植于民心。儒家政治的发展与确立，使儒家『入世』成为必然。

从"学在官府"到"有教无类"

春秋战国时期是中国社会大变革的时期，也是中国古代学术文化及教育思想空前活跃的时代。由于社会经济的发展，作为社会支撑的井田制和分封制逐渐崩溃，原来"学在官府""官师合一""政教一体"的教育体制，便失去了其经济和政治权利的支撑，"天子失官，学在四夷"，贵族垄断文化教育的格局被打破，出现了学术下移、士阶层崛起、私学骤兴、百家争鸣、思想大解放的新局面。

From "Elite Education" to "Education to All"

During the Spring and Autumn Period and the Warring States Period, Chinese society underwent a great transformation marked by an unprecedented vibrancy in academic culture and education. Because of the social development, the "nine squares" system and the enfeoffment system that used to provide social-support collapsed. Therefore, the former education system, characterized by "court-controlled education", "merging of officials and teachers", "integration of political and religious power" no longer had its economic and political support. "The emperor loses his officials who bring the studies to the four barbarians" shattered the old pattern where elites monopolized education. The new landscape emerged where the academia became more public, the class of scholars ascended, private education started, a hundred schools of thought contented. It was a time of ideological emancipation.

学在官府
Elite Education

● 西周统治者对文化教育极为重视和高度垄断，形成了"学在官府""官守学业"的局面。"学在官府"的主要表现形式是官府皆由士以上的现职官员或退休官员担任，他们大多既有教职又有官职，有的还享有爵位。"学在官府"的另一表现形式是政教一体，教育机构与行政机关不分。在西周，只有为官的人掌握学术，以官府为传授基地，教其子弟，只有官学，没有私学。只有贵族子弟才享有受教育的权利，而庶人和平民则没有受教育的权利。

辟雍

商朝时期，我国已经有了真正意义上的学校。西周时期，集前代教育之大成，形成了一套比较完备的学校系统和管理制度。西周的学校可以分为"国学"与"乡学"两大系统，其中"国学"是周天子和诸侯在都城专为贵族子弟设立的学校，依据学生入学年龄与程度高下，分为"大学"和"小学"两级。据《礼制·王制》所载："天子命之教，然后为学，小学在公宫南之左，大学在郊，天子曰辟雍，诸侯曰泮宫。"周天子所设大学，规模较大，分为五学，辟雍居中，四周分设南（成均）、北（上庠）、东（东序）、西（瞽宗）四学，是进行各种教学活动的场所。诸侯所设大学规模比较简单，仅有一学，因半环以水，故称"泮宫"。辟雍与泮宫的区别是西周等级制度在教育上的具体反映。"乡学"设在王都郊外，根据地方行政区划设有校、庠、序、塾等。

西汉以后，历代皆有辟雍，作为尊儒学、行典礼的场所，除北宋末年为太学之预备学校外，均为行乡饮、大射或祭祀之礼的地方。今北京国子监内辟雍为乾隆时造，是皇帝讲学之所。

麦方尊，也称"麦尊""邢侯尊"，西周早期青铜器，清内府旧藏，原器已佚，现仅存铭文摹刻本。《西清古鉴》著录：高8.4寸，腹深6.5寸，口径6.8寸，腹围12.8寸。其"在辟雍，王乘于舟为大丰，王射大龏禽，侯乘于赤旗舟从"记录了邢侯至宗周觐见周王，参加了在辟雍举行的大礼，并得到周王厚赐之事。于是，邢侯的史官作册麦襄赞邢侯有功，并作此器以为纪念。

静簋，西周中期青铜器，美国大都会艺术博物馆藏。铭文记载，六月初吉丁卯这天，王在京，王命静管理射学宫，负责教育小子、服等学射。由于静教射不懈，王赏赐给他鞭。这是王对学射者学习情况和教射者教学效果的检查。

大盂鼎，西周早期青铜器，中国国家博物馆藏。周康王二十三年大臣盂为其祖南公作祭器，铭文内容为康王对盂的册命，并颂扬周文武二王盛德，追述殷纵酒亡国的历史教训。铭文中"女（汝）妹（昧）辰（晨）又（有）大服["要职"之意]，余佳（唯）即朕小学，女（汝）勿["没有"之意]克余乃辟一人"。铭文中提到的"小学"，可以证明西周确实有供贵族儿童读书的"小学"。

师嫠（lí）簋，西周晚期青铜器，上海博物馆藏。器盖和内底铸铭，铭文内容大体相同。铭文记载了师嫠受周王册命，继承其祖父和父亲的"小辅""鼓钟"职位，小辅和鼓钟都是当时的乐官。周王回忆了师嫠当年"在先王小学，汝敏可吏"之事，命他做少辅。

有教无类
Education to All

● 春秋以降，随着政治经济危机的日益深重，统治者根本无力顾及学校教育，旧贵族沦落民间，文化职官携带文献典籍和礼乐器具流落四方，造成学术文化扩散，"天子失官，学在四夷"的局面。官学衰微没落，私学勃然兴起，冲破"政教合一"的枷锁和"礼不下庶人"的樊篱，将教育对象由贵族阶层扩大到平民百姓，促进了学术文化向民间的转移。

天子失官　学在四夷

1. 乐官星散

春秋以降，周道既衰，掌握知识的人越来越稀少。《论语·微子》中提到的以下八位乐官，也逃离了中原地区。

> 大师挚适齐，
> 亚饭干适楚，
> 三饭缭适蔡，
> 四饭缺适秦，
> 鼓方叔入于河，
> 播鼗武入于汉，
> 少师阳、击磬襄入于海。

2. 士阶层的变化

西周时期的"士"多指最低级的贵族，是贵族阶层与庶民之间的连接者。春秋战国时期，礼崩乐坏，社会动荡，阶层不断流动，贵族下降，庶民上升，"士"的人数不断增多，逐渐成为一个新兴的士阶层——游士。游士的出现，严重破坏了"世卿世禄"这一社会等级制原则。随着社会的变革、流动，士阶层也在扩大。秦汉时期，游士归附皇权，受国家约束，于是逐渐发展为士族，游士时代宣告结束。

孔子

1. "孔子问礼于老子"

"孔子问礼于老子"画像石　山东嘉祥武氏祠藏石

2. 周游列国

为了实现理想，孔子先后在鲁国出任了中都宰、小司空、大司寇，推行仁政德治，堕三都，削三桓，拆除私利，恢复礼制，黎民受益。这一系列改革，增强了鲁国的实力，却触动了三桓的利益，被三桓排挤，使其无法继续推行仁政德治。于是，孔子选择了一条漫长而艰难的道路——周游列国。

孔子自鲁国出发，大致游历了卫国、曹国、宋国、齐国、郑国、晋国、陈国、蔡国、楚国等地。大致路线相当于今天的曲阜、濮阳、长垣、商丘、夏邑、淮阳、周口、上蔡、罗山。后又原路返回。

孔子周游列国路线示意图

3.《孔子圣迹图》

《孔子圣迹图》主要取材于《史记·孔子世家》，亦兼采《孔子家语》《论语》和《孟子》等，因事绘图，缘图配文，图文并茂反映孔子一生行迹。《孔子圣迹图》构图精练，造型完美，设色亮丽，人物面貌神态各异，生动传神，衣着服饰、用具仪仗、牛马车驾、山水树木刻画精细，内容丰富，情节完整，为最早的连环画。不但反映了孔子的伟大思想，而且能使世人知晓至圣先师的善德懿行、人文内涵，也表达了人们对孔子的崇仰之意。

治任别归

孔子死后埋葬在鲁国都城以北的泗河边上，弟子们服丧3年，唯独子贡在墓侧结庐守墓六年才离去。

汉高祀鲁

孔子死后，人们每年按时祭祀孔子墓。孔子故居被改作庙宇，保存着孔子生前使用过的衣、冠、琴、书。汉高祖刘邦经过曲阜，曾以太牢（猪、羊、牛三牲）祭祀孔子。

百家争鸣
Contention of a Hundred Schools of Thought

● 春秋战国时期，诸侯纷争，礼崩乐坏，不仅传统的社会秩序受到了挑战，而且思想领域亦群情激荡。各国竞相改革，士人四处游说、讲学，促使思想家们开始独立思考并进行创造性探索。不同政治思想派别的代表人物，面对各种社会现实问题，提出了不同的见解并展开了辩论，形成了思想领域百家争鸣的繁荣局面。齐国兴办的稷下学宫，是战国时期唯一的一所官办高等学府，四方学者云集，议论时政，交流学术，著书立说，聚徒讲学，是百家争鸣的重要阵地。

代表人物及其主要思想

战国时期，并无诸子百家之名。司马迁之父司马谈《论六家要旨》首提诸子六家之说：阴阳、儒、墨、名、法、道德。其后，西汉刘歆《七略》提出九流十家之说，即儒家、道家、阴阳家、法家、名家、墨家、纵横家、杂家、农家、小说家。

代表人物及主要著作

学派	代表人物	学者	主分布国	思想主张	传世文献
儒家	孔子 子思 孟子 荀子	颜渊 曾参 子夏 鲁仲连 左丘明 公羊高 谷梁赤	鲁 齐 卫	仁义 礼智 忠恕 崇德 教化	《诗经》《尚书》 《礼记》《易经》 《论语》《孟子》 《荀子》《左传》 《公羊传》《谷梁传》
道家	老子 庄子 列子	田骈 黔娄子 接予 乐臣公 盖公 鹖冠子	楚 齐	无名 无为 崇尚自然	《老子》 《庄子》 《列子》
阴阳家	邹衍	邹奭（shì）	齐 楚	学究天人 "阴阳主运" 五运转移	《汉书·艺文志》载：《邹子》49篇 《邹子终始》56篇（已佚）
法家	商鞅 韩非 李斯	李悝 慎到	秦 魏 韩 齐	以法为本 法、术、势结合	《商君书》 《韩非子》
名家	公孙龙	邓析 惠施 倪说 尹文	赵 宋 齐	离坚白 合同异 名实之辨	《公孙龙子》 《尹文子》 《汉书·艺文志》著录 《邓析子》（已佚）
墨家	墨子	禽滑釐（lí） 孟胜 腹䵍（tūn） 高何 田鸠	鲁 齐 楚	兼爱、非攻 非乐、上同	《墨子》
纵横家	苏秦 张仪		三晋	合纵：合山东六国以抗秦 连横：秦远交近攻以灭六国	见《战国策》
杂家	吕不韦	尉缭子	秦	"兼信墨，合名法"	《吕氏春秋》
农家	许行	陈仲子		"道耕农事，托之神农"	《汉书·艺文志》："六国时在齐楚间"
小说家				"小说家者流，盖先于稗官，街谈巷语，道听途说者之所造也"	

从"焚书坑儒"到《为吏之道》

为了巩固中央集权,统一思想,禁止不利于统治的各种言论的传播,秦始皇"焚诗书,坑术士",独尊法术,禁止儒学。从此,"官无私论,士无私议,民无私说,皆虚其匈(胸)以听其上",留给士人的政治空间急剧压缩,战国时代从容择主、睥睨权势的自由已经丧失。

"禁私学"和"以吏为师"成为官府强制推行的政策。吏师合一,由官方完全垄断教育事业,客观上有利于秦的文化专制统治。

From "Burning Books and Burying Scholars" to *the Way of Being an Official*

In order to consolidate the centralized power, enforce ideological uniformity and forbid the spread of speeches unfavorable to rule, First Emperor of Qin adopted Li Si's suggestion of "burning books and burying Confucian scholars alive". This decree led to a climate where officials refrained from expressing personal political views, scholars avoided engaging in personal discourses, and individuals abstained from making personal comments, all in deference to the emperor's directives. This severely constrained the political space for scholars and effectively ended the freedom they once enjoyed in the Warring States Period to choose their leaders and critique authority.

The enforcement of the "prohibition of private schools" and the policy that one should "regard the official as teacher" was rigorously promoted by authorities. The integration of government officials and teachers effectively ensured the court's monopoly over education, which objectively supported Qin's autocratic rule.

「焚书」「坑儒」
"Burning Books" and "Burying Scholars"

● 秦始皇三十四年（公元前213年），在关于郡县制的御前辩论中，丞相李斯批判儒者遵行古制、实行分封的主张，他建议：除秦官定的史书以外，其他历史记载都予以烧毁；除博士官所掌握的以外，天下所有私人收藏的《诗》《书》及百家语者，都必须交由地方官员烧毁；有敢私下讨论《诗》《书》的，处以弃市之刑；焚书令颁下三十天仍然拒不遵行的，罚作筑守边城的劳役；医药、卜筮、种树之书，不在焚烧之列。李斯的建议得到秦始皇的批准。这就是「焚书」事件。始皇迷信方术，欲求长生，方士侯生和卢生不满其专断，相约逃亡。始皇定其「诽谤」之罪，并疑心咸阳其他诸生亦妖言惑众，故将所谓相关者460余人坑杀于咸阳，史称「坑儒」事件。

秦以后学者对"焚书""坑儒"事件的考察与评价

战国从衡，真伪分争，诸子之言纷然殽乱。至秦患之，乃燔灭文章，以愚黔首。

——班固（32—92年）中国东汉史学家

坑者仅咸阳诸生四百六十余人，诬为"妖言"，传相告引，且多方士，非尽儒者……伏生、叔孙通即秦时博士，张苍即秦时御史。自两生外，鲁诸生随叔孙通议礼者三十余人，皆秦诸生，皆未尝被坑者。其人皆怀蕴六艺，学通《诗》《书》，逮汉犹存者也。然则以坑儒为绝儒术者，亦妄言也。

——康有为（1858—1927年）中国近代政治家、思想家

不错，秦始皇烧过书，烧书是为了统一思想。但他没有烧掉农书和医书；他收罗许多别国的"客卿"，并不专重"秦的思想"，倒是博采各种的思想的。

——鲁迅（1881 1936年）中国文学家、思想家

嬴政大帝虽然焚毁儒书，目的只在限制崇古思想的传播，对儒家学者，仍继续保留他们的职位，而且继续鼓励他们研究。

——柏杨（1920—2008年）中国台湾作家

以法为教 以吏为师

Regard the Law as Teaching, Regard the Official as Teacher

● 秦朝在文化教育方面，以西周时期的「官师合一」「学在官府」为蓝本，奉行法家「壹教」思想，禁绝私学，明确「若欲有学法令，以吏为师」，即由「法官」「法吏」承担思想文化方面的教育，代替了先前私学繁盛时代的「师」，并在中央设置「奉常」作为列卿之一，分管教育及其相关事宜。

《为吏之道》（节选）

《为吏之道》是 1975 年湖北云梦睡虎地出土秦简中的重要组成部分，因开篇有"为吏之道"四字而得名，主要叙述了秦代为官从政必须遵守的准则和规范，可能是学室（秦政府中专门训练吏员的机构）中供吏师弟子学习的文化课本和政治课本。《为吏之道》的内容也超出了"以法为教"的范围，吸收儒家、墨家等多家学说之长，共同服务于治国、理政、安民、趋利、远祸的政治目的，体现了以法为本、综合为治的特色。

《为吏治官及黔首》（节选）

岳麓秦简《为吏治官及黔首》可与睡虎地秦简《为吏之道》相互印证，是当时为官者的宦学教材，在一定程度上反映了秦朝对官吏职责及素质的基本要求，反映了当时统治阶级对社会治理方方面面的关注。从中可以看出，秦"以吏为师"之制，并不仅限于对刀笔吏的训练和法律令文的传习，而是旨在使专制政府全面控制文化教育。

秦简中的帝国吏治

秦统一六国后，在中央实行三公九卿制，在地方推行郡县制。中央王朝通过对地方官吏的严密管理，实现对国家的治理。每年秋冬之时，各县将全年治理的情况上报到郡，再由郡上报中央；中央派人到各郡考察，郡、县也分别派人到所管辖县、乡考察，形成了自上而下的层层监督与考核的体系，保证了中央政令在最基层的贯彻实施。里耶秦简政务公文中关于考核地方官吏政绩的记录，证明秦朝已形成了完备而严密的地方吏治。

1. 官署日常事务记录简

秦律曰已狠（垦）田辄上其数及户数户婴之简（牍）

秦
长 23.3、宽 1.4、厚 0.4 厘米
湖南龙山里耶古城遗址出土
里耶秦简博物馆藏

这是迁陵县官府吏员处理日常事务的情况记录，类似于今天的工作日记。从这些记录中我们可以了解，秦朝地方官府的官方文书，凡属行政事务的，事无巨细皆记录在案。秦朝非常重视督促官吏在日常工作中尽职尽责，以免失职而导致不必要的损失。如秦律《效律》针对管理官府财产的官吏，制定了失职的制裁措施，如若财物管理出错即要求其承担赔偿或罚物等行政责任，并承担连带责任。

2. 官员籍贯和职位简

秦卅二年四月丙午朔辛未迁陵守丞色敢简（牍）

秦
长 13.5、宽 2.5、厚 0.4 厘米
湖南龙山里耶古城遗址出土
里耶秦简博物馆藏

这是迁陵县守丞要求对有关人员的籍贯和职位进行调查而签发的文件。秦朝非常重视各级官吏的选拔和任用，选拔官吏按资历或劳绩来核定官职的授予或升迁，称"量才授官"。为了提高行政效率，严防官吏违法乱纪，秦朝法律十分强调官吏的责任制和实行对官吏的考核制度。秦律中的《置吏律》《效律》等是关于职官建置、任免、铨选、考核的法规，对违规、违纪、失职的官吏，不仅要依法论处，而且会撤职，并永不任用。

3. 吏员考核简

秦尉课志卒田课简（牍）

秦
长 23、宽 2.6、厚 0.2 厘米
湖南龙山里耶古城遗址出土
里耶秦简博物馆藏

郡县行政官吏的勤政与否，直接关系到国家政令在各级行政机构贯彻执行的好坏。秦朝基层行政机构的官吏数目庞大，国家因此而形成了一套较为完备的官吏考核制度。严格考勤、考绩，实行效率管理，以促使官吏提高工作效率。简文中有一些关于迁陵县行政官吏的工作考勤、考绩记录，既记录了他们的工作日数，也详细记录了他们的工作内容，以此作为对他们实行考核的依据。

4. 吏员考绩简

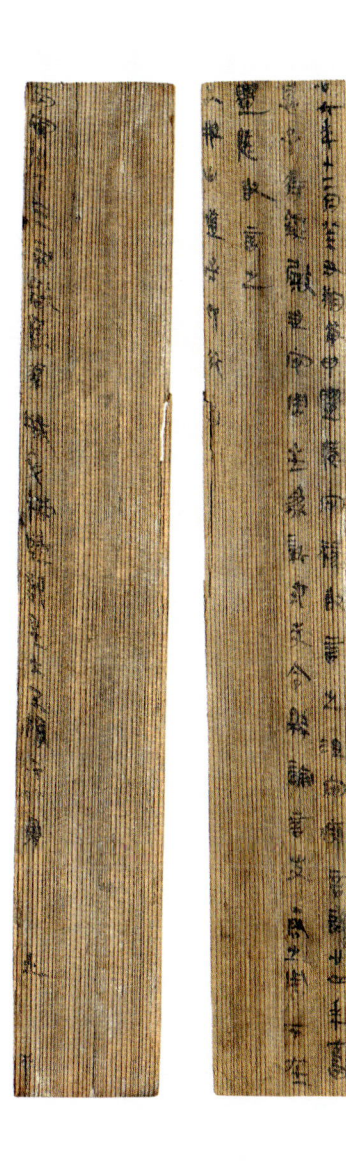

秦廿六年十二月癸丑朔庚申迁陵守禄敢言之简（牍）

秦
长 23.3、宽 3.5、厚 0.5 厘米
湖南龙山里耶古城遗址出土
里耶秦简博物馆藏

5. 吏员考勤简

秦守丞枯五十五日——简（牍）

秦
长 23.3、宽 3.5、厚 0.3 厘米
湖南龙山里耶古城遗址出土
里耶秦简博物馆藏

官吏考核制度是封建职官制度的重要组成部分，它起着整顿吏治、惩恶扬善、提高行政效率等重要作用。面对辽阔的疆域、众多的官员和庞大的官僚机构，秦王朝实行了一系列旨在加强吏治的考核措施。官吏的政绩直接与他们的俸禄、升迁等挂钩，并按规定的操作标准和严格的奖惩制度进行考核。

6. 吏员人数登记简

秦吏凡百四人缺卅五人·今见五十人简（牍）

秦

长 11.7、宽 1、厚 0.3 厘米

湖南龙山里耶古城遗址出土

里耶秦简博物馆藏

秦朝逐步建立起一整套等级森严、考察严密的官吏管理制度。地方行政机构对所属官吏人数一一登记造册，便于中央和郡县掌握他们的动态，考察他们的业绩，提高工作效率，确保政令畅通。这是迁陵县官府的官吏人数登记简，作为秦朝边境大县，行政官吏已逾百人，掌管着全县各项行政事务。

7. 令史伐阅简

秦资中令史阳里（ ）伐阅简（牍）

秦
长 23.3、宽 3.1、厚 0.3 厘米
湖南龙山里耶古城遗址出土
里耶秦简博物馆藏

这是令史（县令的下属官吏）的"伐阅"。"伐"指功绩，"阅"指任职资历，被当作官吏任职与提拔的重要依据，记录官吏所任职务和任职时间，类似于今天的"履历表"。这种萌芽于先秦时代的"伐阅"，到秦朝已经呈现出比较成熟的形态。汉魏时期仕宦人家将其立于门外柱子上，以题功记业，明示身份等级。大门左边的柱子称为"阀"，大门右边的柱子称为"阅"。家门阀阅便是"门阀"。门阀世族之说由此产生。

8. 征调劳力违规案简

秦廿七年二月丙子朔庚寅洞庭简（牍）

秦
长 22.9、宽 4.3、厚 0.3 厘米
湖南龙山里耶古城遗址出土
里耶秦简博物馆藏

简文记录了秦始皇二十七年（公元前 220 年）二月十五日，洞庭郡下发文书给下属各县，因洞庭郡的机械装备调往关中以及巴郡、苍梧等地，按规定派出刑徒参加军械装备运输一事，因秦令规定农忙时节不可征发百姓服役，但发现有违令行为，请各县进行清点，立即按律令治罪论处，将违反规定的人名报郡太守府，由太守决断。从简文可以看出，秦代的徭役征发有法可依，国家对于农事还是十分重视的。同时也见证了秦法的严酷和官吏认真负责的工作态度。

从客观的角度认识真正的秦始皇

秦始皇是中国历史上第一位皇帝,也是一位颇具争议的皇帝。有人称赞他是千古一帝,也有不少人把他和暴君相联系。那么,接近历史真实的秦始皇是怎样的呢?

消极评价

自缪公以来,稍蚕食诸侯,竟成始皇。始皇自以为功过五帝,地广三王,而羞与之侔。善哉乎贾生推言之也!

——《史记·秦始皇本纪》

秦王怀贪鄙之心,行自奋之智,不信功臣,不亲士民,废王道而立私爱,焚文书而酷刑法,先诈力而后仁义,以暴虐为天下始。

——贾谊《过秦论》

近代平一天下,拓定边方者,惟秦皇、汉武。始皇暴虐,至子而亡。汉武骄奢,国祚几绝。

——唐太宗李世民

积极评价

始皇帝,自是千古一帝也。

——李贽《藏书》

秦始皇,向来都说他是暴君,把他的好处一笔抹杀了,其实这是冤枉的……他的政治实在是抱有一种伟大的理想的。

秦人致败之由,在严酷,尤在其淫侈。用法刻深,拓土不量民力,皆可诿为施政之误,淫侈则不可恕矣。

——吕思勉

在我看来,秦始皇是中国封建统治阶级中的一个杰出的人物。我说秦始皇是中国封建统治阶级中的一个杰出的人物,不是因为他是一个王朝的创立者,而是因为他不自觉地顺应了中国历史发展的倾向,充当了中国新兴地主阶级开辟道路的先锋,在中国历史上,消灭了封建领主制,开创了一个中央集权的封建专制主义的新的历史时代。

——翦伯赞

秦始皇宁为中国之雄,求诸世界,见亦罕矣。其武功焜耀众所共知不必论,其政治所设施,多有皋牢百代之概。

——梁启超

荆轲刺秦王画像石

该题材的画像石主要表达的是一个狼狈的秦王形象，以对比、突出荆轲的义士形象。秦王被矮化和配角化了，荆轲才是主角。

山东嘉祥武氏祠左石室后壁小龛西侧画像

陕西神木大保当汉墓（M16）门楣下层中段画像

山东沂南汉墓中室西壁北侧画像

尊崇儒术

汉初,统治者奉行"无为而治"的政策。汉武帝即位后,采取了一系列加强中央集权的措施。董仲舒在继承孔孟学统的同时,大量吸收阴阳五行、黄老刑名之学,其倡导的儒家"大一统"思想、仁义思想和君臣伦理观念,适应了汉武帝时期的政治统治需求。儒家学说被立为正统思想,其忠君守礼的观念成为"大一统"政权的精神支柱。从此,儒学在思想上逐渐居于主导地位,为历代王朝所推崇,影响深远。

"Revere the Confucianism"

In early Han Dynasty, the rulers pursued the "noninterference" politics. After accession to the throne, Emperor Wu of Han undertook a series of actions in order to reinforce the political centralization. Dong Zhongshu, drawing from the Confucian doctrine and incorporating elements from the theory of yinyang and five elements, schools of the Yellow Emperor and Laoism, advocated the Confucian thought of Great Unification, emphasizing benevolence and righteousness, and the ethical relationship between the emperor and his subjects in order to meet the political imperatives during the reign of Emperor Wu of Han. Confucianism was therefore established as the orthodox ideology, with the principles of loyalty to the emperor and observance of the rites serving as the spiritual pillar for the centralized imperial regime. Henceforth, Confucianism gradually gained intellectual ascendancy and was revered by the following successive dynasties, leaving profound influences.

罢黜百家

Suppression of the Hundred Schools

● 文景时期，黄老之学盛行，在社会上占据主导地位，阴阳、儒、墨、名、法、道六家也都较为活跃，并不受到统治者的排斥。汉武帝时代"罢黜百家"的重大文化改革，结束了各派学术思想平等竞争的局面。这种做法，虽在一定程度上影响了学术思想的自由发展，但也强调了文化教育是"为政之首"，对中华民族重视文化、重视教育传统的形成，有积极的推动作用。

黄老之学

黄老之学是托名于黄帝与老子的一个学术流派，形成于战国中后期，是道家的重要分支，在齐国的稷下学宫中就集中了一批黄老学者。汉初，黄老之学因适应经济形势和上层社会的心理需要而臻于鼎盛，一度充当了国家指导思想的角色。即使在汉武帝更加尊崇儒术之时，许多地区仍有人传习黄老之学。刘安主持编撰的《淮南子》及考古出土的"黄老帛书"，是黄老之学的代表作。

《淮南子》（书影）

《淮南子》是西汉皇族淮南王刘安及其门客收集史料集体编写而成的一部哲学著作。该书在继承并奉道家思想的基础上，糅合了阴阳家、墨家、法家和一部分儒家思想，但主要的宗旨属于道家，是黄老思想的代表作。其治国思想的理论基础是"无为无不为"，强调人们（包括君主在内）的行都应该尊重自然规律，不可肆意逞强。《淮南子》反对酷苛之法和奢侈之政，主张政令宽松，与民休养生息。

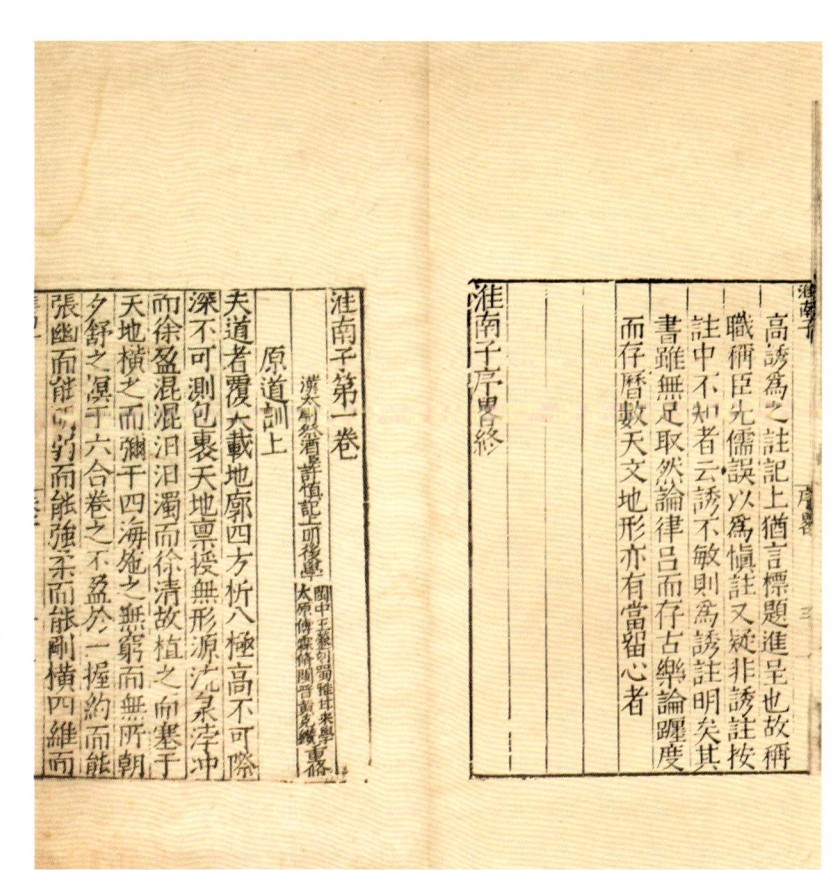

1973年，长沙马王堆三号汉墓出土了大批古代佚书，其中的《经法》《十六经》《称》《道原》四篇，被学者认定是已经失传的"黄帝学派"的文献，称之为《黄帝四经》。多数学者将其称为"黄老帛书"，为研究汉初的黄老思想提供了宝贵、可信的资料。黄老帛书中着重论述的社会政治思想，是"刑德论"和"刑名说"。"刑德论"是政治理论与阴阳学说相结合的产物，"刑"代表战争，"德"代表德政，帛书称之为"文武之道"。帛书认为，"文武并行，则天下从矣"。"刑名说"强调法的重要。黄老并举，体现出一定的政治进取心，从侧面反映出黄老学派盛行于汉初的现实，以及统治者青睐黄老学派的原因。

帛书《黄帝四经》
马王堆汉墓出土

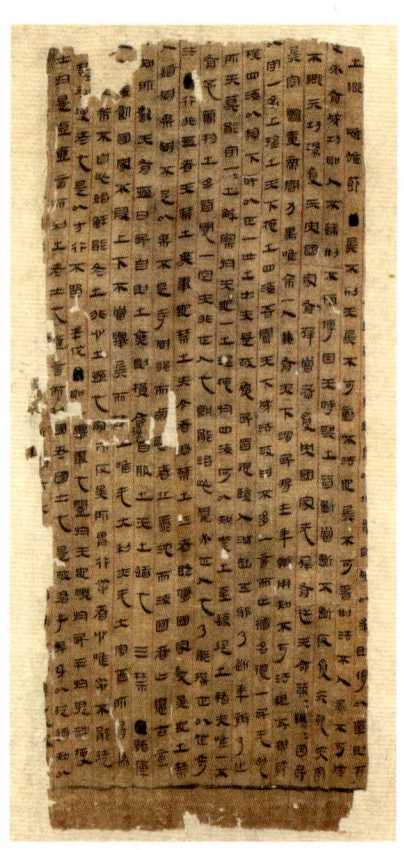

帛书《老子》乙本
马王堆汉墓出土

萧规曹随

萧规曹随，即汉初丞相曹参，把第一任丞相萧何所制定的规章制度，不加任何变动地予以执行。他选拔官吏时，对木讷不善言辞的人，给予亲近和重用，对急于表现自己的人却加以排斥。曹参日夜饮酒，不理朝政，许多官员及门下提出规劝意见，曹参知其来意，以醇酒相待，直到醉酒为止，不给来人说话的机会。汉惠帝也对曹参的行为不理解，当面询问曹参，曹参反问："陛下自察圣武孰与高帝？"惠帝曰："朕乃安敢望先帝乎！"曹参又问："陛下观臣能孰与萧何贤？"惠帝曰："君似不及也。"曹参说："陛下言之是也。且高帝与萧何定天下，法令既明，今陛下垂拱，参等守职，遵而勿失，不亦可乎？"这就是曹参实行黄老无为而治的主要内涵。随着曹参入朝为相，黄老之学的影响得以在朝廷迅速扩大。

兼容并包

考古出土的文景时期的典籍资料涉及很多学派，充分展示了文景时期在兼容并包的政策下，学术文化的高度繁荣。

帛书《周易·六十四卦》

马王堆汉墓出土

帛书《战国纵横家书》

马王堆汉墓出土

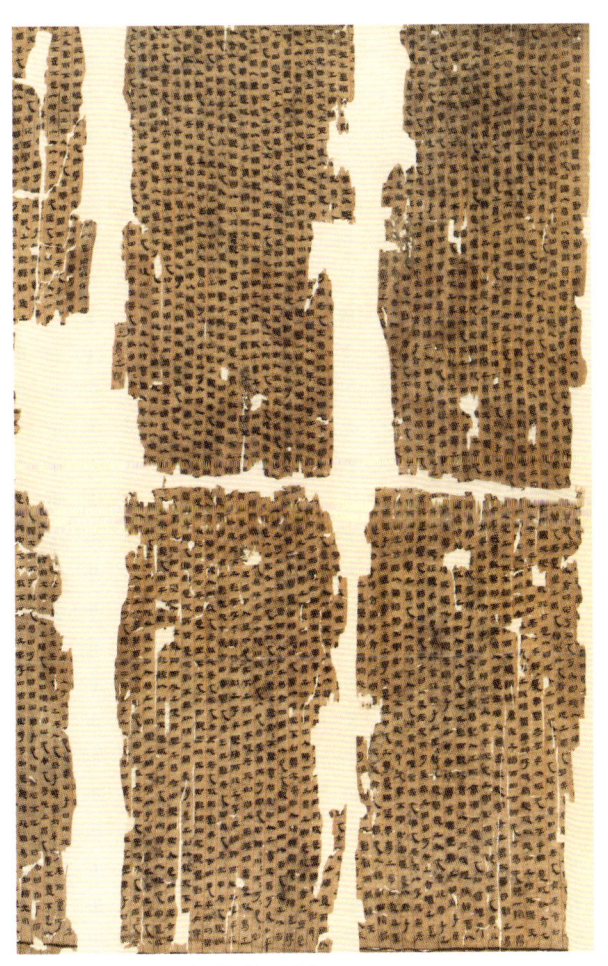

帛书《系辞》

马王堆汉墓出土

竹简《孙子兵法》

银雀山1号汉墓出土

儒家政治
Confucian Politics

● 汉武帝"崇儒"之后，认定儒家经典是国家教科书，儒学在思想上得到了尊崇，但在政治运行过程中，统治者仍实行杂霸政治。汉元帝"柔仁好儒"，在政治上进行了一系列调整，巩固了儒学的政治主导地位。汉成帝根据儒家思想改革郊祀制度，使儒家思想开始走向国教化。王莽进行了礼制与学制改革，增设官稷，修建天子正四时、出教化的明堂，表明四海皆为王土的统治权，推动了儒家学说国教化的进程。

儒家思想统治地位的确立

1. 汉武帝时期

"推恩令"是汉武帝削弱地方势力，加强中央集权的有效措施，是汉武帝时期思想变革与政治变革统一的标志。它的推行表明，汉武帝不仅正式采用了儒家思想治国，而且取得了成功，完成了汉代分封制向郡县制的过渡。

石渠阁

石渠阁建于西汉初年，是收藏国家档案和重要图书资料的机构。汉武帝以后，其由单一的档案典籍收藏机构发展为兼有学术讨论性质的场所。汉宣帝时，石渠阁更受尊崇，开始在阁中绘功臣贤大夫像，以霍光为首，苏武第二排列。石渠阁遗址以东500米是汉天禄阁遗址，天禄阁主要存放国家档案，也藏有许多重要典籍。

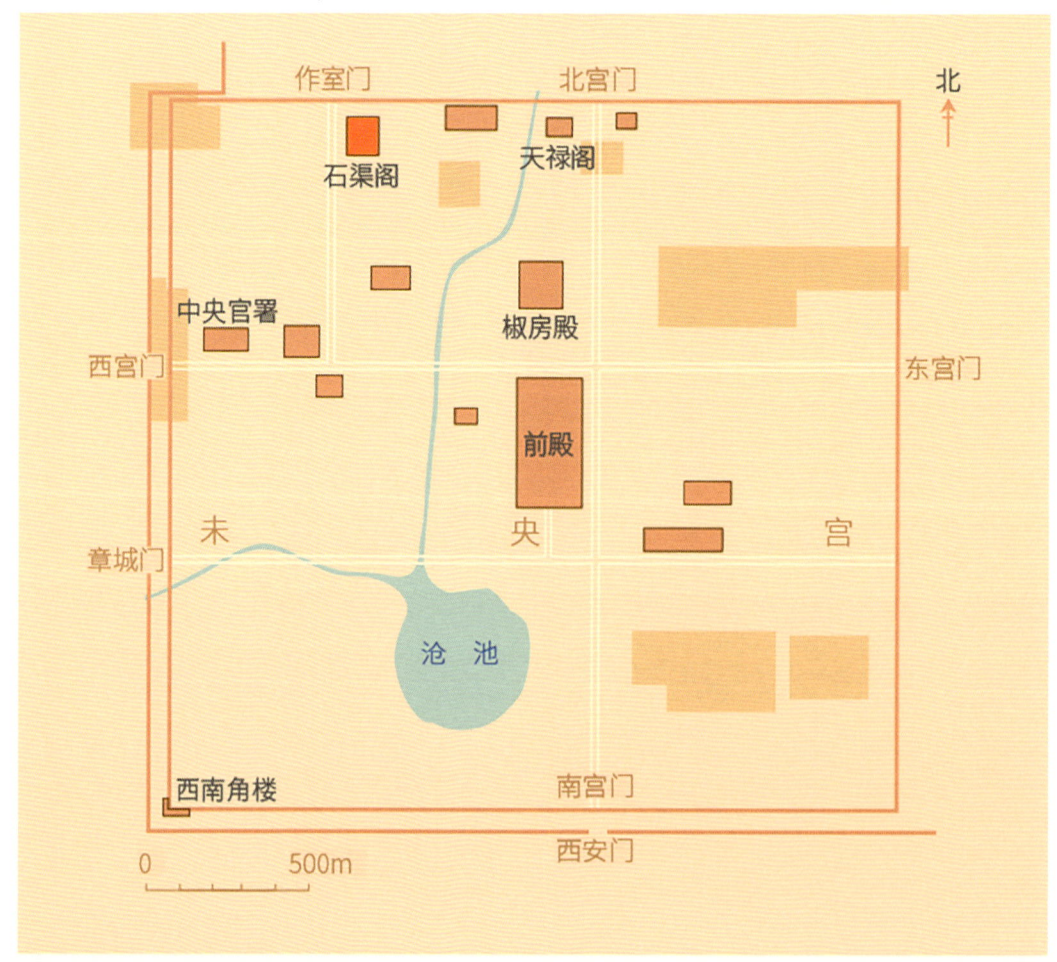

汉长安城未央宫遗址勘探平面图

2. 汉元帝时期

汉元帝积极倡导儒学，倡兴教化，提出以儒学的道德准则作为考选人才的标准，并在政治上进行了一系列政策调整，极大地提高了儒学的政治地位。汉元帝还注重缓和社会矛盾，积极推行德治仁政。在他的积极倡导下，儒学的政治主导地位得到了进一步巩固。

洛阳烧沟 61 号汉墓壁画

洛阳烧沟 61 号汉墓主室中部，是由两块长条空心砖连接而成的楣额正面，其上画着 13 个历史人物的故事，内容为"二桃杀三士"和"孔子见老子"，反映了统治者尊崇儒术以后的社会思想特征。洛阳烧沟汉墓群的时代，从西汉中期延续至东汉晚期。墓主人的身份，除东汉晚期几座较大型的墓可能属于当时的豪门贵族外，多数墓葬的墓主应为一般官吏及其眷属。

3. 王莽时期

谶纬说，是一种根据解释自然变化的阴阳五行来预言未来的学说，是儒家采用当时充斥于社会的神秘主义，在不与尚古主义发生冲突的同时，将儒家思想体系重新构建的学说。通过这样的体系重构，儒家思想一方面阐述古礼，另一方面又顺应了时代潮流，赢得国家与社会的尊崇。王莽时期，对待儒学的态度以实用为目的，谶纬学说有利于实现他的政治地位，因此被王莽所借重和宣传。

孔子见老子壁画　出土于陕西靖边县杨桥畔杨一村老坟梁汉墓

孔子见老子壁画　出土于陕西靖边县杨桥畔镇渠树壕汉墓

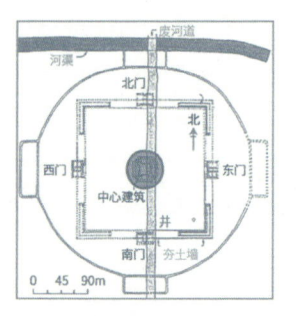

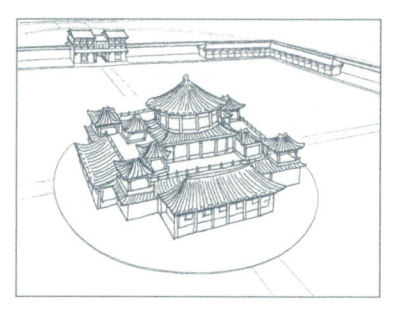

汉长安城明堂辟雍遗址平面图、明堂复原图

汉长安城南郊考古发掘的辟雍遗址，是我国目前考古发现的时代最早的辟雍遗址；也有学者认为该遗址应定为西汉时期的明堂遗址；还有学者认为明堂与辟雍实为同一建筑。明堂是天子正四时、出教化的建筑物，明堂与宗庙、郊祀一样，是帝王向天下宣扬王权的具体表现形式，明堂制度问题是儒家古礼中所重视的问题。平帝元始四年，王莽执政时期，在首都长安城兴建明堂。

皇帝信玺 东京国立博物馆藏

在汉代，皇帝的称号是对内的，而天子的称号则是对外的，汉代玉玺反映了这一点。玉玺，即皇帝使用的印章，汉代玉玺分为"皇帝行玺""皇帝之玺""皇帝信玺""天子行玺""天子之玺""天子信玺"六种，用途各不相同。这一现象表明，君主在分别称皇帝与称天子的场合下，其职能是各不相同的。称皇帝时，君主是作为下凡到世间的煌煌上帝施行其绝对的权威；称天子时，则用于祭祀天地鬼神以及对外关系。西汉末期出现的皇帝与天子的职能分离以及体现了这一现象的六玺制度，代表着中国王朝基本制度的肇始，是儒学将"皇帝"纳入儒家思想体系的具体体现。

儒家思想统治地位的确立

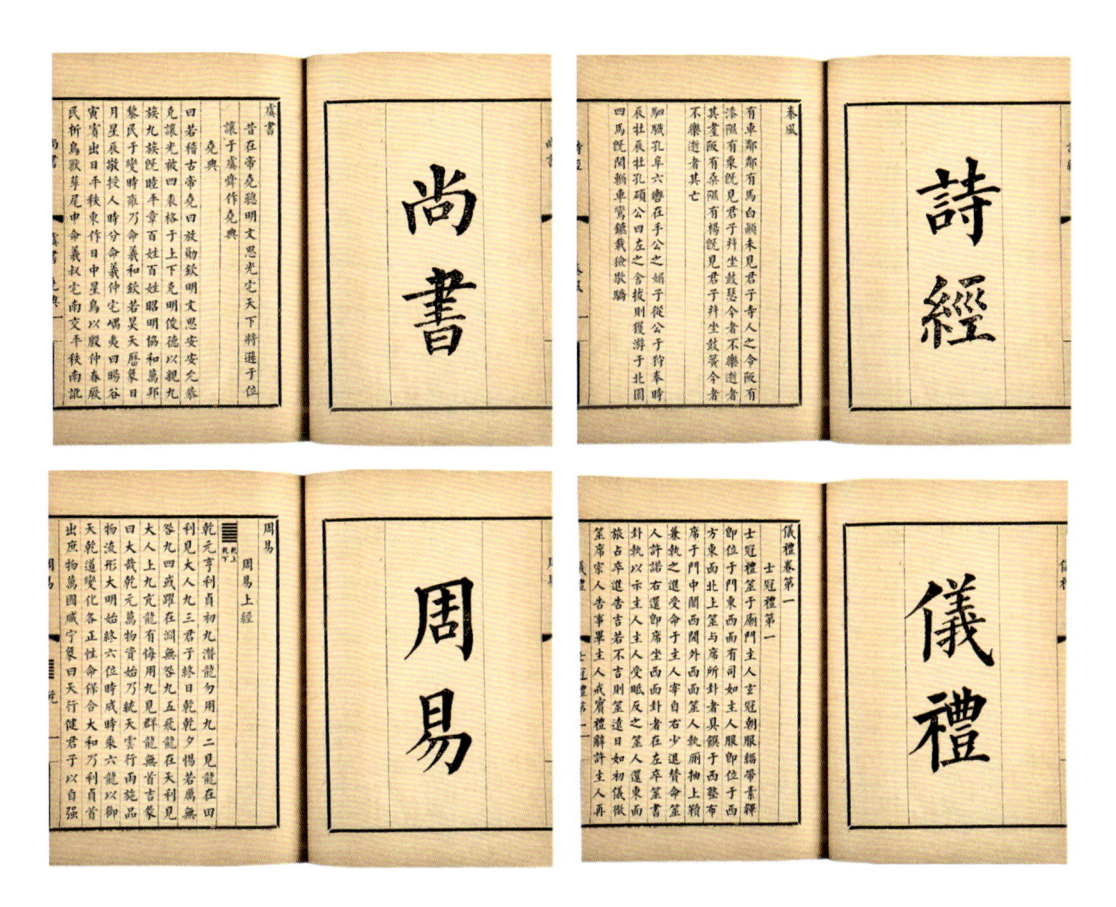

五经崇拜与神圣化

五经指《诗》《书》《礼》《易》《春秋》，是儒家作为思想基础的五本经典书籍的合称。汉武帝"独尊儒术"以后，有两种力量把《五经》一步一步推向神圣的地位。一是汉家政权的提倡，以"经"取士，把广大的士人引导到读经的轨道上；二是儒生们不断编造与《五经》有关的神话故事。在这两种力量的推动下，《五经》逐渐被神化，这是儒家政治观念的经典化与社会意识化的体现。

今文经与古文经

  汉代儒学内部的争议，前期主要体现为齐学与鲁学之间的学风差异，后期集中于今文经与古文经的对立。从西汉末期至东汉末年，今文经与古文经的四次争斗高潮使古文经学在民间的影响越来越大，今古文合流的趋势开始显现。旷日持久的今古文学之争，集中体现了学术与政治密切相关的特征，暴露了儒学的内在矛盾，在儒学的"大一统"既定格局内促成了多元思想的形成。

经学的普及

东汉时期，经济生活祥和安定，统治者的政治风格也与前代迥然不同，他们主张"修文""崇德""宣教化"，将儒学的文化权威抬高到空前的地位。统治者重视经学及经学教育，扩建太学，官办儒学教育进入高峰期；士大夫中出现累世专攻一经的家族，在学术生活和政治生活中发挥重要影响；经学在民间兴起，童蒙教育进步，不少熟悉典籍文献的知识女性也在历史上留下了印记。

The Popularization of Confucian Classics

In Eastern Han Period, the society and economy were stable, and the rulers embraced a distinct political approach from previous time. These rulers advocated the study of literature, placed high value on morality, and promoted ethical cultivation. They respected Confucianism as the cultural authority. The rulers esteemed the classics and also emphasized the education of classics. They established the imperial college, representing the pinnacle of Confucian education sponsored by the court. Among the scholar-officials, certain families dedicated themselves to the study of specific classics across generations, playing pivotal roles in the academic and political spheres. Confucian education gained traction among the broader populace. Children's education was advanced and educated female intellectuals also made indelible contributions to history.

官方著作

熹平石经残石 中国国家博物馆藏

熹平石经是中国历史上最早的官方儒家经典刻石。东汉熹平四年（175年），汉灵帝采纳蔡邕的建议，将官方审定的儒家典籍以隶书字体勒碑立于洛阳太学门前，作为校勘抄本的标准，史称"熹平石经"。经文有《鲁诗》《尚书》《周易》《仪礼》《春秋》《公羊传》《诗经》七种。七年后，董卓烧毁洛阳宫庙，太学荒废，石经受到严重摧残，荡然难寻。北宋开始有石经残石出土，部分已散落国外。

《白虎通义》清康熙间刻本 湖南图书馆藏

《白虎通义》又称《白虎通》，是中国汉代讲论五经同异、统一今文经的一部重要著作。由班固等人根据汉章帝建初四年（79年）经学辩论的结果撰集而成，因辩论地点在白虎观而得名。《白虎通义》继承了董仲舒以后今文经学神秘的唯心主义思想，它以神秘化了的阴阳、五行为基础，解释自然、社会、伦理、人生和日常生活的种种现象，对宋明理学的人性论产生了一定影响。中国形成以国家行政手段确定指导思想和舆论导向的文化专制形式的惯性，从《白虎通义》开始。

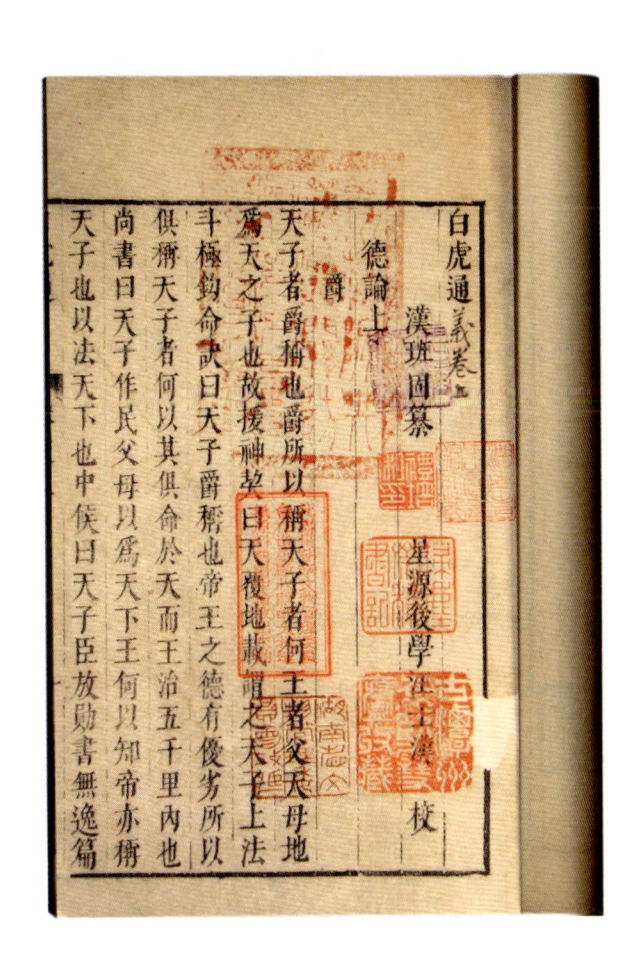

忠、孝观念的社会意识化

两汉时期，随着儒学与政权相结合的完成及经学的普及，儒家倡导的忠孝之道对全社会的伦理政治行为产生了巨大影响，人们自觉或不自觉地以履行忠孝之道为先。这一普遍的忠孝义务实践过程，也是理论上的忠孝伦理准则社会意识化的过程。忠孝之道的价值规定经由这样的途径日渐深入人心，逐渐扎根于人们的观念和意识之中，最终形成了全社会对忠孝之道的全面认同。

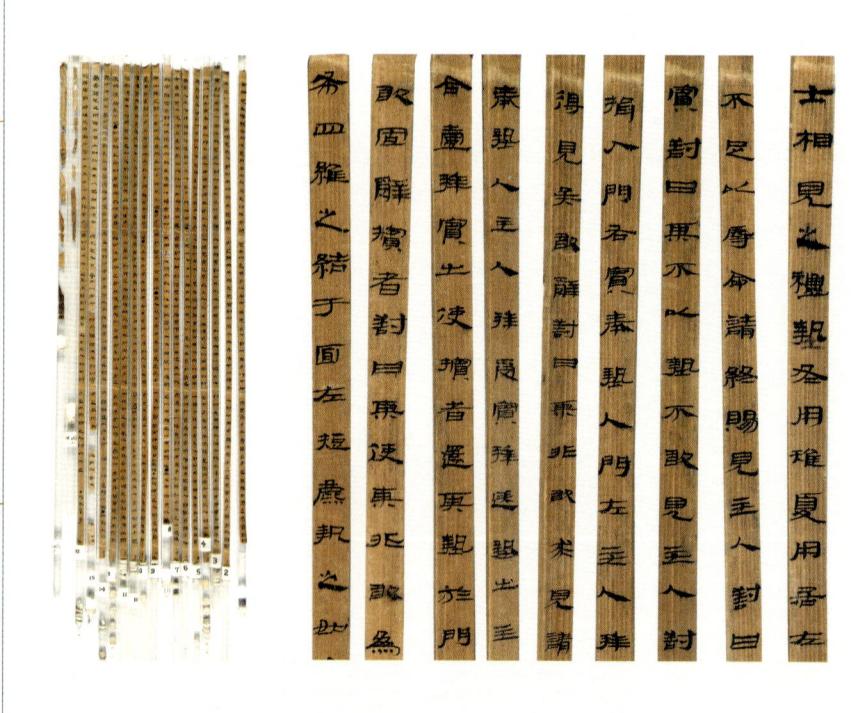

《仪礼·士相见》木简

1957年，甘肃武威磨嘴子6号墓出土了480枚竹简，除11枚简为日忌、杂占简外，其余469简均为《仪礼》简。《仪礼》为儒家十三经之一，又名《礼经》或《士礼》，是春秋战国时期的礼制汇编，共十七篇。内容以士大夫的礼仪为主，记载了周代的冠、婚、丧、祭、乡、射、朝、聘等各种礼仪。该墓的主人是地方学校教授儒家经学的经师，其存留的《仪礼》木简，是他生前诵习的写本。这是儒家思想在社会生活中已占据统治地位的反映。

江西南昌汉代海昏侯刘贺墓出土《孝经》

老莱子娱亲画像石　东汉　山东嘉祥武氏祠藏石

老莱子娱亲的故事，见《太平御览》卷四一三《人事部》五十四引南朝师觉授《孝子传》："老莱子者，楚人，行年七十，父母俱存。至孝蒸蒸，常着班兰（斑斓）之衣。为亲取饮，上堂脚跌，恐伤父母之心，僵仆为婴儿啼。孔子曰：'父母老，常言不称老，为其伤老也。'若老莱子，可谓不失孺子之心矣。"画像表现了七十岁的老莱子给老人送食品，穿斑斓衣（花衣），学婴儿动作，让年迈的双亲高兴的故事。

赵氏孤儿画像石　东汉　山东嘉祥武氏祠藏石

赵氏孤儿的历史故事出自《史记·赵世家》第十三，刘向的《新序》《说苑》也有记载，元代时改编为杂剧，流传更为广泛。传说春秋时期，晋景公听信权臣屠岸贾谗言，致使赵氏家族三百余口被满门抄斩，义士程婴和公孙杵臼将赵盾之孙赵武救出，策马逃入千里之外的盂山藏匿15年。当地百姓为保忠良之后，送水送饭，程婴带着赵氏孤儿习文练武，把孤儿抚养成人，直至赵家冤屈得以昭雪。

各地发现的儒学题材画像砖、画像石

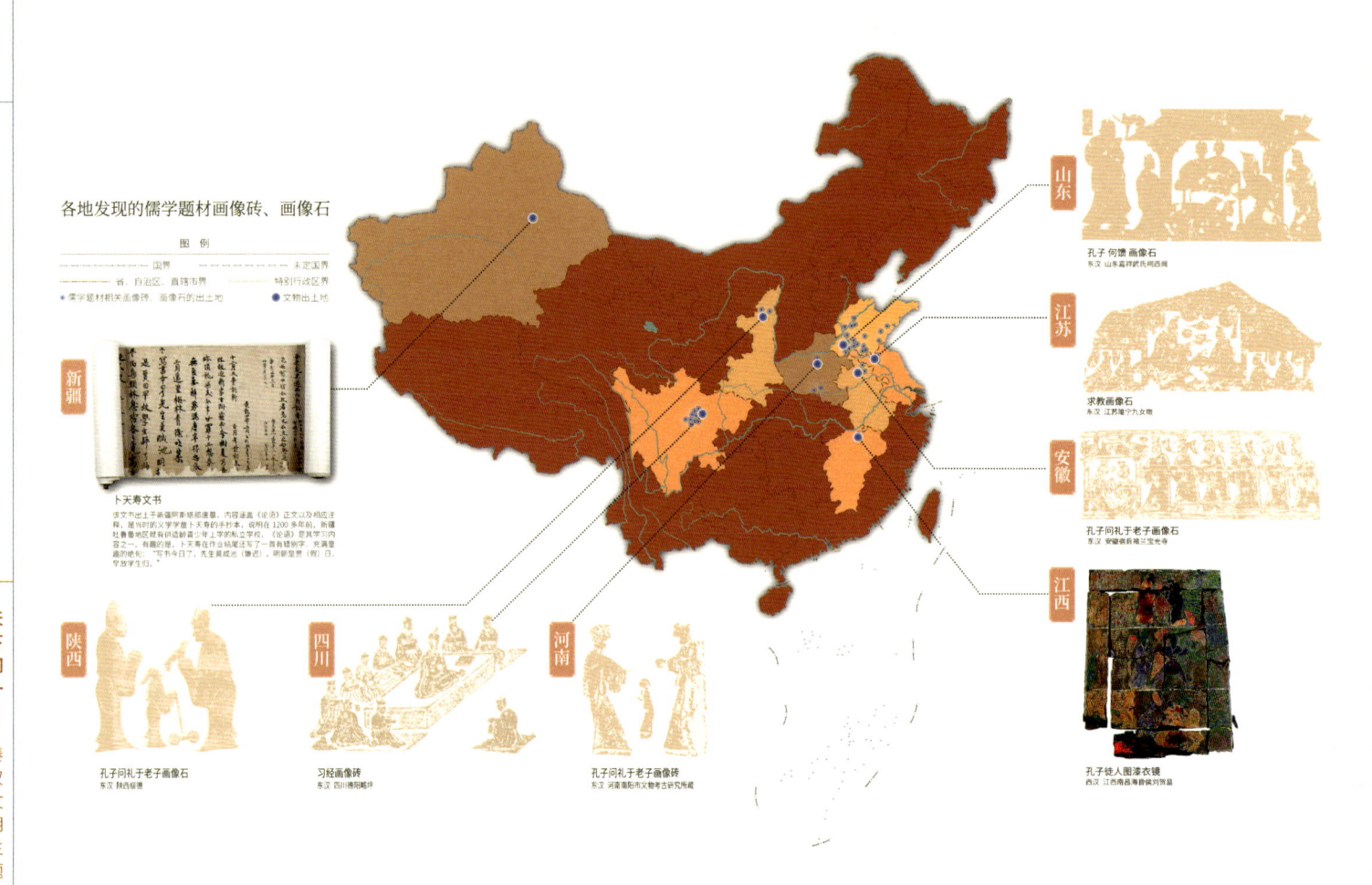

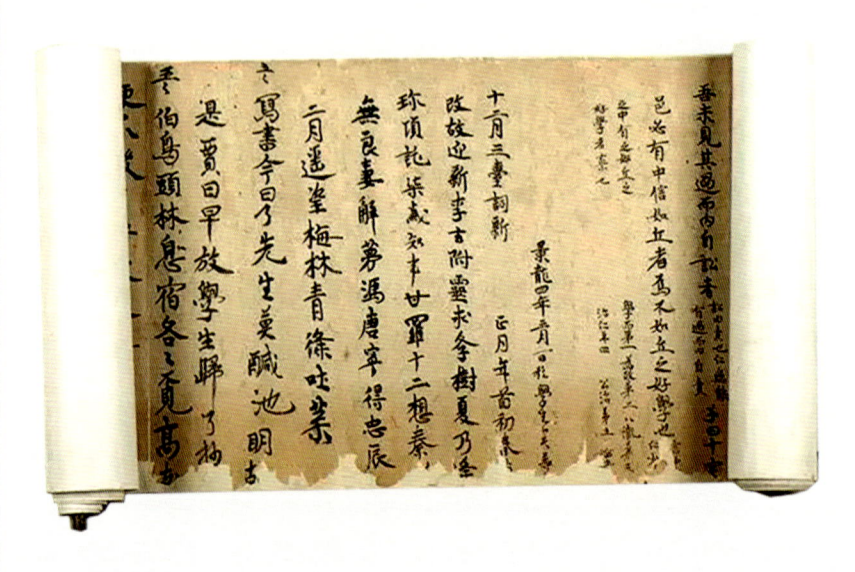

卜天寿文书

该文书出土于新疆阿斯塔那唐墓，内容涵盖《论语》正文以及相应注释，是当时的义学学童卜天寿的手抄本，说明在1200多年前，新疆吐鲁番地区就有供适龄青少年上学的私立学校了，《论语》是其学习内容之一。有趣的是，卜天寿在作业结尾还写了一首有错别字、充满童趣的绝句："写书今日了，先生莫咸池（嫌迟）。明朝是贾（假）日，早放学生归。"

创建太学

Establishment of the Imperial College

● "太学"一词西周时已经出现，但更多的是贵族祭祀、宴会、选拔武士、议定作战计划的场所，还不是具备封建教育的专业性与系统性的机构。西汉早期，黄老之学盛行，只有私家教学，没有政府设立的传授学术的学校。汉武帝"罢黜百家"后，采纳董仲舒的建议，开始在长安建立太学，设五经博士，置博士弟子五十名。从武帝到新莽时期，太学中学习的科目及人数逐渐增多，开设了《易经》《诗经》《尚书》等专门课程。博士弟子也从汉元帝时的千人，发展到王莽时期的万余人。太学规模之大，实为前所未有。

汉代学校系统图

官学
- 地方官学
  - 学 —— 由郡国举办和管理
  - 校 —— 由县道邑所设置和管理
  - 庠 —— 由乡设置和管理
  - 序 —— 由聚设置和管理
- 中央官学
  - 太学 —— 由太常通过博士直接管理，是国家的最高学府和全国学校的典范
  - 鸿都门学 —— 由宦官集团办理，具有专科性质的特殊高等教育机构
  - 官邸学 —— 专为皇室和外戚设置

私学
- 经馆 —— 由经师讲授专经的经馆，称"精舍""精庐"，学习程度相当于太学
- 书馆 —— 教授读、写、算基础知识，属于初等文化启蒙性质的蒙学

汉代博士弟子数量递增示意图

公元前 141–前 87 年 汉武帝时期 —— **50 名**
最初，太学中只设五经博士，置博士弟子五十名

公元前 48–前 33 年 汉元帝时期 —— **1000 名**

公元前 33–前 7 年 汉成帝时期 —— **3000 名**

9–23 年 王莽时期 —— **10000 名**
王莽秉政，在长安城南兴建辟雍、明堂，博士弟子达一万余人

经学世族的兴起

The Rising of Scholar Families in Classical Studies

● 东汉中期，士大夫中出现了一些累世专攻一经的家族，他们世代相继，广收门徒，一方面『显传学业』，形成了学术的垄断；另一方面『俾匡时政』，把握着政治强权。这种由经学世族兼而成为学术群体和政治集团的情形，即儒学文化对专制政治施加影响，是东汉政治文化的一个特殊现象。西汉中期以后，部分豪族开始儒化；东汉时期，部分豪族不断士族化。虽统治者提倡儒学和家族经学传承对豪族儒化和士族化起到了推动作用，但是通过通经获取权力才是豪族主动儒化的内在动力。

《汉书·儒林传》家世传经事例表

姓　名	地　域	传业世代	传经	官职
张仲方	平陵	家世传业	《易》	扬州牧
欧阳生子	千乘	世世相传	《尚书》	御史大夫、少府
陈翁生	梁	家世传业	《尚书》	信都太傅
韦　贤	鲁	三代	《诗》	丞相、大司马车骑将军
满昌君都	颍川	家世传业	《齐诗》	詹事
徐　生	鲁	四代以上	言《礼》为颂	礼官大夫、广陵内史
徐　良	琅琊	家世传业	《礼》	州牧、郡守
桥　仁	梁	家世传业	《礼》	大鸿胪
王　中	琅琊	家世传业	《公羊春秋》	少府
伏　理	琅琊	家世传业	《齐诗》	高密太傅
夏侯氏	鲁	三代	《尚书》	长信少府、太子太傅

《后汉书·儒林传》家世传经事例表

姓　名	地　域	传业世代	传经	官职
刘　昆	陈留东昏	子轶传昆业	《易》	弘农太守、宗正
张　兴	颍川鄢陵	子传业	《易》	太子少傅、属国都尉
曹　曾	济阴	子传父业	《尚书》	谏议大夫、河南尹
牟　长	乐安临济	子传父业	《欧阳尚书》	河内太守
孔　僖	鲁国	世业	《古文尚书》	临晋令
桓　荣	沛国	世习相传，世宗其道	《欧阳尚书》	太常
周　防	汝南汝阳	子为儒宗，当传父业	《古文尚书》	陈留太守、尚书
高　诩	平原般县	三世	《鲁诗》	上谷太守、大司农
包　咸	会稽曲阿	子福，以《论语》授和帝	《论语》	大鸿胪、郎中
伏　恭	琅琊东武	少传黯学	《齐诗》	光禄勋、司空
甄　宇	北海安丘	三世传业、子孙传学不绝	《严氏春秋》	太子少傅、梁相
薛　汉	淮阳	少传父业	《韩诗》	千乘太守
宋　登	京兆长安	登少传《欧阳尚书》	《欧阳尚书》	太尉、颍川太守
曹　充	鲁国薛	传其子褒	《庆氏礼》	侍中、河内太守

经学的繁荣

经学繁荣的具体表现

经学的繁荣	经典复出	今文经学：用汉代通行的文字"隶书"书写	
		古文经学：用先秦古文字"篆书"书写	
	门派林立	诗 齐诗：辕固生 鲁诗：申培公 韩诗：韩婴	齐诗：齐诗有翼、匡、师、伏氏之学	《后汉书·儒林列传》记载："于是立《五经》博士，各以家法教授，《易》有施、孟、梁丘、京氏，《尚书》欧阳、大小夏侯，《诗》齐、鲁、韩，《礼》大小戴，《春秋》严、颜，凡十四博士。"这些学派中，各家都有专门的经籍传本，以及比较固定的解释经典的方法，与别家不同。例如施氏讲《易》，显得较为平实，而京氏《易》学则主要言说灾异。再就《尚书》而言，大夏侯重在阐发大义，而小夏侯则在广征博引、具文饰说上下功夫较多
			鲁诗：鲁诗有韦、张、唐、诸、许氏之学
			韩诗：韩诗有王、食、长孙氏之学
		书：伏生	欧阳氏：欧阳氏有平、陈氏之学
			大夏侯氏：大夏侯氏有孔、许氏之学
			小夏侯氏：小夏侯有郑、张、秦、假、李氏之学
		礼：高堂生	大戴礼：有徐氏族之学
			小戴礼：有桥、杨氏之学
		易：田何	施氏：有张、彭氏之学
			孟氏：有翟、白氏之学
			梁丘氏：有士孙、邓、衡氏之学
			京氏
		春秋 齐鲁：胡母生 赵：董仲舒	颜氏：有冷、任氏之学，复有筦、冥氏之学
			严氏有公孙、东门氏之学
	经典传承	师法	《公羊》学者嬴公"守学不失师法"。 《尚书》学者张无故"守小夏侯说文"。 《尚书》学者吴良"学通师法"
		家法	东汉十四博士"各以家法教授"。 察举制规定"诸生试家法"
		师法、家法不可违背，但可润饰、增删	《鲁诗》学者王式谓弟子曰："闻之于师具是矣，自润色之。" 《尚书》学者秦恭"增师法至百万言"。 桓荣将《欧阳尚书》章句由四十万言减为二十三万言。其子桓郁又减为十二万言。 樊儵认为《公羊严氏》章句繁辞太多，删定之，称"樊侯学"；张霸认为"犹多繁辞，乃减定为二十万言"，称"张氏学"

儒学教育在民间

Popularization of Confucian Education among Common People

● 随着儒学的"官学化",其民间形态也不断通过民众的日常生活表现出来。

● 经学的普及、乡学的发展,使得儒学文化慢慢根植于人们的内心,儒学倡导的社会理想和伦理道德向基层社会渗透,儒家经义中的礼乐风俗、忠孝仁义、道德伦常等,一直影响着民间的生活方式。

● 汉代童蒙教育的进步和知识女性的出现,是当时突出的文化成就,也是儒学教育在民间最直观的体现。

普及的方法

1. 文翁兴学

文翁,名党,字仲翁,庐江人,西汉景帝年间任蜀郡太守。他为改变蜀地僻陋少文的局面,在成都兴建官办学校,名"石室",创地方官学之先河。文翁大力兴办教育,挑选一批有才之士赴京师受业,并予以重用。《华阳国志·蜀志》载:"始,文翁立文学精舍、讲堂、作石室,一曰玉室,在城南。"文翁提倡上学为荣。至东汉,蜀地讲学之风盛行。《汉书》载:"至今巴蜀好文雅,文翁之化也。"唐代诗人杜甫也有诗文:"但见文翁能化俗,焉知李广未封侯。"2010年在成都天府广场东侧的东御街发现了两通石碑,记载了来自河东郡的裴君和江浙的李君两位郡守对蜀地文教和城市建设做出的贡献,佐证了自文翁创办官学以来,地方文教的承续与快速发展。

> 至武帝时,乃令天下郡国皆立学校官,自文翁之始云。
> ——《汉书·文翁传》

庠序画像砖　四川德阳柏隆乡出土　四川博物院藏

庠序,是地方所设的学校。画面上一长廊式房舍,左边是一门,房内设长席,席上分组端坐六人,皆戴冠着袍。左边一组三人,二人并坐正在谈叙,一人持牍静候。右边一组三人,其中一人手作势正在讲说,一人持牍端坐静听,后边一人凝视手中之物。席前各置搁置简牍的几案,中有一盛水小盂。图的下部有三人,皆着帻,两人持牍等候,一人执长竿。庠序是地方上所设的学校。《汉书·平帝纪》记载,元始三年立学官,"郡国曰学,县、道、邑、侯国曰校,校学置经师一人;乡曰庠,聚曰序。序、庠置《孝经》师一人"。此砖可能反映的是庠序中接童人入学的情景。

2. 讲经、习经、求教、辩经

3. 槐市

槐市位于长安城东南，因其地多槐树而得名。汉武帝设立太学后，学生规模不断扩大，至成帝时，人数已达数千之众。众多太学生聚集一地，扩大了对书籍的需求。元始四年（4年），在太学旁形成了包括买卖书籍在内的综合性贸易集市"槐市"。集市每半月一次，文士在此交流学术思想，互通有无，对当时的文化传播起到了积极的作用。更始元年（23年），太学在战乱中解散，槐市随之消失。

《三辅黄图》对"槐市"有记载："王莽作宰衡时，建弟子舍万区……为博士舍三十区。东为常满仓，仓之北为槐市，列槐树数百行为隧，无墙屋，诸生朔望会此市，各持其郡所出货物及经传书记、笙磬乐器，相予买卖。雍容揖让，侃侃阁阁，或论议槐下。"

《艺文类聚》卷八十八"槐"引《三辅黄图》曰："元始四年，起明堂辟雍，为博士舍三十区，为会市，但列槐树数百行，诸生朔望会此市，各持其郡所出物及经书，相与买卖，雍雍揖让，论议树下侃侃阁阁。"

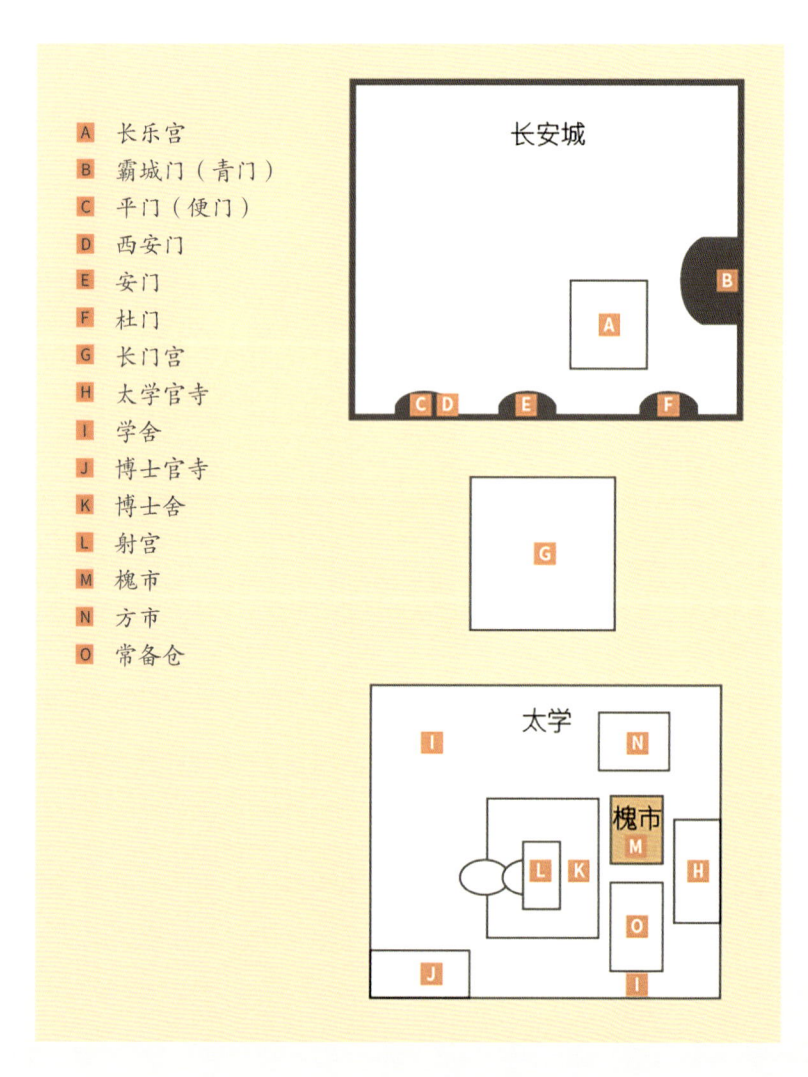

A 长乐宫
B 霸城门（青门）
C 平门（便门）
D 西安门
E 安门
F 杜门
G 长门宫
H 太学官寺
I 学舍
J 博士官寺
K 博士舍
L 射宫
M 槐市
N 方市
O 常备仓

胡适绘太学图

《秋萤引》

刘禹锡

汉陵秦苑遥苍苍，陈根腐叶秋萤光。
夜空寥寂金气净，千门九陌飞悠扬。
纷纶晖映互明灭，金炉星喷镫花发。
露华洗濯清风吹，低昂不定招摇垂。
高丽罘罳照珠网，斜历璇题舞罗幌。
曝衣楼上拂香裙，承露台前转仙掌。
槐市诸生夜读书，北窗分明辨鲁鱼。
行子东山起征思，中郎骑省悲秋气。
铜雀人归自入帘，长门帐开来照泪。
谁言向晦常自明，儿童走步娇女争。
天生有光非自衒，远近低昂暗中见。
撮蚊妖鸟亦夜起，翅如车轮而已矣。

图书市场

汉代，图书是可以在市场上流通的。《后汉书·王充传》："（王充）家贫无书，常游洛阳市肆，阅所卖书。一见辄能诵忆，遂博同众流百家之言，后归乡里，屏居教授。"王充完成的文化名著《论衡》，在学术史上具有里程碑的意义。他的学术基础的奠定，就是在洛阳书肆中免费阅读"所卖书"而实现的。

东汉时期还有另一位在书店读书积累学问的学者。《太平御览》卷六一四引司马彪《续汉书》："荀悦十二能读《春秋》。贫无书，每至市间阅篇牍，一见多能诵记。"荀悦后来成为著名的历史学者。他所撰写的《汉纪》，成为汉史研究者必读的史学经典之一。汉代图书在市场上的流通，有不同的情形。卖书的人有时候是出于特殊的目的。《后汉书·文苑传下·刘梁》写道："（刘）梁，宗室子孙，而少孤贫，卖书于市以自资。"学者因为贫困不得不"卖书于市"，以求取最基本的"衣食"资费，是历史上常见的情形。

儒学教育在民间的具体体现

1. 儒家思想深入人心

历代统治者在发展官方儒学教育的同时，也重视以礼化俗。儒家思想从高文典册深入到乡约、里范、族规、家训，成为寻常百姓日用而不知的准则，内化于每一个中国人的思维方式和日常言行。

己所不欲，勿施于人——子曰："己所不欲，勿施于人。在邦无怨，在家无怨。"

三人行，必有我师——子曰："三人行，必有我师焉；择其善者而从之，其不善者而改之。"

工欲善其事，必先利其器——子曰："工欲善其事，必先利其器。居是邦也，事其大夫之贤者，友其士之仁者。"

不耻下问——子贡问曰："孔文子何以谓之文也？"子曰："敏而好学，不耻下问，是以谓之文也。"

见义勇为——子曰："非其鬼而祭之，谄也。见义不为，无勇也。"

2. "神童故事"的出现

春秋战国时期就有了神童故事。东汉时期，随着经学的普及，"神童故事"集中涌现，这是社会文化繁荣和民间教育进步的结果。社会普遍重视读书和学习，是神童较为广泛出现的文化和历史因素。

孔子问礼于老子画像石 山东嘉祥武氏祠藏石

在全国各地出土的画像砖、石中，多有一个儿童的身影，那就是项橐。项橐，春秋时期莒国的一位神童。孔子在鲁国设坛讲学，尝闻莒国之东南海边有纪障城，周围百姓淳厚且皆博学。一日孔子与弟子计议东游，待数人乘车马来到碑廓地境，但见山川秀丽，稻谷飘香。孔子正当与弟子谈经论道，策马东行时，见前边大道上几个戏耍的儿童躲于路边，唯有一儿童立于路中不动。此童正是项橐。子路见状，停车呵斥，孔子在车上探身而观，发现此小儿聪颖机敏，才智过人，列国少见，便与其约定各出一题，互为应对，胜者为师，孔子即问其天上星辰之数，地上五谷之数，项橐以一天一夜星辰，一年一茬五谷应对如流，孔子惊异。项橐即反问夫子可知两眉之根数，孔子停顿片刻，竟无以回答，依适才君子之约，孔子便设案行礼，拜项橐为师，打道回曲阜，从此不再东游。这便是项橐难孔子、孔子拜项橐为师的故事。

儒学的发展

1. 儒学的发展

国之显学，百川入海。两千余年来，从士之思想到民之圭臬（niè），以"仁"为核心的儒学思想，深深嵌入了中华民族的精神世界。从百家争鸣、焚书坑儒、独尊儒术，到魏晋玄学、儒释道交融、宋明理学，再到近代儒学的沉浮变迁，植根于中华大地的儒家思想历经了时代的砥砺与磨难，在与各种学说交融、共存和碰撞中，既一以贯之，又与时俱进，铸造出强大的生命力，是中华民族生生不息、发展壮大的重要滋养。

孔子（公元前551～前479年）——儒家学派创始人，提出"仁"，主张"礼"。

孟子（公元前372～前289年）——主张施行仁政，并提出"民贵君轻"思想，继承和发展了儒学，将其发扬光大。

董仲舒（公元前179～前104年）——以儒学为基础，以阴阳五行为框架，兼采诸子百家，建立新儒学。

郑玄（127～200年）——通览群经，整合经典。

孔颖达（574～648年）——整理儒家经典，修订《五经正义》。

韩愈（768～824年）——重建儒学道统，倡导古文运动。

程颢（1032～1085年）、程颐（1033～1107年）——二程倡导天理论，认为天地万物得天理而"常久不已"，提倡"顺理而行"的政治哲学和"安于义命"的人生哲学。二程之学后来分化为理学和心学两大派，前者大成于朱熹，后者为陆九渊所发扬。

朱熹（1130～1200年）——理学发展的集大成者。朱熹继承了北宋哲学家程颢、程颐的思想，进一步完善和发展了客观唯心主义的理学体系，后人称之为程朱理学。

王阳明（1472～1529年）——心学的集大成者。阳明心学的精神内涵包括"心外无物，心即理""知行合一""致良知"等。

黄宗羲（1610～1695年）——具有批判精神，倡导经世致用。

乾嘉学派——治学注重证据，文风朴实，以惠栋、戴震、钱大昕等人为代表，在训诂、考据、音韵、文字等方面取得了空前的成就。对中国传统文化的研究、总结、保存传统典籍，起到了非常积极的作用。

公羊学派——乾嘉以降，清朝国势日益衰颓，西学东渐，思想界发生变革，今文经学复兴。其中公羊学异军突起，在魏源、龚自珍等人的推动下，发展成一股经世思潮。康有为托孔子改制之义，宣传维新变法。

现代新儒学——晚清至民国初年，虽然儒学受到了西学的冲击，但更多的是吸收西方的理论来解释儒家思想。"新儒学"是伴随近代西方文明输入中国以后，在中西文明碰撞交融下产生的。

2. 儒学的影响

两千多年来，孔子的学说跨越山海，向四方传播，为中华文明在世界上的传播作出了重要贡献。儒学成为东亚、东南亚地区多个国家共有的文化基础。通过经典译介等方式，儒学也被传到了西方，为西方近代思想的启蒙注入了精神动力。今天，继承了优秀儒家传统文化的中国，也将继续为构建人类命运共同体贡献出中国力量。

❶ 儒学在朝鲜半岛

朝鲜半岛与中国山水相连。从西汉开始，大量汉族士人进入朝鲜半岛，儒家思想在朝鲜半岛逐渐立足，成为各王朝官方倡导、推行的正统思想。公元前1世纪，《论语》传入古代朝鲜半岛，在韩国文字被创制之前，《论语》一直以汉文在此传播，中国同朝鲜半岛在儒学文化上的相互交流日益广泛和深入。1290年，安珦从中国将《朱子全书》的抄本带到朝鲜。从此，理学思想逐渐成为朝鲜半岛上儒学教育、研究和践行的核心内容。1392年，李成桂建立了朝鲜王朝，实行以儒立国的指导思想。在儒家文化的长期熏陶下，朝鲜地区出现了许多重要的儒学思想家。

韩国庆尚北道安东陶山书院

❷ 儒学在日本

日本最早通过朝鲜半岛接触到儒家文化。285年，百济博士王仁携带《论语》等书东渡日本。5世纪，百济又多次派五经博士入日传授儒家经典。遣唐使返日后，儒学在日本得到全面发展，统治者将儒家的纲常礼教用于治世实践，极大地促进了社会进步。儒家思想与日本的传统文化相结合，实现了儒学的本土化。江户时代，儒学摆脱了从属于佛教的地位，进入全盛时期。

日本足利学校

足利学校是日本最古老的学校，创建年代不详。明治元年，日本废藩置县，足利学校被迫关闭，圣庙及附属古籍、器物等交由栃木县政府管理。学校重建于1990年，其中的大成殿建筑模仿明代庙宇风格。殿堂内供奉着孔子及其弟子，每年11月23日在此举行的祭孔活动，山东曲阜也会派人员参加。

③ 儒学在东南亚

越南是儒家文化进入东南亚诸国的第一站。秦汉时期，越南统治者已经以诗书化训民俗，以仁义固结人心，儒学对其政治、经济、文化多方面皆产生了深刻的影响。海上交通的发展，促进了儒学在东南亚更广泛的传播。19世纪开始，儒家文化伴随着大量移民，来到今新加坡、菲律宾、马来西亚、印度尼西亚等地，为当地经济与社会发展作出了重要贡献。

④ 儒学在欧洲

从16世纪末开始，大批西方传教士开始钻研儒家学说，翻译儒家经典，促进了儒学在西方的传播。17、18世纪，儒学受到启蒙思想家的重视，借助儒学阐释启蒙思想和社会理想。19世纪，西方汉学兴盛，再次出现了译介儒家经典的热潮。今天，西方社会也充分肯定儒家文化的价值，儒家的许多理念越来越为各国人民所认同。

图 例

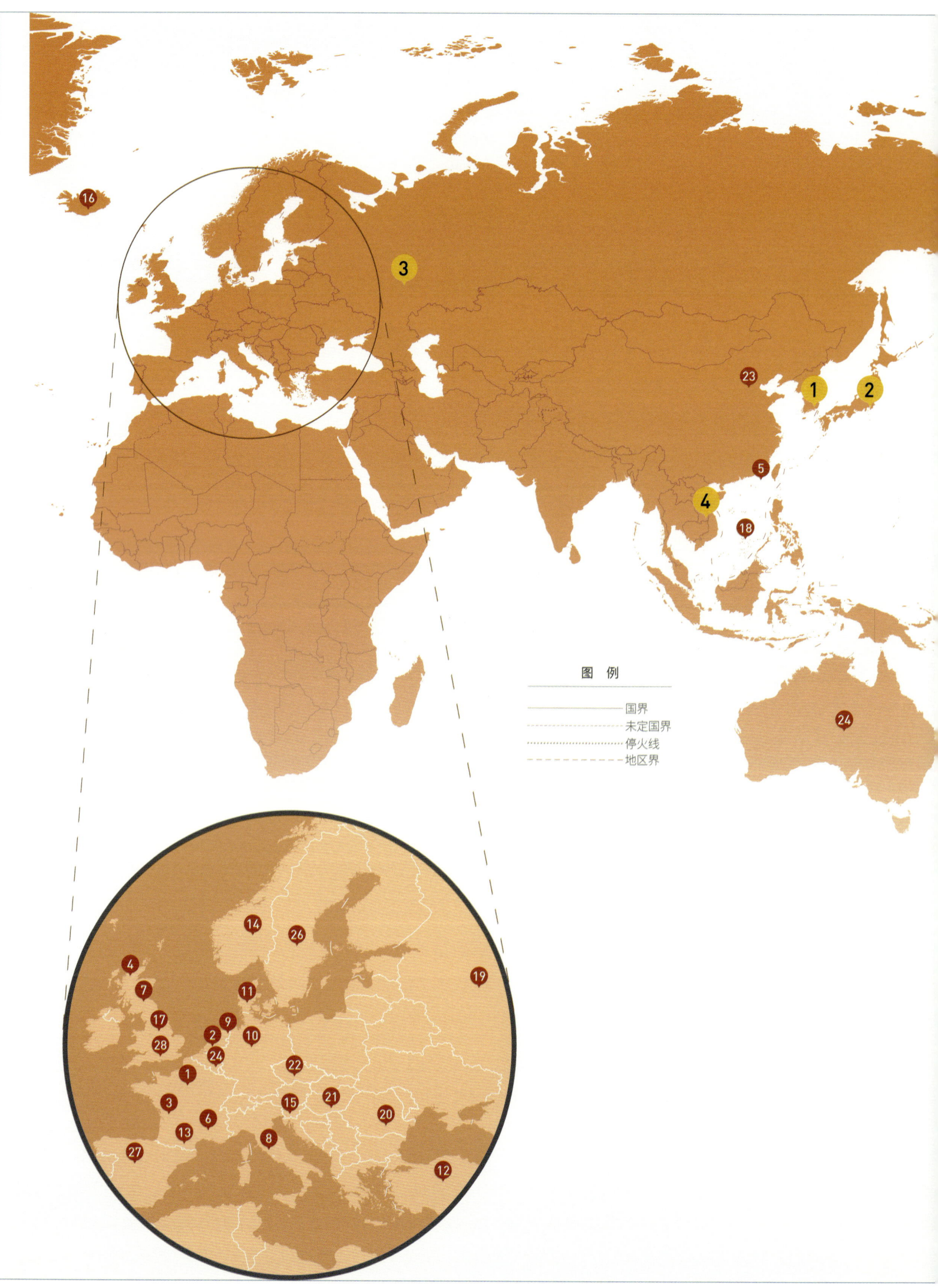

———— 国界
--------- 未定国界
·········· 停火线
— — — 地区界

入世——儒家思想统治地位的确立　Social Engagement：The Establishment of the Dominance of Confucianism

儒学的影响

图示：

❶1687 年，拉丁文《论语（中国哲学家孔子·用拉丁文解释中国人的智慧）》在巴黎出版。

❷1687，阿姆斯特丹法文月刊《世界和历史文库》刊登了让·勒克莱尔的一篇关于《中国哲学家孔子》的书评。作者在评论的最后附上了他从拉丁文转译成法文的《论语》中的 16 段译文。

❸1688 年，法文版《中国哲学家孔子的道德箴言》。

❹1691 年，英文版《中国哲学家孔子的道德箴言——孔子活跃于我们的救世主耶稣基督到来的 500 年前，本书是该国知识遗产的精华》。

❺1861 年，苏格兰传教士学者理雅各在香港出版了《论语》的英译本，它成为后来所有《论语》学术译本的原型。

❻1865 年，G.波蒂埃翻译了法文版《四书》。

❼1910 年，太原府大学堂、山西大学西斋总教习苏慧廉翻译英文版《论语》。

❽1924 年，阿尔贝托·卡斯泰拉尼翻译了意大利文版的《论语》。

❾1946 年，菲克·卢格腾根据阿瑟·韦利的译本翻译的荷兰文版《论语》。

❿1948 年，理夏德·威廉翻译的德文版《论语》。

⓫1955 年，约恩·克卢比恩翻译的丹麦文版《论语》。

⓬1974 年，纳比·厄泽尔蒂姆翻译的土耳其文版《论语》。

⓭1981 年，法文版《四书》。

⓮1988 年，奥勒·比约恩·龙根翻译的挪威文版《论语》。

⓯1988 年，马亚·米林斯基翻译的斯洛文尼亚文版《论语》。

⓰1989 年，拉格纳·巴尔迪松翻译的冰岛文版《论语译注》。

⓱1991 年，马尼拉的英译版本《儒学大全·第一卷·论语》。

⓲1994 年，哈吉·穆罕默德翻译的马来文版《论语》。

⓳1994 年，谢梅年科翻译的俄文版《论语》。

⓴1995 年，弗洛伦蒂娜·维桑翻译的罗马尼亚文版《论语》。

㉑1995 年，托克·依费伦茨翻译的匈牙利文版《论语》。

㉒1995 年，雅罗斯拉夫·普实克翻译的捷克文版《论语》。

㉓1996 年，王崇芳翻译、中国世界语出版社出版的世界语版《论语》。

㉔1997 年，美国诺顿出版社出版了比利时汉学家、小说家和文化评论家西蒙·利斯（即彼埃尔·里克曼斯）的译本（作者为澳大利亚籍）。

㉕1997 年，美国牛津大学出版社出版了由美籍华人黄治中翻译的《论语》。

㉖1997 年，阿尔夫·亨里克松等人翻译瑞典文版《论语》。

㉗1998 年，以西蒙·利斯（即彼埃尔·里克曼斯）为基础的西班牙文版译本。

㉘1999 年，埃姆斯的英语译本。

学堂内外的女性

Women within and beyond Academies

● 东汉时期，儒学教育空前普及，全社会普遍重视经学的传授。家学的兴盛，促使知识女性开始出现。除了规范礼仪之外，经学也是她们学习的重要内容，如明德马皇后好读《春秋》《楚辞》，尤善《周官》《董仲舒书》，和熹邓皇后十二岁通《诗》《论语》等，体现出家族文化的影响。同时，在文献中，我们也可以看到平民女子好学博闻的记载。女子教育史上的许多重要观念和制度，都在汉代得以形成。

典型人物及代表作

蔡文姬

东汉末年女性文学家。博学多才，熟谙音律。初嫁于卫仲道，丈夫死后归家。东汉末年，中原战乱，诸侯割据，原本归降汉朝的南匈奴趁机叛乱，蔡文姬被匈奴左贤王所掳，生育两个孩子，在南匈奴居住了12年。曹操与蔡邕友善，惜文姬才华，故以重金赎回，接到中原。208年，文姬重回家园后，再嫁董祀。据说蔡邕的4000余卷藏书在战乱中丧失之后，蔡文姬凭借记忆重新抄出其中的400余篇。

班昭

东汉时期著名史学家、文学家班彪之女，班固、班超之妹，又号"曹大家（gū）"。班固去世时，其史学名著《汉书》尚有八表和《天文志》没有完成，汉和帝命其妹班昭续撰，后来又命跟随班昭学习《汉书》的马续继续完成了《天文志》。班昭的其他著作有"赋、颂、铭、诔、问、注、哀辞、书、论、上疏、遗令，凡六十篇"，流传至今的还有《东征赋》《针缕赋》《大雀赋》《蝉赋》《为兄超求代疏》《上邓太后疏》《欹器颂》以及《女诫》等。当时的大儒马融，曾经在班昭门下学习《汉书》。

波斯人的信仰
The Belief of the Persians

● 琐罗亚斯德教形成于公元前 6 世纪，是波斯阿契美尼德王朝的官方宗教，其教义深植于波斯的政治文化中。该教的创立者琐罗亚斯德认为，至高的存在和宇宙的创造者为阿胡拉·马兹达；世间有两种对立的力量——基于真理的善灵和基于谬误的恶灵，人类有责任在二元论中做出选择。在其教义中，火是纯洁的象征，而真理往往与纯洁相关，因此，在一些地方，人们又将这一宗教称作"拜火教"（中国古代又称之为"祆教"）。琐罗亚斯德教是古代波斯教化民众的手段，也为统治者的行为提供了道德上的正当性。

法拉瓦哈是琐罗亚斯德教的象征之一

发现于波斯波利斯遗址的法拉瓦哈浮雕

古希腊、罗马的主要哲学思想
Major Philosophies in Ancient Greece and Rome

● 人民对国家行为的支持、对自身民族身份的认同,是一个国家保持凝聚力的重要条件。古希腊在其几个世纪的民主探索中,使理性和政治自由深入人心,奠定了其政治哲学的基础;罗马人崇尚爱国、勇武的美德,强调对内遵守法律,对外军事强硬,使帝国的扩张高效而迅猛。

苏格拉底与小苏格拉底学派

苏格拉底(约公元前470年—前399年)是西方哲学的奠基者,他以逻辑为基础和手段,创造了独特的伦理学和政治哲学,他提出个人主义与知识主义的伦理观,强调"良知"的重要性,成为后来约两个世纪里西方重要哲学派系的本质要素。

苏格拉底死后,他的众多弟子形成了许多派别,其中一部分学生分别建立了麦加拉学派、昔勒尼学派、犬儒学派,区别于柏拉图等人创立的学派,被合称为"小苏格拉底学派"。这些学派有的继承了苏格拉底的伦理思想,将"诡辩"进一步发扬,有的探寻获得快乐的方法。其中较为著名的是以第欧根尼斯为代表的犬儒学派,主张自我节制和实现内心的自由。

《苏格拉底之死》

雅克-路易·大卫(Jacques-Louis David,1748—1825)绘于1787年。现藏于纽约大都会艺术博物馆。

西塞罗与斯多葛主义

马尔库斯·图利乌斯·西塞罗（公元前106年—前43年），古罗马政治家、哲学家、演说家和法学家，在公元前63年成为罗马执政官。

西塞罗的政治立场倾向于温和的斯多葛主义，该哲学是古希腊四大哲学学派之一，西塞罗和后来的罗马皇帝马可·奥勒留是其代表人物，他们认为德行是唯一的善；在政治思想上，认为宇宙是一个统一的整体，存在着一种支配万物的普遍法则，即"自然法"（或称"逻各斯"），人是宇宙的一部分，所以以西塞罗为代表的斯多葛主义者认为，自然法在人定法之上，它具有高于一切的权威，是"正义"的同义词。

凯撒·马卡里（Cesare Maccari, 1840—1919）创作的一幅壁画，描绘了西塞罗在元老院谴责阴谋者喀提林的场景。现藏于意大利都灵的夫人宫。

古希腊的教育活动

人类文明的"轴心时代"与精神突破
The "Axial Period" of Human Civilization and Spiritual Breakthroughs

● "轴心时代"（the Axial Age）是德国哲学家卡尔·雅斯贝斯（Karl Jaspers）于20世纪40年代提出的概念。他认为，在公元前800年至公元前200年之间，尤其是公元前500年前后，是人类文明的"轴心时代"，它所发生的区间约在北纬25度—北纬35度的地区。这一时代产生了我们今天的宗教和思考的基本范畴，是人类历史上第一次精神上的突破。

● "轴心时代"奠定了整个人类的精神基础。例如在这一时期的中国、印度、西亚和欧洲，分别出现了诸子百家的思想争鸣，《奥义书》和佛陀，琐罗亚斯德教的兴起，希腊哲学家及各个学派。这些地区各自独立发展出了独特的精神成果，各自开启了新的时代——人们意识到存在整体、自身以及自身的界限，开始向世界提出问题，并寻求解答和自我超越。在"轴心时代"，这些地区几乎都经历了征伐混战的无序状态，而在实现了思想的突破后，纷纷建立了强大的国家——如中国的秦汉王朝、印度的孔雀王朝、西方的罗马帝国。

"轴心时代"观念下的世界历史概览

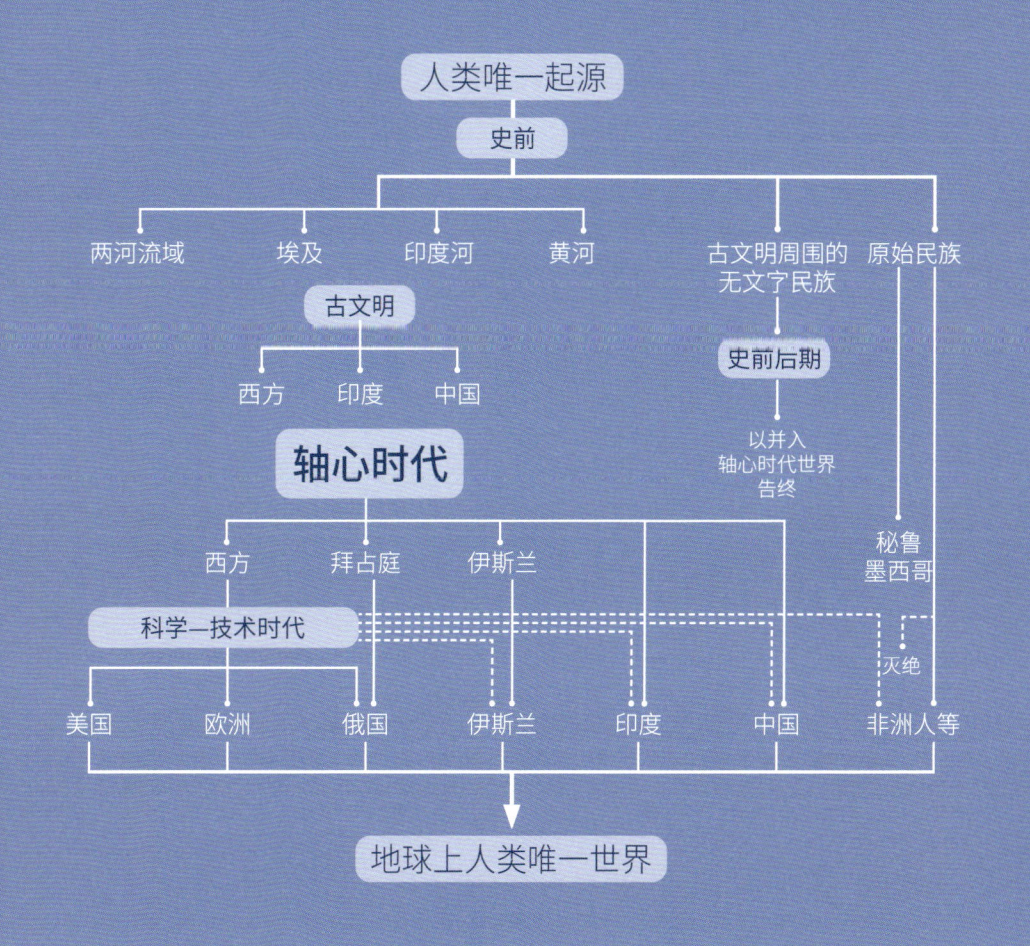

```
                         人类唯一起源
                            史前
      ┌────────┬──────┬──────┬──────┬────────────────┬────────┐
  两河流域    埃及   印度河  黄河   古文明周围        原始民族
                                    无文字民族
              古文明                    史前后期
         ┌─────┬─────┐                    │
        西方  印度  中国               以并入
                                      轴心时代世界
           轴心时代                      告终
    ┌──────┬──────┬──────┬──────┬──────┬──────┐    秘鲁
   西方   拜占庭  伊斯兰                         墨西哥
     科学—技术时代                               灭绝
    ┌──────┬──────┬──────┬──────┬──────┬──────┐
   美国   欧洲   俄国   伊斯兰  印度   中国   非洲人等
                         ↓
                   地球上人类唯一世界
```

同天下一

Great Unity Under Heaven

秦汉文明主题展
Civilization of Qin and Han Dynasties

（下）

陕西历史博物馆 编著

侯宁彬 主编

科学出版社
北京

Innovation:
The Demonstration of Cultural Power

Marked by the "Contention of a Hundred Schools of Thought", the Warring States period was closely followed by Qin and Han dynasties, the time of great accretion and innovation in the history of Chinese cultural development. The standardization of writing started a new chapter in the evolution of Chinese characters. It also laid the cornerstone for the perservation of Chinese culture. Under the guidance of Confucian political theory, various fields including history, literature, philosophy, cataloging, and geomancy science had seen substantial achievements. The rich diversity of arts reflected societal tranquility and harmony. Political stability and economic prosperity promoted the demonstration of cultural power and paved the way for Emperor Wu of Han to open the country's doors and disseminate Chinese culture.

第四章

创新
——文化力量的展现

经历了百家争鸣的战国时代，紧随而来的秦汉时期是中国文化发展史上大沉淀、大创新的时代。『书同文』翻开了中国历史发展的新篇章，奠定了中华文化一脉传承的基石；在儒家政治思想的指导下，史学、文学、哲学、目录学、堪舆学等取得了丰硕成果；多种形式的艺术创作，充分体现了社会的安定祥和。社会政治稳定，国力强盛，促进了文化力量的彰显，也为汉武帝时期打开国门传播文化思想创造了条件。

统一文字

　　"书同文"政策是中国历史上最重要的文字政策。秦始皇为巩固统治,一方面废除与秦文不同的六国文字,焚烧古代经典。另一方面编写正字课本,规范文字书写。他确立了小篆的通行字体地位,限制隶书的使用范围。"书同文"政策保障了政令畅通,提高了行政体系的工作效率,稳定了新生政权,也消除了战国时期汉字形体混乱的隐患,统一了汉字的笔画、偏旁,为汉字的笔画化和直线化奠定了基础。"书同文"为中华文明的传承和中华文化的传播翻开了新篇章。

　　汉初,统治者依然实行了严格的汉字律令。汉字书写不正确或不标准的官吏甚至会遭到罢免。

The Standardization of Writing

The standardization of writing stands as a pivotal policy in the history of Chinese writing system. On one hand, First Emperor of Qin abolished the scripts of the other six states and burned ancient classics in order to consolidate his reign. On the other hand, he commissioned the creation of standardized script textbooks and instituted writing regulations. He established the standardized status of Xiaozhuan script for widespread use while restricting the use of Li script to specific domains. The standardization of writing ensured unimpeded policy directives, enhanced administrative efficiency, stabilized the nascent authority, and resolved the irregularities in character forms prevalent during the Warring States Period. Furthermore, it unified the strokes and components of characters, laying the groundwork for the eventual regularization and linearization of Chinese characters. The standardization of writing marked a new era for the preservation and dissemination of Chinese civilization and culture.
In early Han Dynasty, the rulers maintained strict regulations on writing script, with officials facing dismissal for incorrect or non-standard writing.

春秋战国时期各系文字对比

齐系文字	燕系文字	晋系文字	楚系文字	秦系文字
齐系文字主要指齐国文字和鲁国的部分文字，这两国文字又影响了邾（zhū）、滕、薛、莒（jǔ）、杞、纪、祝、任等小国。鲁国文字简质拙朴，齐国文字则整齐美观。齐系青铜器铭文严整纤细，异体字繁多	燕国位于华北东部，国力较弱，偏安北方，其文字呈现出富有自身特色的北方风格。战国早期青铜器铭文结体方整，朴实谨严。晚期则用笔简率	晋系文字主要涵盖晋国（后分裂为韩、赵、魏三国）以及郑、卫等小国的文字。春秋末期的《侯马盟书》、战国时期的中山王诸器铭文等均属此列。晋系青铜器铭文的字体结构修长，笔画纤细精劲，富有装饰美。因为文字异体、任意繁简、偏旁挪动等现象较为常见，三晋文字的辨识难度较大	楚系文字流行于湖北、湖南地区，后期传播至长江下游、淮河流域乃至黄河下游部分地区。春秋时期的楚系文字字体颀长，较为规矩。战国时期文字风格发生变化，字向左右开张，往横势发展	秦系文字字形规范稳定，书体变化不大。金石题铭所用文字多为正体大篆，手写文字中异体字很少。总体来说，秦系文字较其他四系而言变化较少
陈曼簠（fǔ）铭文	"平阴都司徒"印文	栾书缶（fǒu）铭文	楚王酓（yǎn）章镈钟铭文	秦公簋（guǐ）铭文

峄山刻石（拓片）

◎ 秦
◎ 宽84厘米 ◎ 高218厘米
◎ 西安碑林博物馆藏

"廿六年"铜诏版

- 秦
- 长12.2厘米　宽6.6厘米
- 1989年陕西西安市公安分局移交

熹平石经（拓片）

- 汉
- 宽62厘米　高33.5厘米
- 西安碑林博物馆藏

学术成果

秦汉时期，学术领域的发展方兴未艾。司马迁和班固开创了史书体例的先河；散文、汉赋佳作绝唱频出，富于生气、反映时代的乐府民歌到处传唱；目录学和堪舆学也有了长足的发展。《汉书·艺文志》堪称秦汉时期学术成果的指导手册，其网罗了各类典籍，并将其分为六大类：六艺、诸子、诗赋、兵书、数术、方技，这是中国图书"六分法"的基础。对学术成果的整理和对天地规则的认识，体现出知识分子在庞大而复杂的零散知识中建立起秩序和系统的决心。

Academic Achievement

In Qin and Han dynasties, the realm of academia was flourishing. Sima Qian and Ban Gu established the paradigm of historiographical literature. A multitude of masterpieces in prose and "fu" poetry, brimming with vitality and echoing the spirit of the age, became widespread and the Yuefu folk songs gained enthusiastic popularity among the populace. There were also significant strides made in the disciplines of bibliography and the study of geomancy. The *Treatise on Literature* from *the Book of Han* served as a seminal guide to scholastic accomplishments of that era, comprehensively cataloging an array of ancient texts, which were further organized into six major categories: the Confucian Six Arts, the philosophers, poetries, military strategies, arithmetic, and divination (encompassing astrology, medicine, and physiognomy). This categorization laid the groundwork for the enduring "six divisions" approach in the Chinese bibliographic system. The systematic compilation of scholarly works and a deep understanding of the rules of heaven and earth illustrate the intellectuals' determination to bring structure and organization to the extensive and intricate knowledge of their time.

史学的发展

The Development of Historiography

● 秦到汉初时期，史学的思想主题是"过秦"——对秦的覆灭做出合理解释，并为新政权提供历史借鉴。从汉武帝开始，政治上空前的统一要求史家阐发"大一统"之义，"整齐百家杂语"的《史记》应运而生。作为中国历史上第一部纪传体通史，《史记》吸收了先秦以来的诸子学、史学以及人们对自然的各种认识，"究天人之际，通古今之变"，终而"成一家之言"。东汉时期，"宣汉"成为史学的主旨思想。班固将使当代君主"扬名于后世，冠德于百王"作为其书写目的之一，撰写出中国历史上第一部纪传体断代史——《汉书》。

● 秦汉时期是中国封建社会的成长时期，汉族形成，民族意识增长。这一时期的史学，既反映了中华民族形成发展的过程，又对多民族国家的历史认同走向统一起到积极的推动作用。

《史记》《汉书》体例图

史记
- 本纪 — 十二篇：按世序记述历代帝王的政绩和与之有关的大事
- 表 — 十篇：以表格形式写成的历代帝王和诸侯国简要大事记
- 书 — 八篇：有关历代典章制度的内容
  - 礼书
  - 乐书
  - 律书
  - 历书
  - 天官书
  - 封禅书
  - 河渠书
  - 平准书
- 世家 — 三十篇：主要记载各国王侯、汉朝功臣和历史上重要人物的事迹
- 列传 — 七十篇：主要是各种人物的传记，少数篇章叙述国外或国内少数民族君长统治的历史

汉书
- 纪 — 十二篇：从汉高帝至平帝的编年大事记
- 表 — 八篇：多依《史记》旧表，增加汉武帝以后的沿革，另新增《百官公卿表》和《古今人表》
- 志 — 十篇：在《史记》"八书"的基础上扩充发展而来
  - 礼乐志
  - 律历志
  - 天文志
  - 郊祀志
  - 沟洫志
  - 食货志
  - 地理志
  - 五行志
  - 刑法志
  - 艺文志
- 传 — 七十篇：依《史记》之法，以公卿将相为列传

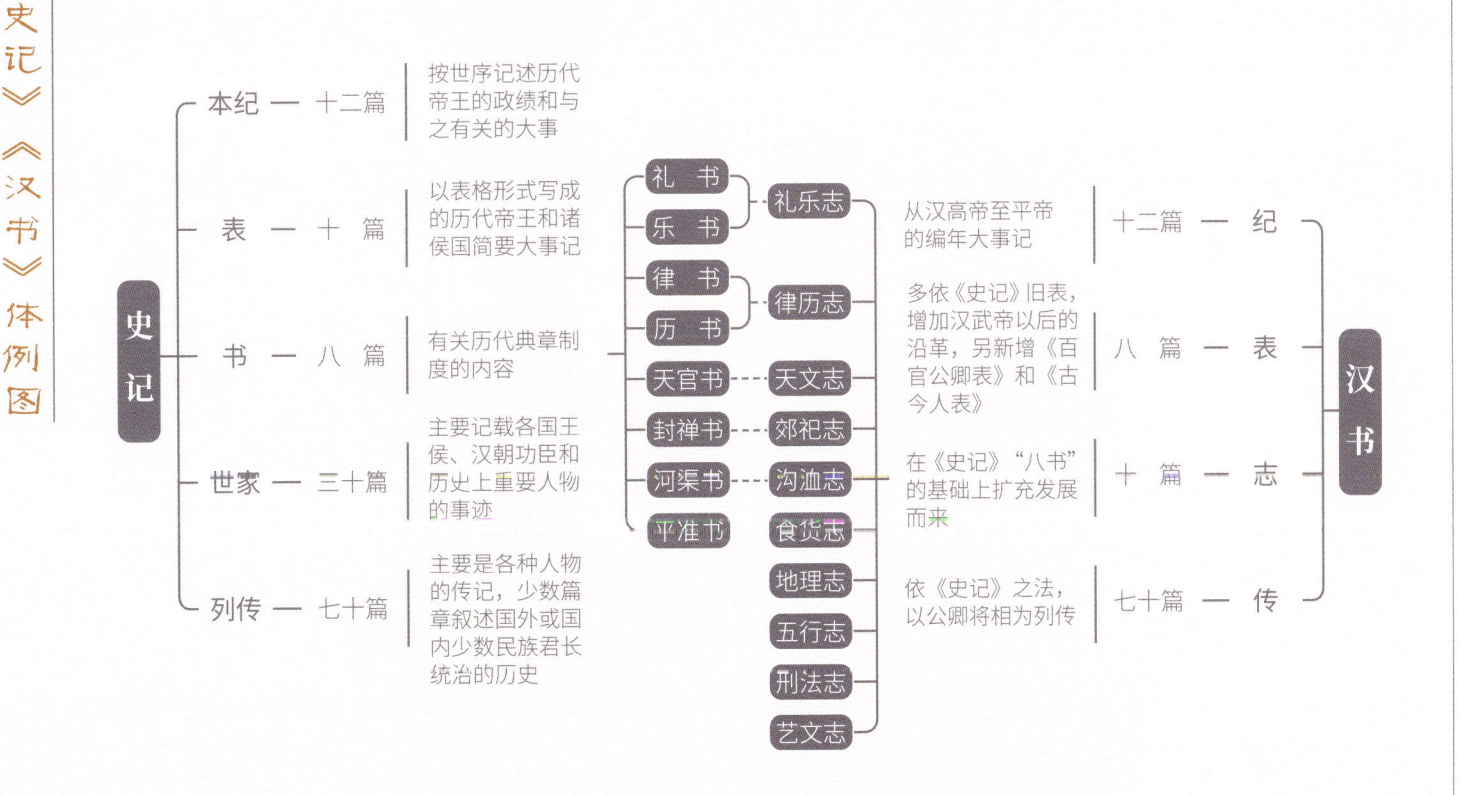

文物印证历史

　　本组文物将史籍原文与文物对应,试图达到对文字记载"肉白骨"的展示效果。汉城遗址出土的"元始五年"铜灯经历了汉平帝刘衎(kàn)帝王生涯的终结,铜蒺藜和"马失前蹄"创作画营造了激烈战斗的现场,龙纹铅饼的发现则补全了学者对史籍记载中"白金三品"的想象。

"元始五年"铜灯

◎ 汉
◎ 通高27.5厘米 ◎ 盘径16.7厘米
◎ 陕西西安汉城遗址出土

◎ 元始五年,即公元5年。元始是汉平帝刘衎的年号,刘衎即位时年仅9岁,朝政把持在大司马王莽手中。即位次年,改年号为元始。元始五年十二月,刘衎在未央宫去世,时年14岁。

天下同一——秦汉文明主题展

铜蒺藜（一组四件）
- 汉
- 通高4.2~5厘米

铜蒺藜是古代一种带尖刺的障碍物。战争中，将蒺藜撒布在隐蔽处，能够迟滞敌军的行动。《墨子》中就记载了蒺藜在城市防御战争中的作用。《汉书·袁盎晁错传》中，也有使用蒺藜布置陷阱守御边境要塞的描述。

带倒刺铜蒺藜
- 东汉
- 高3.6厘米

龙纹铅饼

◎ 汉
◎ 直径5.3~5.5厘米

◎ 《史记·平准书》和《汉书·食货志》中记载了汉武帝时期以"白金"为原料的特殊货币，上分别有龙、马、龟的纹饰，象征"天地人"三才，被称为"白金三品"。此类货币铸造使用时间较短，世人对其实物形态不甚了解。有学者认为，下图所示的龙纹铅饼可能是"白金三品"中的龙形币。

拥篲画像石

- 汉
- 长120～123厘米　宽36～38厘米　厚5.8～6.5厘米
- 陕西榆林绥德出土

上刻仙人对谈及拥篲门吏图案。"拥篲"指在客人来前将院子打扫干净，然后拥篲（篲同彗，即扫帚）站在门前，迎接客人的到来。这是汉代流行的迎宾礼仪。《史记·高祖本纪》中记载，刘邦的父亲也"拥篲"迎接成为帝王的刘邦，以显示天子地位。

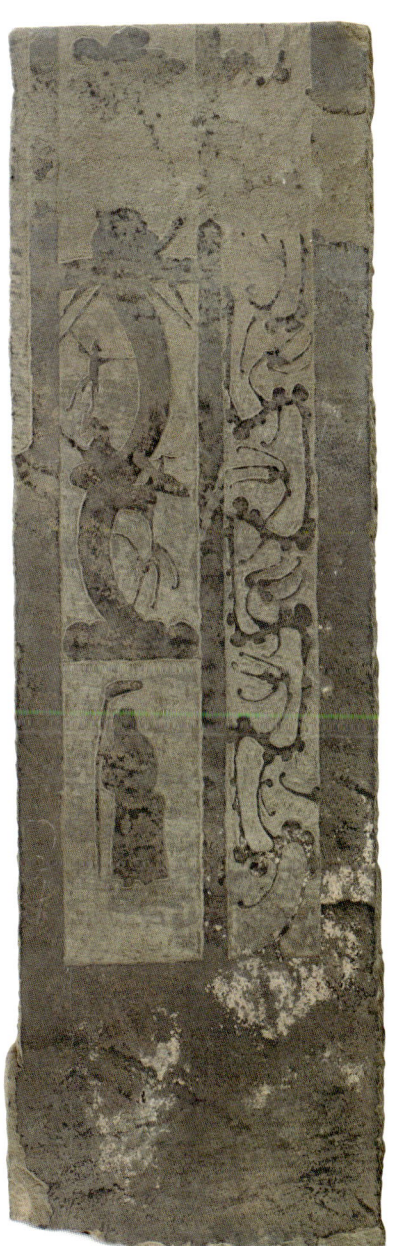

文学的兴盛
The Flourishing of Literature

● "文必秦汉,诗必盛唐。"秦汉时期,形成了古代中国的国家意识和社会结构,也奠定了中国文学的基本格局。散文是古代不押韵、不重排偶的散体文章。《过秦论》《论贵粟疏》《谏逐客书》等,都是卓有见地的政论散文。赋,是介于散文和诗之间的一种文体,在汉代发展到巅峰,诞生出如寓意感慨的《鹏(fù)鸟赋》,辞藻华美的《上林赋》和简短言志的《归田赋》等诸多名篇。乐府诗是由主管音乐的官署乐府搜集、整理的诗歌,多是文人歌功颂德的诗歌或者采集来的民歌。其中,民歌记录了丰富的社会内容,并具有相当的思想性与艺术价值。

天下同一——秦汉文明主题展

君未睹夫巨丽也,独不闻天子之上林乎?
……
于是乎离宫别馆,弥山跨谷,高廊四注,重坐曲阁,华榱(cuī)璧珰(dāng),辇道纚(lí)属,步欐(yán)周流,长途中宿。

——司马相如《上林赋》

低回阴山翔以纡(yū)曲兮,吾乃今目睹西王母?
……
必长生若此而不死兮,虽济万世不足以喜。

——司马相如《大人赋》

尔乃龙吟方泽,虎啸山丘。

——张衡《归田赋》

麀(yōu)鹿濯(zhuó)濯,来我槐庭。食我槐叶,怀我德声。质如细缛,文如素蕤。

——公孙诡《文鹿赋》

创新——文化力量的展现 Innovation: The Demonstration of Cultural Power

《子虚上林图（局部）》明 仇英 台北故宫博物院藏

鹏似鸮（xiāo），不祥鸟也。

——贾谊《鹏鸟赋》

若其雅步清音，远心高韵，鹓（yuān）鸾已降，罕见其俦。

——张衡《鸿赋》

行者见罗敷，下担捋髭须。少年见罗敷，脱帽著帩头。耕者忘其犁，锄者忘其锄。

——佚名《陌上桑》

指如削葱根，口如含朱丹。纤纤作细步，精妙世无双。

——佚名《孔雀东南飞》

北方有佳人，绝世而独立。

——李延年《李延年歌》

文物记载历史

汉赋是汉朝流行的赋，由《楚辞》发展而来，吸收了荀子《赋篇》的体制，外加纵横家的夸张手法，形成一种兼有诗歌与散文特征的文学形式。汉赋有大赋与小赋之分，大赋多写宫廷生活，小赋富于抒情描写。本组文物选取汉赋代表作品与文物相对应，意在实现"文物形象"与"文学想象"的串联。

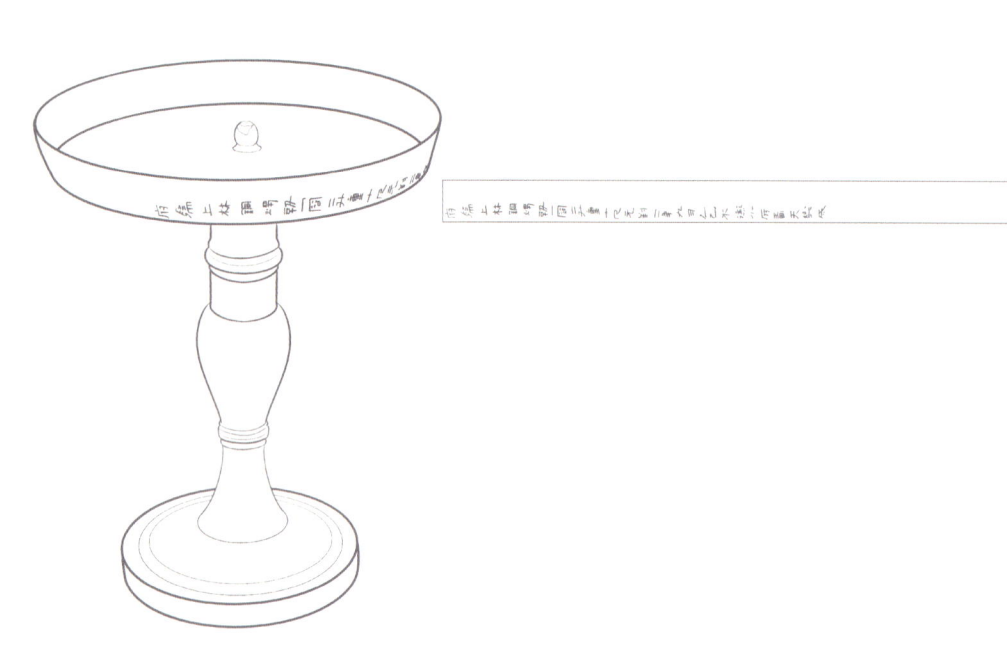

铜灯

- 汉
- 口径18厘米 ● 通高22.2厘米

○ 该铜灯上刻铭文，铭文内含"上林"二字。秦代已有名为"上林"的宫苑，汉代皇室在此基础上加以扩建，改造成了当时京畿地区规模最大的游乐性园林。上林苑中分布着大量宫观陂池、植物园、兽圈、猎场、马厩、牧场等，还有一些作坊工场，具有狩猎、求仙、生产、游憩、居住、娱乐，乃至军事训练等多重功能。

○ 汉代著名文学家司马相如的《上林赋》中，就描写了上林苑的宏大奢靡。

雁首铜壶

◎ 西汉
◎ 底径12厘米 ◎ 宽22厘米 ◎ 高40厘米

青龙纹瓦当

- 汉
- 直径18.9厘米
- 陕西西安西郊小土门出土

汉赋中有以动物为主体,或以之为意象来寄托情志的作品。在天人感应学说和谶纬理论的影响下,动物的祥瑞和禁忌文化发展起来。作为神兽的龙,也成为文学家的写作主题,如刘琬著有《神龙赋》,马融著有《龙虎赋》。

铜虎镇
- 汉
- 长7.9厘米 通高4.7厘米
- 陕西西安临潼吴口镇出土

铜虎镇
- 汉
- 长7.9厘米 通高4.8厘米

绿釉陶伏鹿尊

◎ 东汉
◎ 长28厘米 ◎ 通高19厘米
◎ 1956年河南陕县刘家渠8号墓出土

◎ 在汉代，鹿被视为瑞兽。公孙诡的《文鹿赋》通过描写梁孝王庭院中鹿的美好形象和良好境遇，来比拟自己蒙梁孝王之恩，以及对其感恩戴德的心情，赞美梁孝王盛德之人恩德泽于禽兽草木。

褐釉陶鸮（xiāo）（一组两件）
- 汉
- 通高20厘米
- 陕西西安郊区出土

猫头鹰，又称鸮，在汉赋中代表着凶残、不祥的形象。《神乌赋》描写了猫头鹰残害弱者的故事，用禽鸟之争来暗示人之斗。《鵩鸟赋》则用猫头鹰飞入屋中的现象作为凶兆，显示作者吉凶难测的困扰。

文物解读历史

"乐府"本指管理音乐的官府,起源于秦代,是秦的音乐官署。汉代,汉惠帝设"乐府令",汉武帝扩大"乐府署"的规模,掌管俗乐,收集民间的歌辞入乐。这些民歌,"缘于哀乐,感事而发",生活气息浓厚,真实反映了当时人民的生活。

彩绘陶女立俑
◎ 汉
◎ 通高43厘米

◎ 该女俑身姿窈窕,体态娴静,体现出两汉时期对女性的审美取向。

◎ 汉代的乐府诗歌中多次出现对当时女性的描写。《陌上桑》塑造了"秦罗敷"这一经典的女性形象。"行者见罗敷,下担捋髭须。少年见罗敷,脱帽著帩头。耕者忘其犁,锄者忘其锄。来归相怨怒,但坐观罗敷。"通过对他者行为的描述,生动诙谐地勾勒了罗敷之美。

彩绘陶跽坐女俑
- 汉
- 通高34厘米
- 陕西西安姜村出土

哲学的使命
The Mission of Philosophy

● 秦汉时期的哲学，是历经先秦时期的百家激荡后，综合形成的中国化思想模式，是"大一统"格局下的产物。士大夫阶层正努力建立一个与"大一统"的人间秩序互为表里的认知体系。先秦时期的多种信仰，经过与方术的整合、重组，最终形成了深入人心的神道系统。秦始皇、汉武帝希求的长生不老，普通人相信的生死轮回，都是他们对生死的哲性思考。人们对长生的不懈追求渗入生活的方方面面。

董仲舒《春秋繁露》："天地之气，合而为一，分为阴阳，判为四时，列为五行。"

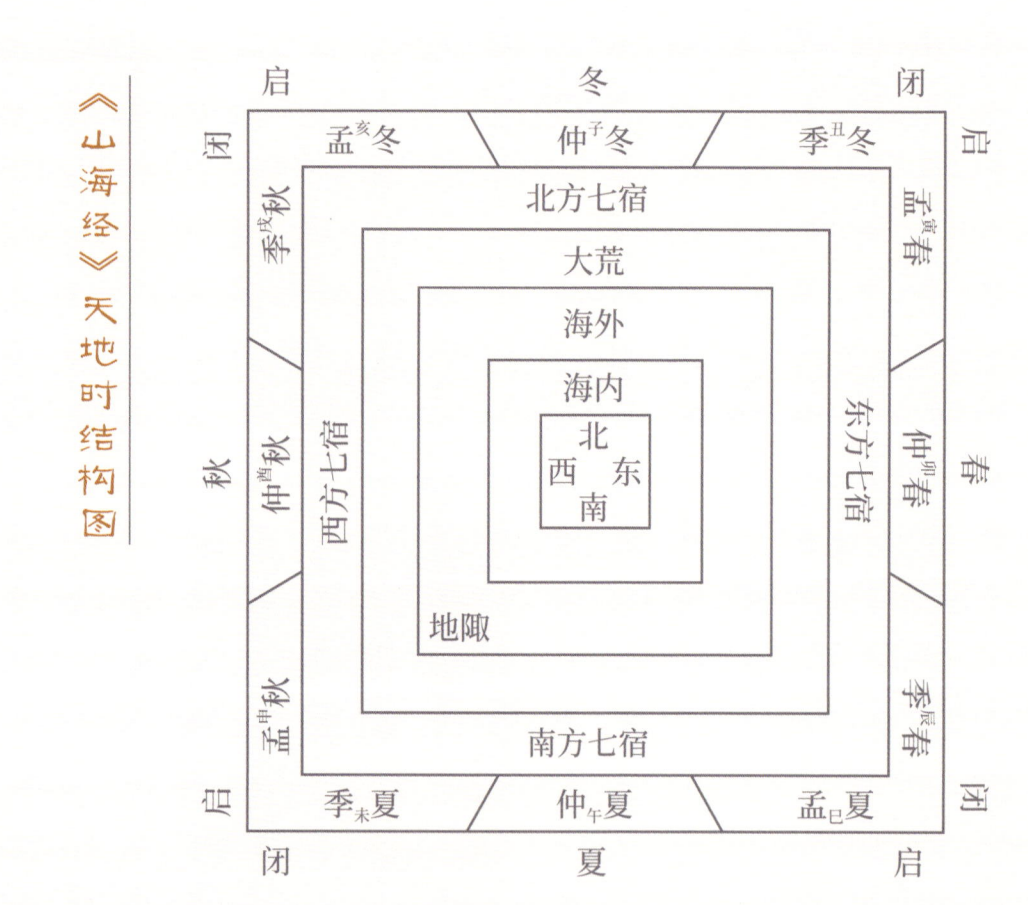

《山海经》天地时结构图

西王母

西王母最初是一个半人半兽的凶神,《山海经》记载:"西王母其状如人,豹尾虎齿,善啸,蓬发戴胜,是司天之厉及五残。"在这里,西王母是掌管天厉、五刑、残杀的神,它的神迹也只有赠后羿不死药的一个片段。

到《穆天子传》里,西王母被描绘成为一个雍容平和、仁慈善良、能唱歌会作诗的圣女。而在《汉武帝内传》《汉武故事》等书里,她又变成一位"年三十许,修短得中,天姿掩蔼,容颜绝世"的女仙。这样的西王母形象,成为后世以及由此发展而成的王母娘娘的固定状貌。向汉武帝赠仙桃的神迹,也开王母娘娘蟠桃会的先声。在汉代人的心目中,西王母是一位保护神,不仅生前要靠她的保护,死后也要祈求她的庇护。

陕西定边郝滩汉墓出土场面宏大的西王母界神兽乐舞图

羽人

羽人,是神话中的飞仙。《楚辞·远游》:"仍羽人于丹丘兮,留不死之旧乡。"大意是:追随羽人到丹丘(传说中的仙境之地,昼夜长明),留在这长生仙境。

文物延续历史

人间、死后的世界、仙人的世界这三界相互对应、转化、影响，显示出秦汉哲学对万物的统合。

"东井灭火"灰陶井栏

- 汉
- 长23厘米　宽17.5厘米　高11.5厘米
- 1953年前金石书画学会移交

○ 此件灰陶井上有铭文"东井灭火"。"东井"为星宿名，指二十八宿之一的井宿。古人认为"东井"掌管水事，其铭文的出现能起到防火的作用。

○ 《史记·张耳陈余列传》记载："甘公曰：'汉王之入关，五星聚东井。东井者，秦分也。先至必霸。楚虽彊，后必属汉。'"显示出古人试图通过星宿与地域的对应关系来判断人事的兴亡成败。

"日利"陶残片

- 汉
- 最长8厘米 宽6厘米
- 陕西西安未央宫遗址出土

该陶残片上有铭文"日利"。"日利"是汉代的吉语,有每天都吉祥顺利之意,显示出时人追求美好生活的愿望。

左门柱画像石

- 汉
- 长138厘米　宽32厘米
- 陕西榆林绥德出土

上刻头戴三山冠的东王公坐于华盖下。两汉时期,东王公作为西王母的配偶,是西王母形象衍生出的"镜像"。东汉后期,在道教思想的发展下,东王公成为掌管蓬莱仙山的神仙,其形象才得以脱离西王母,独立存在。

右门柱画像石

- 汉
- 长142厘米　宽32.5厘米
- 陕西榆林绥德出土

上刻图案为头戴三山冠的西王母坐于悬圃上,面向左接受仙人献瑞。汉代,西王母成为时人的保护神。她和东王公象征着"阴阳",左右分立在墓室门柱之上。

鸟兽纹画像石
- 汉
- 长178厘米 宽34.5厘米
- 陕西榆林绥德出土

上刻珍禽行进图，有题记："立鹝""乌三足""皇鸟""雉白首"，皆为祥瑞的象征。如"乌三足"为传说中在西王母身边为其取食的三足青鸟，汉画像石中涉及三足乌的部分，很多都和墓主人升仙有关，显示出汉人对升仙的执著追求。

博局镜

- 西汉
- 直径11.7厘米

重列神人镜
- 魏晋
- 直径17.3厘米
- 陕西西安郊区出土

绿釉陶樽

- 汉
- 口径19厘米 高24.6厘米

黄釉陶樽

- 汉
- 高27厘米
- 陕西西安北关董家窑厂出土

目录学的兴起
The Rising of Bibliography

● 目录学是整理各种图书,概括其内容,梳理学术流派,确定图书类别,编制目录的学问。人们甚至可以通过目录学的成果,去了解已经失传的古籍。

● 我国第一部目录学著作是西汉学者刘向编写的《别录》。刘向对图书进行了分类整理并校勘异本,且每校完一书,就梳理其篇目,编撰其内容提要,最后集成《别录》二十卷。刘向去世后,他的儿子刘歆继承父业,在《别录》的基础上编写了《七略》,这是我国第一部系统的综合性国家藏书目录。

刘向校理《管子》参阅的书籍

书 名	数 量
仇中《管子书》	389篇
大中大夫卜龟书	27篇
臣富参书	41篇
射声校尉立书	11篇
太史公书	96篇
合计	564篇

堪舆学的蓬勃

The Prosperity of Geomancy

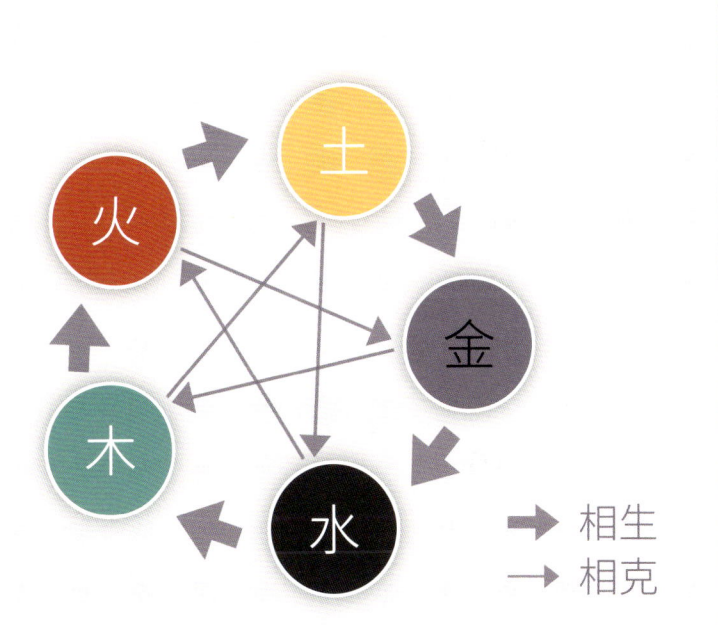

● 堪舆一词出自《史记·日者列传》："堪,仰观天;舆,俯察地。"堪舆学是研究天地的学问,天文与地理都属于它的观察范畴。我们更熟悉它的另一个名称：风水学。这门学科,为人类的基本营建活动——住宅与坟墓的吉凶趋避,提供了理论解释和实践指南。

● 秦汉时期是风水理论的形成时期。四时、四方、天干、地支、律令等表明了时空与方位,阴阳、五行、八卦阐释着事物发展变化的规律。这些要素之间的关系,构建了秦汉人眼中认识世界的基本思维方式。这一时期的堪舆学著作,既有讲述地理知识体系的《青囊经》,也有记载神异故事的《山海经》等著作。

五行、五方、五色对应图

五行相生、相克图

→ 相生
→ 相克

七乳神兽镜
- 汉
- 直径18.7厘米
- 陕西西安王家坟897工地9号墓出土

羽人博局纹镜
- 汉
- 直径19厘米
- 陕西宝鸡李家崖工地17号墓出土

四神纹染炉

- 汉
- 通高10.9 厘米

该件染炉是炊食器具，以四神作为镂空炉架，在使用过程中会散发袅袅炊烟，在炉身周围形成一种仙气缭绕的氛围，显示出汉人对仙人的信仰和长生的渴望。

四神纹瓦当（一组四件）

◎ 汉
◎ 直径15.5～19厘米
◎ 1953年西北文化局移交

◎ "四神"，也被称为"四象"或"四灵兽"，是我国古代天文学用以表现星空二十八宿布列方式的形象图案。把天文上的"四象"挪到地面上让它们驱邪，使之神化，与当时阴阳五行的盛行有关。王充《论衡》中提到，"宅中主神有十二焉，青龙白虎列十二位"，可见"四神"和堪舆学中宅法的联系。朱雀、青龙、玄武、白虎作为守护住宅的神兽，为人们所信奉。汉人将四神图案装饰在瓦当上，以求镇卫四方、驱除邪恶。

◎ 白虎代表西方，对应白色，象征二十八宿中奎、娄、胃、昂、毕、觜、参七宿。

◎ 玄武是由龟和蛇组合成的一种灵物，代表北方，对应黑色，象征二十八宿中斗、牛、女、虚、危、室、壁七宿。

◎ 青龙位居"四神"之首，代表东方，对应青色，象征角、亢、氐、房、心、尾、箕七宿。龙一直以来都是我国人民心中具有神意、变化莫测、能控制雨雷且有利于万物生长的动物。它在古人心目中是至高无上的，是神灵和权威的象征。

◎ 朱雀也作凤，代表南方，对应红色，象征二十八宿中井、鬼、柳、星、张、翼、轸七宿。

宅法与铺首

宅法是风水术的重要组成部分，它将人的命运和住宅联系在一起，指导人判断住宅的凶吉，避免居住的禁忌。秦汉时期的堪舆学说中，"门"占有相当重要的地位。《日书》记载，门的修建必须祭之以牲，并且依据方位的不同配合不同的颜色。由于门对吉凶的影响，有避邪寓意的铺首应运而生。铺首是大门上衔门环的底座，有云龟蛇形、螭形、龙蛇形等。

鎏金铜铺首

◎汉
◎宽10.5厘米 ◎通高9厘米

◎铺首是附着于门户上的构件，既能实现拉门、叩门的实用功能，又能起到装饰作用。门上的铺首多作兽首衔环状，这里的兽既具有守护家宅的职能，又兼有祈求吉祥的意味。该铺首采用鎏金工艺制成，可见使用者对其的重视。鎏金工艺要将金和水银按照1:7制成金汞剂，涂抹在铜器表面，然后加热让其中的水银蒸发，而金附着于器物表面不变，最后再抛光鎏金面，使之平整光滑，有金属光泽。

魂瓶

趋吉避凶的方法是堪舆学的重要组成部分，由此衍生出厌胜、符镇等一系列解除之术。两汉墓葬中出土的镇墓之物，是当时堪舆理论盛行的实物例证。魂瓶的主要作用是约束亡者，除去各种灾殃，确保冢墓安宁，庇佑子孙后世。

魂瓶中常装有与五行相对应的"五石"[慈、礜（yù）、雄黄、曾青、丹沙]，以增强镇墓的效果。如咸阳教育学院2号汉墓出土的魂瓶上就有瓶中放置"五石"的记载。

咸阳教育学院2号汉墓出土魂瓶上的朱书"五石"

朱书陶魂瓶

◎ 东汉
◎ 口径9.8厘米 ◎ 底径9.8厘米 ◎ 高21厘米
◎ 1959年陕西渭南潼关吊桥杨氏墓群出土

◎ 上有朱书："中央雄黄，利子孙，安土。"中央与雄黄的对应关系显示出五行思想在当时的影响。该陶瓶是附有"解除文"的魂瓶。一般来说，在墓中放置此类陶瓶，意在安慰并约束逝者，并为生者祈福。魂瓶在汉代的使用相当普遍，太尉杨震作为官僚中极有名望者亦不能免俗。

《山海经》

《山海经》是古代的地理名作，作者不详，共十八卷，记述了河流、民族、植物、动物和矿产等知识。还记载了诸如"夸父逐日""羲和浴日""后羿射日""精卫填海"等远古神话传说，堪称"史地之权舆，神话之渊府"。

与现今流行的文字版本不同，《山海经》最早由图片和文字组成，但这一版本在晋代以前就遗失了。据学者推测，在汉代，《山海经》记载的奇异现象和怪鸟奇兽，能够指导人们通过识别超自然事物，了解各类天灾（洪水、旱灾、风暴、大火、瘟疫、蝗灾等）发生的预兆。

《山海经·五藏山经》方位图

《史记》中的堪舆典故

樗（chū）里子者，名疾，秦惠王之弟也，与惠王异母。母，韩女也。樗里子滑稽多智，秦人号曰"智囊"。

……

昭王七年，樗里子卒，葬于渭南章台之东。曰："后百岁，是当有天子之宫夹我墓。"樗里子疾室在于昭王庙西渭南阴乡樗里，故俗谓之樗里子。至汉兴，长乐宫在其东，未央宫在其西，武库正直其墓。秦人谚曰："力则任鄙，智则樗里。"

——《史记·樗里子甘茂列传》

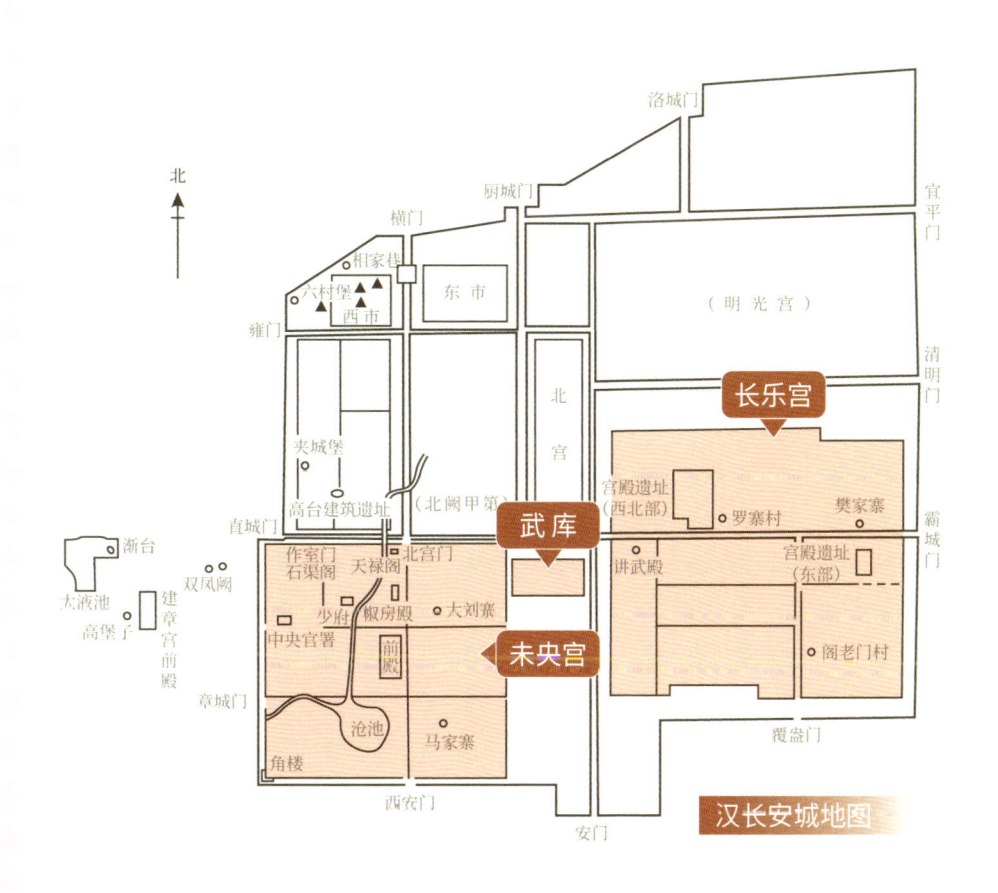

汉长安城地图

艺术之光

广大之美，是秦汉审美文化的精魄。大一统时代孕育出的博大眼界、宏大胸襟和雄大气魄是秦汉艺术生发的土壤。体型高大的秦兵马俑、规模庞大的汉陶俑群彰显了秦汉的气概。简练稚拙、大气传神的画像石昭示了秦汉的气魄。高亢的乐曲和奔放的舞蹈传递了秦汉的气息。艺术，亦是时代的无字史书。

有赖于发展成熟的写实风格和生机勃勃的民间趣向，秦汉艺术呈现出大而不空的扎实面貌。在"事死如事生"观念下孕育出的墓葬艺术，成为我们了解秦汉生活的重要渠道。

The Splendor of Art

The aesthetic culture during Qin and Han dynasties epitomized a sense of grandeur and expansiveness. The era of Great Unification nurtured a broad vision, vast ambition, and bold spirit, forming the fertile soil from which Qin and Han art burgeoned. The magnificent terracotta soldiers of Qin and the extensive pottery figurine groups of Han exemplified the spirit of this period. The simple yet vigorous and evocative stone reliefs conveyed the dynasties' bold style. Resonant music and passionate dances communicated the essence of Qin and Han. Art, in its own right, served as the unwritten historical tome of its time.

Owing to a well-developed realistic style and vibrant folk elements, art from Qin and Han dynasties presented a broad yet solid appearance. Tomb art, emerging under the philosophy of "treating the deceased as the living", offers a vital insight into life during Qin and Han eras.

秦风汉韵

The Artistic Conceptions of Qin and Han

● 社会稳定，经济发展，秦汉时期物质生活的繁荣是历史发展的必然结果。技术的进步，促使具有实用功能的器物在美学表达上也拥有了更高的自由度。本土与外来、宫廷与民间、自然与超自然等要素，进一步丰富了秦汉艺术的主题与表达形式。洗练的线条、明快的色彩、富有生气的形体，塑造出独属于秦汉的风韵气象。

线条

作为构成画面的基本元素，线条拥有千万种可能。同样的笔画下，秦篆雄浑，汉隶劲利。粗细、长短、间隔、节奏，书法的玄妙，由线条织就。将器物拆解出轮廓和纹样，轮廓是线条提炼的概要，纹样则是线条飞舞的韵律。

一条直线，架构出陶仓顶部的屋脊，变幻出铜镜背面的规矩。一条曲线，缠绕出瓦当的云气，铺陈出湖海的浪涛。玉石陶土上的简练轮廓，既是细致观察后对自然的精确概括，也是千百年后依旧通行的符号之美。

陶兽形研子

- 汉
- 长3厘米 ◎ 宽3厘米 ◎ 高2.8厘米

石砚

- 汉
- 直径11厘米
- 陕西西安洪庆村出土

重圈昭明镜

- 汉
- 直径15.5厘米
- 陕西西安枣园出土

该铜镜的镜背有两层圈带铭文，故称"重圈"。昭明镜命名与其铭文有关，因铭文字数较多，完整的铭文并不多见。较为完整的镜铭一般为"内清质以昭明，光辉象夫日月，心忽穆而愿忠，然雍塞而不泄兮"，因工匠水平和镜面规格等各种原因所限，镜铭经常出现衍文和脱文现象。

重圈昭明镜

- 汉
- 直径18厘米
- 陕西商洛商县出土

"清河"铜鼎

- 汉
- 口径22.3厘米 通高23.9厘米
- 1956年王耀堂捐

"赵氏"铜鼎

- 汉
- 口径19.1厘米 通高19.5厘米
- 陕西西安西郊中兴路红庙坡北出土

线条之美

　　本组文物着重展示线条，通过连续、重复、对称等设计手段，小小线条富有万千变化，生动概括出了所表达对象的特征，极易辨识。酷似简笔画的线条背后，是古今通用的设计语言。

扑满
- 汉
- 口径5厘米 高9.5厘米
- 1952年李宏容捐

陶囷（qūn）

- 汉
- 高21厘米
- 陕西咸阳石桥乡出土

八乳四花瓣并蒂纹镜

◎ 汉
◎ 直径15.5厘米

◎ 此铜镜以桃形花苞围绕的乳钉为顶点，以镜纽为中心呈"十"字交叉。在植物式纹样的划分下，整个铜镜呈"米"字形，使得布局呈现出了东、南、西、北、东北、东南、西北、西南八个方位。严谨对称的布局和结构也使汉镜呈现富于节律的美感。

创新——文化力量的展现　Innovation: The Demonstration of Cultural Power

五铢龙虎纹镜
西汉
直径11厘米
陕西西安高楼村汉墓出土

云纹瓦当
汉
直径15厘米
陕西西安长安区出土

黄釉陶樽

◎ 汉
◎ 口径22厘米 ◎ 高16厘米
◎ 陕西西安西郊小土门村出土

石门柱画像石
- 汉
- 宽33厘米 高139厘米
- 陕西榆林绥德出土

石门柱画像石
- 汉
- 宽33厘米 高140厘米
- 陕西榆林绥德出土

工艺之美

汉八刀是中国古代治玉工艺中一种独特的阴线雕琢法。这种技艺在战国晚期玉璧上已经出现,汉代多见,常表现在玉蝉、玉猪、玉翁仲及一些夔龙、夔凤纹玉璧上。其工艺手法并非名称说的那样以八刀雕琢而成,而是一种斜砣方法的使用,又称"大斜刀"。砣锋犀利,一气呵成,几乎不见砣的连接痕迹,阴线底部也抛光蹭亮,给人以刀片切的感觉,看起来十分简练利落。

玉猪
◎ 汉
◎ 长11.5厘米
◎ 1959年陕西咸阳南上召村附近出土

玉蝉
◎ 汉
◎ 长4.7厘米 ◎ 宽2.6厘米
◎ 1955年陕西省文管会移交

◎ 蝉有饮而不食、蜕壳再生的习性。在汉人观念中,将玉石制作成蝉形,放入逝者口中,能帮助其蜕变再生。

◎ 该件玉蝉线条流畅有力,刀刀见锋,后人将这种简练的装饰手法称为"汉八刀"。

青玉云头纹剑璏（zhi）
- 汉
- 长8.3厘米 宽2.4厘米 高1.4厘米

双鱼纹铜洗
- 汉
- 口径34厘米 高7.9厘米
- 1991年陕西西安文物库房拨交

陶鱼
- 东汉
- 长8厘米 高3厘米
- 陕西韩城芝川镇东汉墓出土

陶青蛙
◎ 东汉
◎ 长7厘米 ◎ 宽4.5厘米
◎ 陕西韩城芝川镇东汉墓出土

陶乌龟
◎ 东汉
◎ 长7.5厘米 ◎ 宽6.5厘米
◎ 陕西韩城芝川镇东汉墓出土

画像之美

画像石是地下墓室、墓地祠堂、墓阙和庙阙等建筑上雕刻画像的建筑构石，也是秦汉艺术中的重要门类。通过平面线条的勾勒，画像石展示了当时社会生活和物质文化的方方面面。

门楣画像石
- 汉
- 长190厘米 宽42厘米 厚6厘米
- 陕西榆林绥德出土

创新——文化力量的展现 Innovation: The Demonstration of Cultural Power

门楣画像石
- 汉
- 长200厘米 宽32.5厘米
- 陕西榆林绥德出土

左门柱画像石
- 汉
- 宽25厘米 高125厘米
- 陕西榆林绥德出土

右门柱画像石
- 汉
- 宽26厘米 高126厘米
- 陕西榆林绥德出土

色彩

色彩是视觉最鲜明的表达。强烈色彩之于眼,一如铿锵节奏之于耳,让人无法忽视。秦汉时期的色彩,风格厚重、艳丽。受五行五色理论的影响,"金、木、水、火、土"对应的"白、青、黑、赤、黄"成为广泛使用的装饰色彩。在古人的观念中,这五种"正色"代表了构成宇宙自然的基本要素,因此拥有了比其他颜色更为崇高的地位。

秦汉传统颜色及其颜料来源

颜　色	原　料
白色	白垩(碳酸钙或矽酸铝)、铅粉(铅的化合物)、蛤粉(碳酸钙和磷酸钙)
绿色	石绿(孔雀石)
青色	石青(蓝铜矿)
黑色	松烟(松枝等的燃烧粉末)、石墨(煤炭等黑色矿物)
红色	朱砂(硫化汞)
赭色	赭石(氧化铁)
黄色	石黄(铬酸铅)、雄黄(二硫化二砷)、雌黄(三硫化二砷)

汉赋中的颜色

汉赋中的颜色主要涉及白、青、黑、赤、黄五大类,每一类色系下又划分出深浅、亮度不同的具体颜色。

白色系:白、素、皓、皎、皑、皦。
青色系:青、绿、翠、碧、缥、苍、綦、葱。
黑色系:玄、黑、卢、缁、皂、黯、黵。
赤色系:朱、赤、彤、红、赭、绛、丹、紫、缇、绀、頳、赮、緅。
黄色系:黄、金、缃。

漆猪

◎ 春秋·秦
◎ 残长37厘米
◎ 陕西宝鸡凤翔秦公一号大墓出土

◎ 这件春秋时期的漆猪，出土于秦公一号大墓，是陕西鲜见的漆木器，黑漆为地，上施红彩。陕西是中国四大生漆产地之一，但却因为环境过于干燥，鲜有漆器出土。这件漆猪保存完整、形态生动、彩绘细腻，体现了秦人高超的漆器制作工艺水平。

色彩之美

本组选取秦汉代表性的五色文物进行展示。五色审美是中国传统美术中重要的审美体系，汉代是五色审美的奠基时期。五行学说的流行，促进了与之对应的"五色"在艺术领域的大量运用。

黄釉陶鼎
汉
口径14厘米　高15.1厘米

"黄，晃也，犹晃晃象日光色也。"黄色在五行中与土元素对应，象征中央。该鼎通体施黄釉，釉色饱满。汉代陶器上所施黄釉多为低温铅黄釉，呈黄褐色或深黄色，色彩如此明亮饱满的器物较为少见。

绿釉陶罐

◎ 汉
◎ 口径8.9厘米 ◎ 底径7.3厘米 ◎ 高12.5厘米

◎ "青，生也，象物生时色。"青色在五行中与木元素对应，象征东方。传统意义上的青色，是一种介于蓝、绿之间的颜色。

彩绘陶男立俑

- 西汉
- 高72.5厘米
- 陕西咸阳韩家湾狼家沟出土

"白,启也,如冰启时色。"白色在五行中与金元素对应,象征西方。

彩绘陶男立俑
◎ 西汉
◎ 高50厘米
◎ 1972年陕西咸阳杨家湾汉墓陪葬坑出土

◎ "黑，晦也，如晦冥时色也。"黑色在五行中与水元素对应，象征北方。

陶釜

◎ 西汉
◎ 口径9.7厘米 ◎ 通宽20.2厘米 ◎ 通高13.6厘米
◎ 陕西咸阳泾阳大堡子墓地出土

◎ "赤,赫也,太阳之色也"。赤色在五行中与火元素对应,象征南方。

绿釉独角兽

◇ 汉
◇ 长39.5厘米 ◇ 高28.1厘米
◇ 1978年陕西汉中勉县汉墓出土

绿釉陶鼎

- 东汉
- 宽25厘米 高18.5厘米

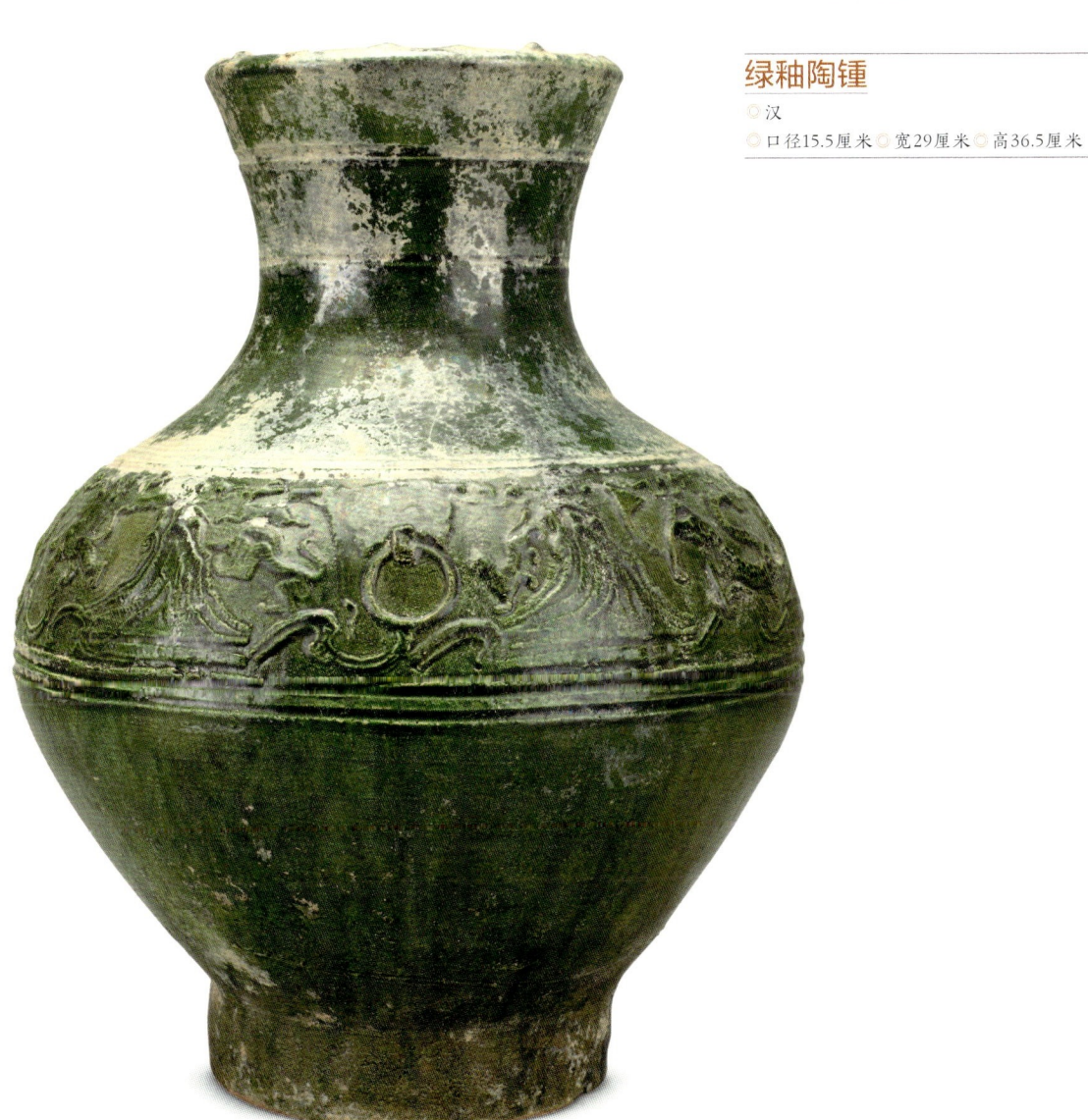

绿釉陶锺
- 汉
- 口径15.5厘米 ◎ 宽29厘米 ◎ 高36.5厘米

陶灶

- 汉
- 长17.5厘米 宽15厘米 高9厘米
- 陕西西安北郊福临门出土

陶灶

- 汉
- 长20.4厘米 宽13.2厘米 高9.8厘米
- 陕西西安北郊尤家庄出土

彩绘陶盒盖

- 西汉
- 直径16厘米
- 陕西咸阳泾阳大堡子墓地出土

彩绘陶囷（qūn）
◎ 汉
◎ 口径8厘米 ◎ 高36厘米
◎ 陕西咸阳泾阳大堡子墓地出土

形体

　　当器物脱离实用功能，其形体就被寄寓了更多精神层面的意义。墓葬中出土的大量明器雕塑，体现出秦汉的时代精神与审美取向。孔武有力的武俑、娴静坚定的女俑、昂首长嘶的战马和活泼生动的家畜，共同构成了统一、安定、开拓、繁荣的秦汉时代图景。

陕西咸阳杨家湾汉墓出土骑兵俑线描图

陕西咸阳杨家湾汉墓出土立俑线描图

彩绘陶骑兵俑

- 汉
- 通高66厘米 长46厘米
- 1965年陕西咸阳杨家湾村北出土

形体之美

活泼生动的动物造型雕塑，展现出秦汉社会物质生活的繁荣。

各色人物俑，展示了多彩的秦汉社会。温婉娴静的女俑，展示了秦汉生活的安定。孔武有力的武俑，显示了"大一统"国家的力量。庖厨俑、胡人俑、俳优俑等，则说明了多元文化的勃勃生机。

彩绘陶骑兵俑
- 汉
- 通高67厘米 长54厘米
- 1965年陕西咸阳杨家湾村北出土

彩绘陶骑兵俑

◎ 汉
◎ 通高65厘米 ◎ 长54厘米
◎ 1965年陕西咸阳杨家湾村北出土

彩绘陶跽坐女俑
◎ 汉
◎ 高32.8厘米

彩绘陶男立俑
- 汉
- 高57.8厘米
- 1991年陕西咸阳调拨

彩绘陶跽坐男俑
- 汉
- 高21厘米
- 1956年陕西咸阳西北苏家村出土

庖厨俑
- 汉
- 高10.1厘米

该人俑立于案前，右手抬起，作切鱼状。其姿态极富生活气息，显示出汉代塑像生动而富于趣味的特点。

绿釉夹坛胡人俑
- 汉
- 高6.4厘米
- 1955年西安市文管会交

俳优铜镇
- 汉
- 高8.6厘米

俳优铜镇
- 汉
- 高8.5厘米

○ 该铜镇应为席镇。两汉时期，人们席地而坐，席镇用来压住席子的边角。

○ 俳优是古代以乐舞戏谑为生的艺人。该组铜镇形象生动，人物坐姿轻松随意，器物造型与功能相映成趣。

俳优铜镇
- 汉
- 高7.5厘米

俳优铜镇
- 汉
- 高8厘米

陶猪
◎ 汉
◎ 长11.5厘米 ◎ 宽2.5厘米 ◎ 高6厘米
◎ 陕西西安北郊尤家庄出土

铜猪
◎ 汉
◎ 长6厘米 ◎ 高3.7厘米
◎ 陕西西安北郊郑王村北出土

绿釉陶狗

◎ 东汉
◎ 长28厘米 ◎ 宽10厘米 ◎ 高28厘米

铜鸟衔鱼

- 汉
- 通长10.6厘米 高8.5厘米
- 陕西汉中勉县老道寺公社五星二队出土

褐釉陶蹲熊

◎ 汉
◎ 高19厘米

◎ 该蹲熊双目圆睁,耳竖立,前爪自然下垂,后爪前伸,似人坐态,憨态可掬,工匠生动刻画出其休息时的放松之感。

绿釉陶骆驼

◎ 汉
◎ 长6厘米 ◎ 高5厘米

小铜兔
- 汉
- 长2.2厘米 高2.9厘米
- 1991年陕西榆林神木县文管会拨交

褐釉陶猴
- 汉
- 宽2.7厘米 高5厘米

彩绘陶卧马

- 汉
- 长53厘米 高51.5厘米

该卧马头部直起，目视前方，神采飞扬。马身体各部位骨肌清晰，四肢匍匐呈卧姿。汉马体态较精壮，造型较准确，整体趋向写实。

陶马头

- 汉
- 长16厘米 高23厘米

彩绘陶马
- 西汉
- 长40厘米 ○ 高47厘米
- 陕西咸阳韩家湾狼家沟出土

黄釉陶马

◎ 汉
◎ 长6.4厘米 ◎ 高5.4厘米
◎ 陕西西安岳家寨1号墓出土

绿釉陶马

◎ 汉
◎ 长7厘米 ◎ 高6厘米

乐舞之美

The Beauty of Music and Dance

● 青铜时代的终结，宣告了先秦最具代表性的"钟磬之乐"的衰落。六国的灭亡，导致了旧时礼乐的失传。据《汉书·礼乐志》记载，汉初的乐官世家，对宫廷雅乐"但能记其铿锵鼓舞，而不能言其义"。

● 但这并不代表秦汉是一个乐舞衰微的时代。《乐府诗集》云："自汉以后，乐舞浸盛。""大一统"的政治格局，促进了艺术的南北融合，"北狄乐""楚舞"长袖中蕴含着婉转的优美韵味。新生的乐舞形式具有鲜明的感性化、世俗化和娱乐化的特点。贵族的宴会上，回荡着助兴的乐曲，舞者婀娜多姿；乡间田头，反映现实生活的民歌口口相传，流淌至今。

长袖舞　　建鼓舞　　鞞（pí）舞

汉画像石中的常见舞种

乐舞图　山东沂南县北寨汉画像石墓博物馆藏

角抵百戏

"角抵百戏"是两汉盛行的一种集乐舞、杂技、幻术、俳优等于一体的大型表演样式。

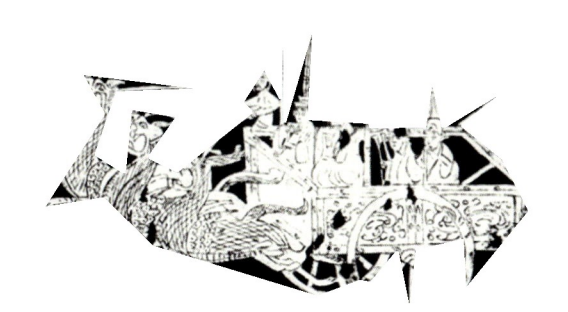

盘鼓舞　　　　　　　　　　　巾舞

褐釉陶樽

- 汉
- 口径23厘米 ● 底径23厘米 ● 通高27厘米
- 1952年唐松寿捐

◎ 樽是战国时期出现的日常实用酒器。在汉代，酒一般藏在瓮、榼或壶中，饮宴时先将酒倒入樽中，再用勺酌入耳杯奉客。上流社会常用铜樽作为酒器，以玉制作樽的极少见，而陶樽则多为明器。

◎ 该褐釉陶樽器身为筒形，上置博山形盖，其下三足呈蹲熊状。器壁上刻有乐舞图像，体现了汉代歌舞宴享之风的盛行。

天下同一——秦汉文明主题展

彩绘陶乐舞俑
- 汉
- 高约18厘米
- 陕西西安临潼临窑东出土

古文明的载体

　　文字不仅是人们用以沟通的工具，也是我们研究一个文明发展演变的重要线索。约 5000 年前，两河流域的苏美尔人将表意符号改进为根据音节来书写的楔形文字。几乎同时，古埃及人也开始使用更为形象的文字体系——圣书体，即我们常说的埃及"象形文字"。1000 年后，擅长海上贸易的腓尼基人，在埃及象形文字的基础上，创造了腓尼基字母表，这种由线条组成的文字更加简洁易书写。后来，希腊人又将其改制为希腊字母表，在地中海北岸不同民族间的往来交流中获得了发展，成为罗马人所使用的拉丁文字。随着教育的普及和罗马人的外交活动，希腊文、拉丁文承载着其背后的古老文明，将地中海文化推广至西欧各地。

The Carrier of Ancient Civilizations

Writing is not only a tool for communication and exchange but also an important clue for studying the development of a civilization. Around 5000 years ago, the Sumerians from Mesopotamia refined the ideographic symbols into the cuneiform writing that constituted by syllables. Nearly at the same time, the Egyptians began using the pictographic writing system, namely the Egyptian hieroglyph. 1000 years later, the Phoenicians, renowned for their maritime trade prowess, created the Phoenician alphabet based on the Egyptian hieroglyphics, using lines for a more concise and easier writing system. Later, the Greeks adapted the Phoenician alphabet into the Greek alphabet, which continued evolving and changing with the communication among various people along the northern Mediterranean coast. It eventually transformed into the Latin script used by the Romans. With the widespread availability of education and the diplomatic activities of the Romans, the writings of Greek and Latin carried their civilizations, and propagated Mediterranean culture throughout Western Europe.

波斯"万国门"遗迹

万国门门道左右壁的上方有"三语并用"的铭文，铭文提到，此门叫"万国门"，建于 Pārsā（即波斯波利斯），乃"我和我父亲所建"（即大流士一世和薛西斯一世）。

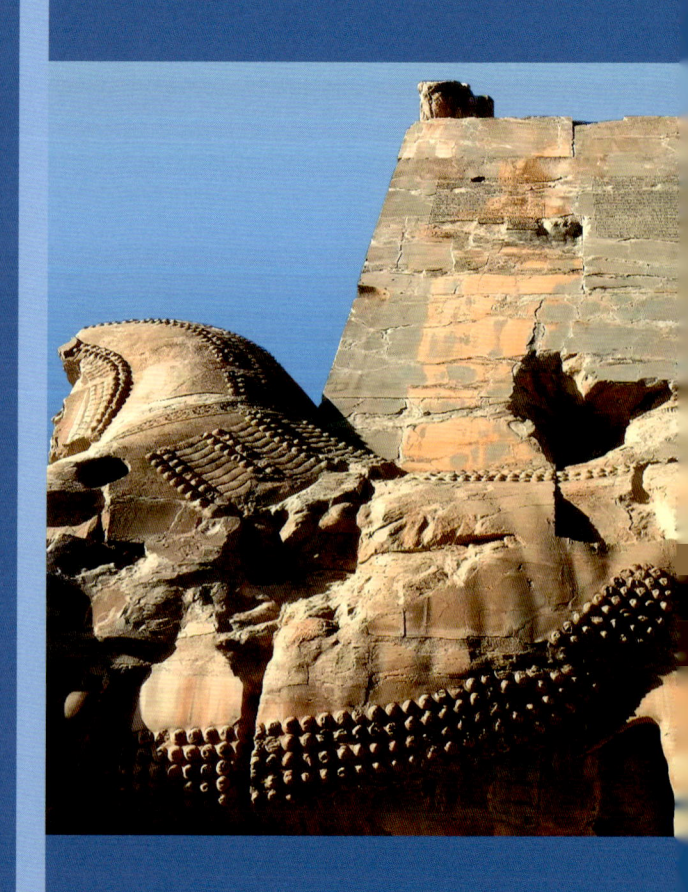

波斯"三语并用"的文字政策
Persian's "Trilingual" Writing Policy

● 波斯的官方语言是波斯语,而在其占领地区的官方语言则是当地的惯用语言。因此,波斯帝国采用的是"三语并用"的统治政策——米底、波斯地区使用古波斯文,苏萨地区使用埃兰文,巴比伦地区使用阿卡德文。这三种都是楔形文字,常常并用于波斯的官方文件上。

● 与秦王朝使用统一的文字有所不同,波斯"三语并用"的政策对于统一全民思想文化,加强王权的力度较弱,但是这一政策使统治者在一定程度上获得了境内不同民族的认同,是波斯文化包容的体现,也为后世破译、解读古代文献创造了条件。

难以书写的玛雅文字

玛雅文字是世界上唯一以"生物的头部"作为主结构的文字。玛雅文字采用方形结构,图像复杂,属于"意音文字"。在玛雅,只有特定人士(如宗教领袖)才会使用这种复杂的文字,这有利于权力的集中,但限制了文化的普及和发展。

玛雅文字及其发音示意图,以"balam"(玛雅语"美洲豹")为例,在这个词前或后加入音节符号,即可表示其他猫科动物。

古希腊、罗马的文学艺术成就

The Literary and Artistic Achievements of Ancient Greece and Rome

● 古希腊黄金时代的文学艺术成就主要体现在其成熟的戏剧艺术方面,尤其在雅典的酒神节剧场,曾上演过许多著名的悲喜剧,这些戏剧作品集哲思、诗歌、音乐、舞蹈等艺术形式于一体,形成了古希腊戏剧的独特风格和历史地位。剧作家利用这些作品在剧场展开哲学思想的碰撞,丰富了希腊人的精神生活,也为西方艺术提供了灵感之源。

● 古罗马十分重视演讲和修辞学的教育,加之希腊文化为其带来的助力,罗马的文学艺术得以兴起——受希腊的影响,罗马也发展出了具有自身特色的戏剧艺术;共和国末期到帝国初期,诗歌和散文逐渐取代戏剧成为语言艺术的主流,古罗马的文学和艺术迎来了全盛时代。这一时期的诗人贺拉斯、维吉尔、奥维德和史学家斯特拉波、塔西佗等人,用不同的视角描绘自然、歌颂美德,成为欧洲文学发展的基石。

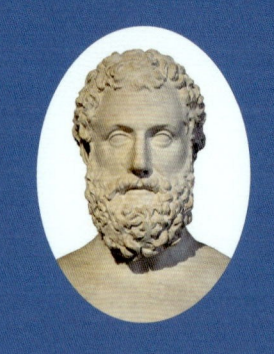

埃斯库罗斯的肖像,公元前4世纪希腊原作的罗马复制品,现藏于柏林新博物馆。

埃斯库罗斯

埃斯库罗斯(约公元前525年—前456年),古希腊悲剧作家,有"悲剧之父"之美称。他的悲剧大部分取材于神话,其著名作品《被缚的普罗米修斯》表现了人类意志对命运的反抗,以及反叛思想和传统信仰之间的冲突。

索福克勒斯的半身像,制作于公元前一世纪下半叶,现藏于罗马梵蒂冈博物馆。

索福克勒斯

索福克勒斯(约公元前496年—前406年),古希腊悲剧作家。他的作品《俄狄浦斯王》和《安提戈涅》既表达了相信神和命运的无上威力,又要求人们具有独立自主的精神,这体现了雅典民主政治繁荣时期思想意识的特征。

罗马诗人维吉尔半身像，位于那不勒斯皮迪格罗塔，波西利波洞穴公园。

奥维德的雕像，位于罗马尼亚康斯坦察，用以纪念诗人奥维德此地的流亡生涯。

维吉尔

普布留斯·维吉留斯·马罗（公元前70年—前19年），古罗马诗人。他以田园和自然为主题创作了《牧歌集》和《农事诗》，还以荷马史诗为范本，创作了著名的史诗《埃涅阿斯纪》，他用严肃、哀婉的诗句，歌颂罗马祖先的宏伟功绩，也表达了对罗马未来的担忧。

奥维德

普布利乌斯·奥维迪乌斯·纳索（公元前43年—公元17年），古罗马诗人，著有《爱的艺术》《变形记》。其早期作品多反映生活、爱情，后来创作了取材于古希腊神话的《变形记》，对后世文学家如但丁、薄伽丘、乔叟、莎士比亚、歌德、斯宾塞、卡夫卡等产生了深远影响。

贺拉斯的雕像，位于意大利维诺萨。

塔西佗雕像，位于维也纳议会大厦。

贺拉斯

昆图斯·贺拉斯·弗拉库斯（公元前65年—前8年），罗马诗人，著有《诗艺》《歌集》《讽刺诗集》，是古罗马文学"黄金时代"的代表人物之一，与维吉尔、奥维德并称古"古罗马三大诗人"。他在《诗艺》中探讨如何写作，对后世欧洲文艺理论的发展有着深远影响。

塔西佗

普布利乌斯·科尔涅利乌斯·塔西佗（约公元56年—120年），罗马历史学家、文学家，著有《历史》《编年史》。他认为历史学家的责任是批判人的行为，以使善良者因为美德而获得赞扬，邪恶者因怕恶行受后世唾弃而有所顾忌。

Driving Forces:
Scientific and Technological Achievement

Regardless of the era in which we live, science and technology have always been the driving forces of productivity, propelling the continual advancement of society. Qin and Han dynasties had achieved remarkable feats in science and technology. With the establishment of various disciplines and the maturation of all kinds of production technologies, this period marked a significant phase in the history of traditional science and technology development in ancient China. Major engineering projects carried out under the court's supervision were of a massive scale, exemplifying the level of the development of science and technology. The progress in papermaking, ancient astronomy and calendar, medicine also demonstrates ancient Chinese people's capacity for creation and innovation. The development momentum exhibited in this era fully reflects the strength of the nation.

动能
——科技成果的助力

第六章

不论是哪个时代，科学技术都是生产力，是整个社会持续向前发展的助动力。秦汉时期，科技成就耀眼，相关学科体系形成，多项生产技术趋于成熟，是我国科技发展史上的重要时期。中央政府管理下的大型工程不仅体量浩大，而且充分体现出那个时代科技的发展水平；造纸术、天文历法、医学等学科的发展，也充分体现了劳动人民的创造力和创新力，那个时代所展现出的发展动能，是国家强大实力的充分体现。

国家工程

　　大一统国家的建立，形成了统一的国家制造体系和生产标准，为大型工程建设提供了空前强大的力量和保障。秦汉时期，随着技术的进步，都城建设、大型宫殿修筑发展迅速，先后建成了规模空前的战略性交通干道和长城防御工程体系。除此之外，各类推动生产和生活进步的工程也随之蓬勃发展。

National Projects

The establishment of a unified nation led to the formation of standardized national manufacturing and production process, offering exceptional strength and support for large-scale engineering constructions. During Qin and Han dynasties, the construction of capital cities and grand palaces advanced rapidly alongside technological progress. Monumental strategic thoroughfares and the Great Wall defense system were erected sequentially. Furthermore, the development of various projects that facilitated daily life and production was also thriving.

大型宫殿的兴建

Construction of Grand Palaces

● 秦汉时期的宫殿建筑多为高台建筑，是一种由夯土和木结构相结合的建筑形式。西汉已有的多层建筑，在东汉时期不断优化，建筑的屋顶形式更加丰富。砖与砖结构技术进一步发展，出现了式样新颖的垒砌新技术和新的砖结构建筑形式。

● 咸阳宫是秦汉时期宫殿建筑的典范，是秦都咸阳的核心建筑，由一组庞大的宫殿建筑群组成，是秦廷议事和举行朝会的地方。因受渭河北移的影响，遗址受到严重破坏，其整体布局目前还不明确，但在一号宫殿建筑遗址中发现的各种大型建筑材料和建筑构件，充分体现了当时高超的工程技术水平。

秦咸阳宫第一号宫殿遗址初步复原图及复原透视图

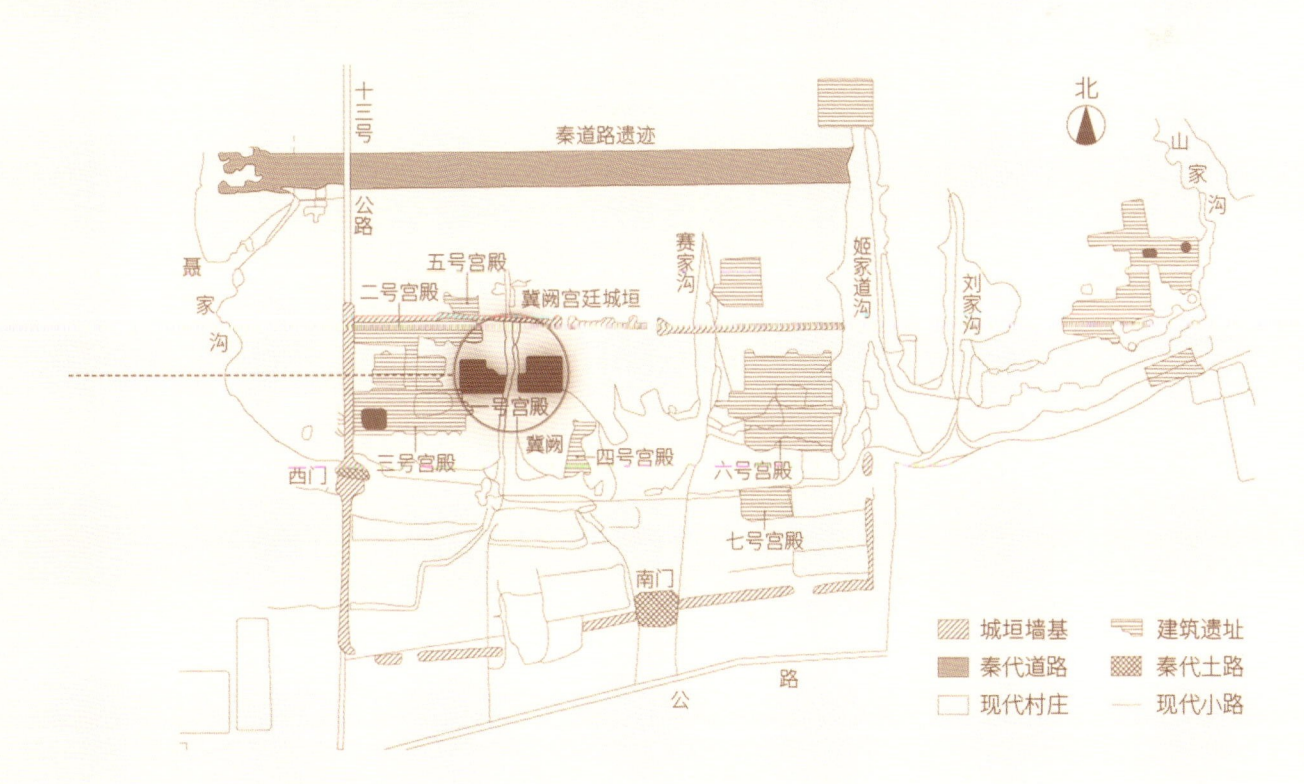

咸阳宫城垣范围及其建筑遗址分布图

铺地砖

- 秦
- 长39.5厘米 宽36厘米 厚2.5厘米
- 秦咸阳宫遗址博物馆藏

几何纹空心砖

- 秦
- 长94厘米 宽37.5厘米 厚18厘米
- 秦咸阳宫遗址博物馆藏

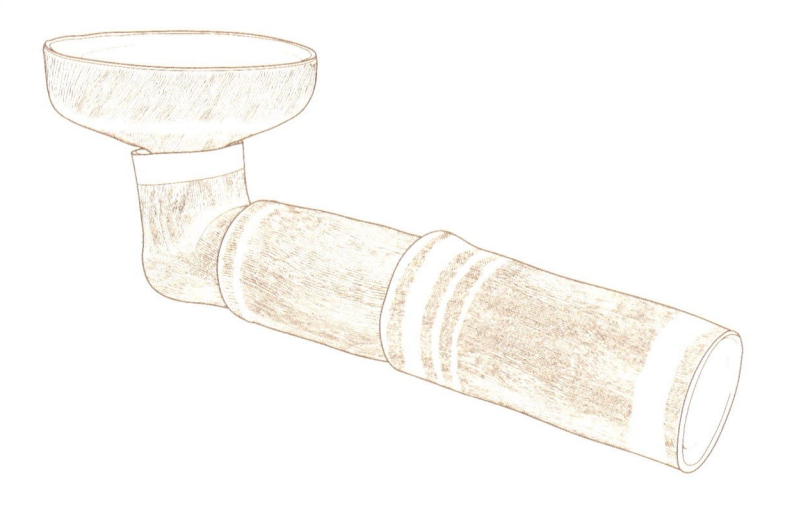

陶排水管道

◎ 秦
◎ 通高47厘米 ◎ 通长158厘米 ◎ 漏斗口径58厘米 ◎ 管道长132厘米
◎ 秦咸阳宫遗址博物馆藏

四通八达的交通网络

Extensive Transportation Network

● 驰道和栈道的修建，是秦汉时期规模宏大的筑路工程，对于陆路交通的发展和经济水平的增长具有重要意义。秦代已出现了楼船，橹、舵、布帆的发明与应用，促使汉代船舶制造技术进一步提高。陆路、水路交通的繁荣，促使交通运输系统不断完备。

● 交通事业在秦汉时期的空前发展，为后世中国交通事业的发展奠定了基本格局。

"交通"处处有技术

1. 道路与桥梁

秦汉时期出现了几种特殊的道路形式，有实现立体交叉的复道，有两侧筑壁以保证通行安全的甬道，还有以"阁梁"方式跨越险阻的阁道等。复道、栈道这种道路形式，随着桥梁建造技术的发展而出现，到了秦汉时期，已经有了梁桥、拱桥、索桥等多种形式，其中最负盛名的桥梁是长安附近的渭河三桥。

■ 墩台　〰 复道

■ 马王堆出土地图所见"复道"

作为军事防御设施的复道

湖南长沙马王堆三号汉墓出土的帛书《驻军图》中记载，在三角形城堡上可以看到有道路蜿蜒折下，道路旁标有"复道"二字。该"复道"伸向河边，用意可能在于控制渡口，以与对岸的"周都尉军"接应。

河南新野樊集吊窑 汉画像砖拱桥

河南新野北安乐寨 汉画像砖拱桥

河南南阳英庄 汉画像石拱桥

汉代拱桥

2. 制车

秦汉时期，随着车辆制造业的进步，一些传统车型得到改进。适应不同运输需要的新车型，也陆续出现并逐步得到普及。诸如四轮车、双辕车、独轮车等车型的出现和普遍应用，对后代车辆形式的多样化产生了显著的影响。

山东嘉祥洪山出土汉画像石制作车轮画面

| 辎䡝车 | 斧车 | 轺车 | 辇车 |

制车工艺的顶峰——秦陵铜车马

秦车的制作，在中国古代马车发展史上起着承前启后的作用。秦始皇帝陵园出土的彩绘铜车马，是青铜铸造史上的杰作，为研究秦代机械结构的设计、金属构件的加工以及制造工艺，提供了宝贵的实物资料。

门楣画像石
- 汉
- 长194厘米 宽36厘米 厚5厘米
- 陕西榆林绥德出土

车马出行图画像石
- 东汉
- 长226厘米 宽34厘米
- 陕西榆林绥德出土

车马出行图画像砖

◎ 东汉
◎ 长47厘米 ◎ 宽38厘米
◎ 1959年四川省博物馆调拨

人物车马画像镜
- 西汉
- 直径20.1厘米
- 1952年吴云樵捐

铜马衔镳
- 汉
- 长13厘米 宽5厘米
- 1959年陕西渭南潼关吊桥杨氏墓群出土

错金银铜轭首饰

- 汉
- 口径 4.3 厘米　长 5.5 厘米
- 陕西榆林绥德出土

铜车辖（xiá）、铜车軎（wèi）

- 汉
- 直径 8.8 厘米　高 8.3 厘米

万里长城的修筑
The Construction of the Great Wall

● 万里长城是古代土工建筑技术的重要成果，也是世界建筑史上的奇迹。秦汉长城多采用夯土版筑技术筑成，它的修建反映了当时规划设计、测量、建造技术以及工程管理等方面的高超水平。

长城的建筑方式

（1）土筑，即用泥土夯筑，基本采用版筑法。

（2）石砌，整体用不规则石块、片石垒砌，或用石块、片石垒砌内外壁，中间填以碎石沙砾。

（3）土石混筑，石砌墙基、土筑墙体，或石砌内外壁，中填夯土。

（4）土坯垒砌，使用夯具将模具内的土壤夯实，后将制作成型的土坯晒干，再进行垒砌。

具体采用哪一种方法，取决于经行地段的地理条件和当地的流行技术，山地多用石砌，平野和草原多用土筑，土坯垒砌主要见于西北地区。同一地段的塞墙、城障和亭燧，基本采用相同的方法建造。

地基修建

长城版筑夯土墙体的建造工序

1. 地基修建
2. 墙体版筑

❶ 搭建模板，在版筑夯土墙体的四角立圆木。

❷ 圆木固定之后，在墙体两侧及两端竖向摆放木板，在木板交汇处用绳子将模板捆绑在圆木上面做好固定。

❸ 向搭建好的木框里填土后，由工匠进行夯筑。

3. 搭建脚手架

为了运送土壤方便，当版筑夯土墙体修建到一定高度时，工匠们就需要搭建脚手架。

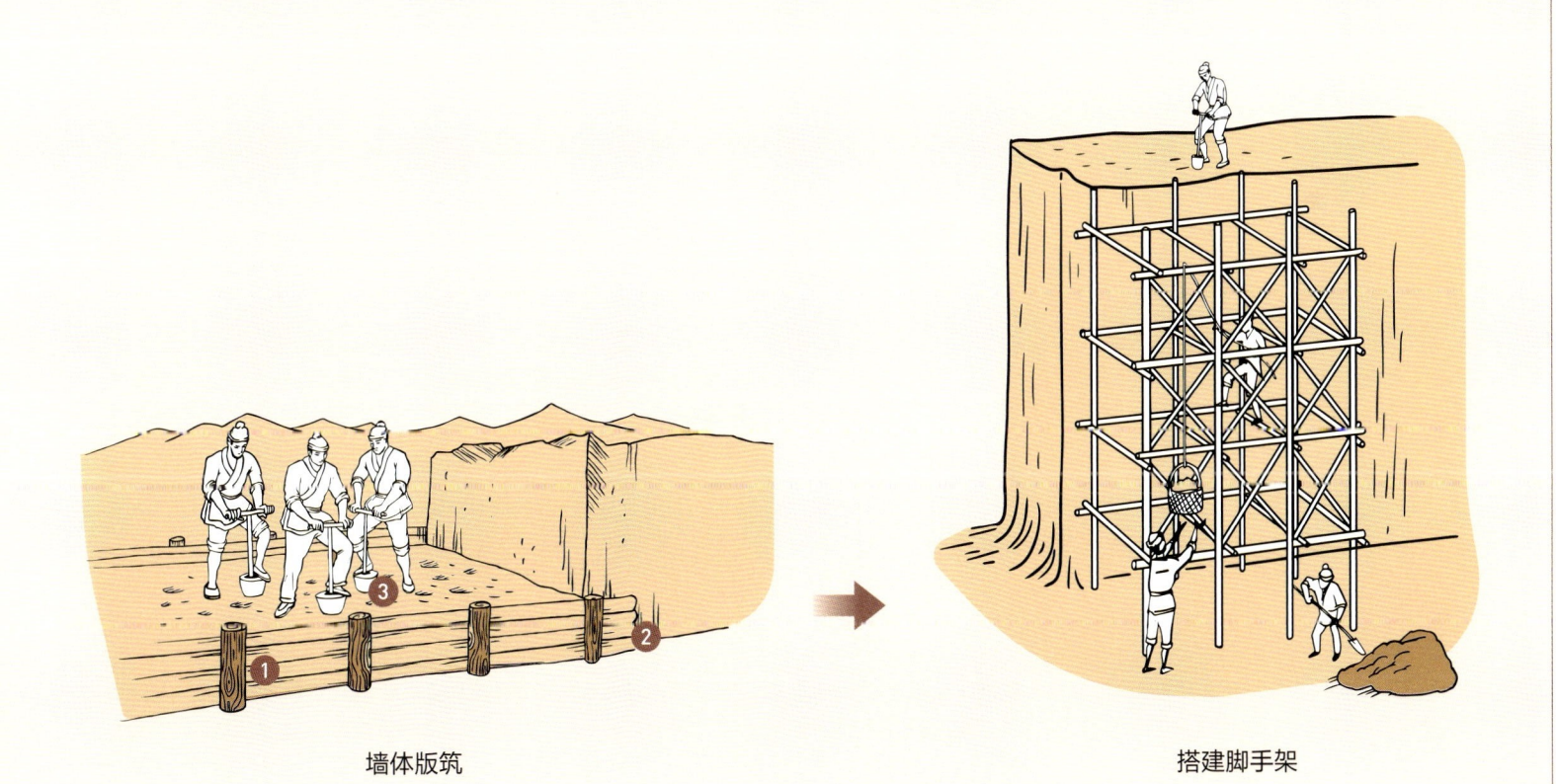

墙体版筑

搭建脚手架

大型水利工程

Large Water Conservancy Project

● 秦汉时期的水利工程，在规模、技术和类型上都有了重大发展。农田水利工程的分布以关中地区为中心，向西北、西南等地区扩展。水力机械如灌溉水车、水排等新发明，均位于世界前列。

水利建设的普遍

水利工程的发展，基于科学技术的进步；大规模的水利工程建设，又推动了科学技术的发展。秦汉时期水利工程的建设，促进了这一时期农业技术的提升和水田面积的扩展。水田陶模型在长江以南的两汉墓葬中较为多见，有蓄水池（陂塘）、沟漕（应是农渠）和稻田等多种形制，生动地展现了水利设施建设的普遍性。

时代	河渠名称	利用河渠	覆盖范围	开发利用情况
战国至秦	鸿沟	黄河、济水、汝水、泗水、淮水	黄淮之间 河南郑州、开封至淮河	魏惠王·运输
	荆汉运河	汉水、云梦野	湖北江汉平原	楚国孙叔敖·运输
	邗沟	江水、淮水	江苏扬州、淮安地区	吴王夫差·通航
	通渠	三江	泛指长江下游众多的水道	行船、灌溉
	通渠	五湖	太湖流域的湖泊	行船、灌溉
	淄济运河	淄水、济水	山东临淄至济水	齐国·运输
	都江堰	岷江	成都平原	秦国李冰·行船、灌溉
	引漳十二渠	漳水	河南安阳	魏国西门豹·灌溉
	郑国渠	泾水	陕西泾阳	韩国郑国凿于秦·灌溉
西汉（武帝前）	漕渠	渭水	陕西西安至黄河	郑当时·漕粮、灌溉
		汾水	山西地区	灌溉
	褒斜道	褒水、斜水	关中平原至汉中盆地	行船
	龙首渠（井渠）	洛水	陕西渭南蒲城、大荔地区	庄熊罴·灌溉
	鸿隙陂	淮水	河南上蔡	灌溉
	芍陂		安徽寿县	孙叔敖·灌溉
		堵水（诸川）	关中地区	灌溉
	辅渠、灵轵	巨定泽	山东郯城	灌溉
		汶水	山东泰安	灌溉

《史记·河渠书》记载由战国至汉武帝时期的全国水利情况

东汉水车结构及工作原理分析图

水车最早出现于东汉时期，称"翻车"。由于史料的匮乏，翻车具体是哪一种灌溉器具，仍存在着争议。比较一致的观点是元人王祯"翻车是后世龙骨车"的说法。他认为，翻车就是龙骨车，是东汉末年的宦官毕岚发明的，三国时期的魏国人马钧对其进行了改进。

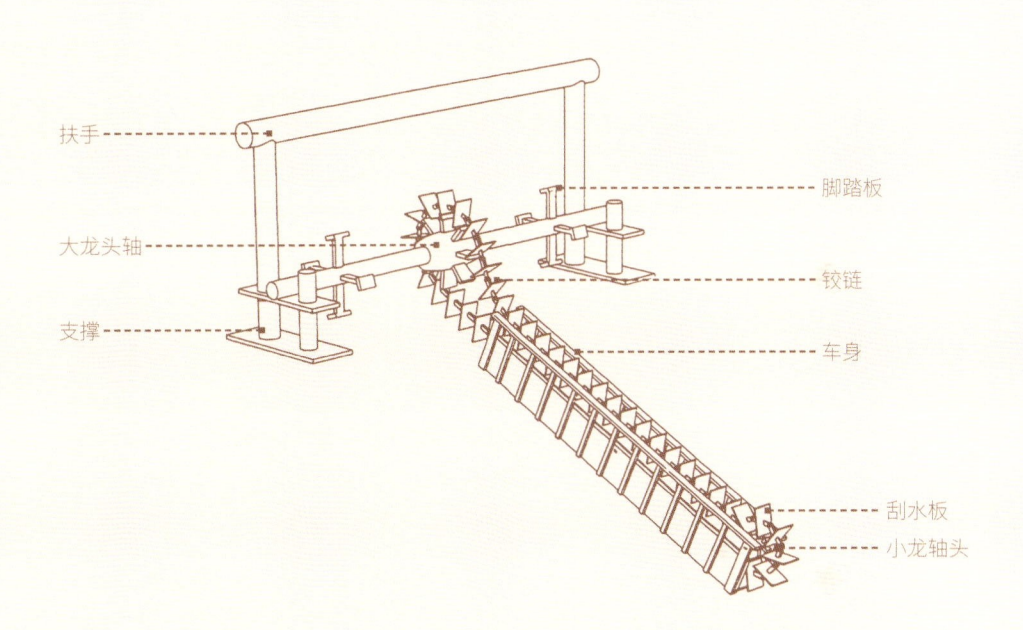

脚踏翻车整体结构及名称示意图

翻车的主体由两个部分组成：一是取水部分的车桶、大小龙头轴、刮水板、牵钉、夹耳（龙骨）；二是由人操作的扶手支架和脚踏板等。

绿釉陶陂（bēi）池

- 汉
- 底径46.5厘米
- 高10厘米

陶水车
- 汉
- 长18.9厘米

绿釉陶陂池
- 汉
- 直径18厘米

矿产冶炼的系统工程

Mineral Smelting System Engineering

● 秦汉时期，中国完成了从青铜时代向铁器时代的过渡，生产工具和兵器铁器化、冶铁技术的进步以及炒钢、百炼钢和铸铁脱碳钢技术日趋成熟。其中，炒钢技术的发明与百炼钢工艺的日益成熟是秦汉时期钢铁冶炼技术发展的一大标志，东汉利用水力鼓风冶铁，大大提高了冶铁的质量。随着工具的全面铁器化，这一时期的农业生产力也大幅提升，农业生产全方位发展。

汉代冶铁鼓风机的复原设计

四根吊挂在屋梁的吊杆，用来拉持皮囊。

排气进气的风门，分别设在两头的圆板上，排气管下通地管，外接炼炉。

皮囊是利用多块牛皮或羊皮拼凑缝起来的数个圈筒，圈筒分别钉结胶合在囊体圆板和木环上。

横木中段结固在皮囊的圆板上，两头伸展出去固定在左右的墙垣或柱身，便于操纵推拉。

■ 鼓风机复原图

❶吊杆　❷推杆　❸铁环　❹皮囊　❺木环
❻进气门　❼排气门　❽排气管　❾横木　❿横梁

天下同一——秦汉文明主题展

鼓铸打铁图汉画像石　山东滕州出土

兵器

　　随着大一统国家的建立，秦汉王朝形成了统一的兵器制造管理体系，建立了生产标准化系统，成为其军事实力的重要保障。

生活用具

　　铜镜的制作在战国时期已形成固定的工艺，铜锡比例适当且成分稳定，制作技术已达到成熟阶段。汉代铜镜的制作在此基础上得到进一步发展，并且出现了新的品类"透光镜"，即当阳光照射到镜面时，镜面的反射投影可映出镜背的纹饰和铭文。

生产工具和零件残料

　　秦汉时期，冶铁技术的进步和铸铁的普遍使用，对当时的经济发展起到了重大作用。考古发现的大量铁器及冶铁遗址，也证明了新技术、新工艺的相继涌现，标志着冶铁技术进入了一个新的阶段。

弩机示意图

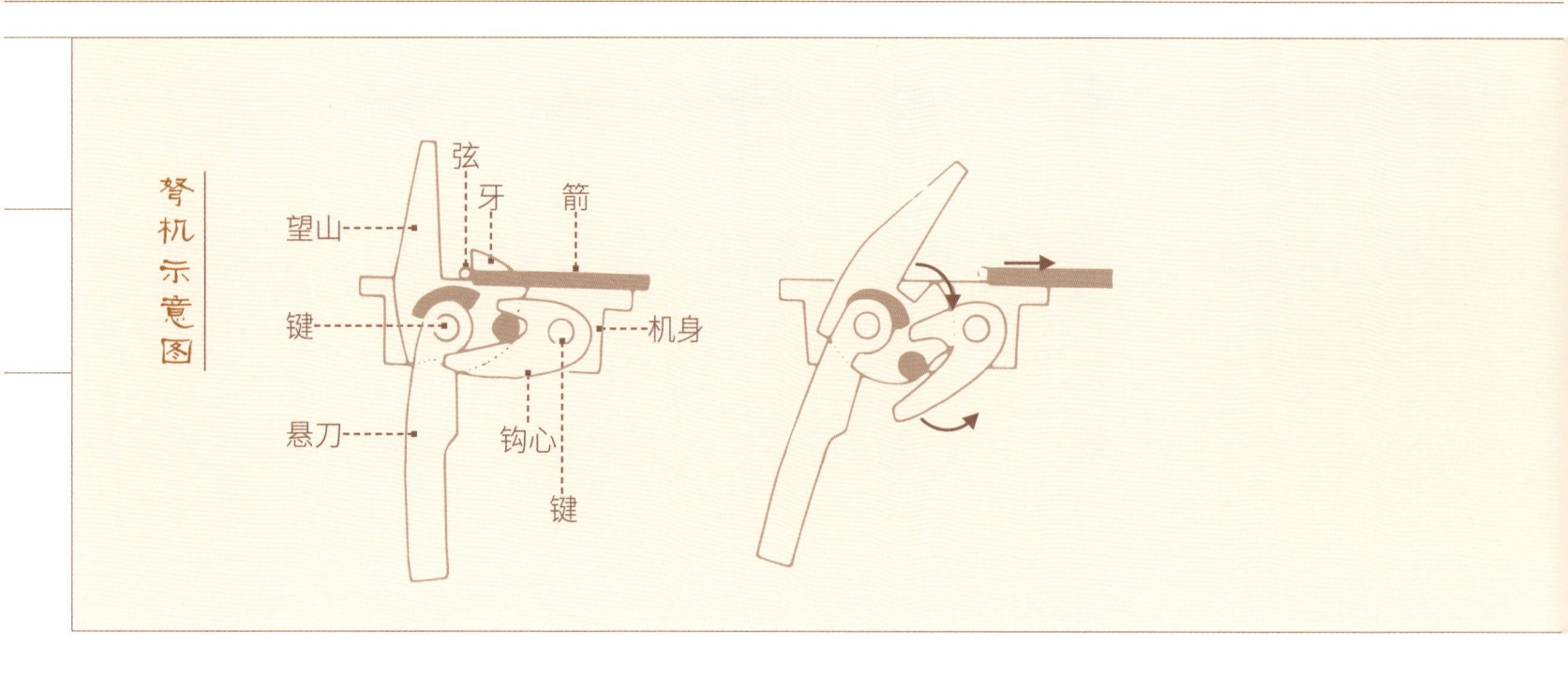

望山 — 弦
牙 — 箭
键
机身
悬刀 — 钩心
键

铜弩机构件
- 秦
- 拼合高16.2厘米
- 1981年陕西西安临潼秦始皇兵马俑一号坑出土

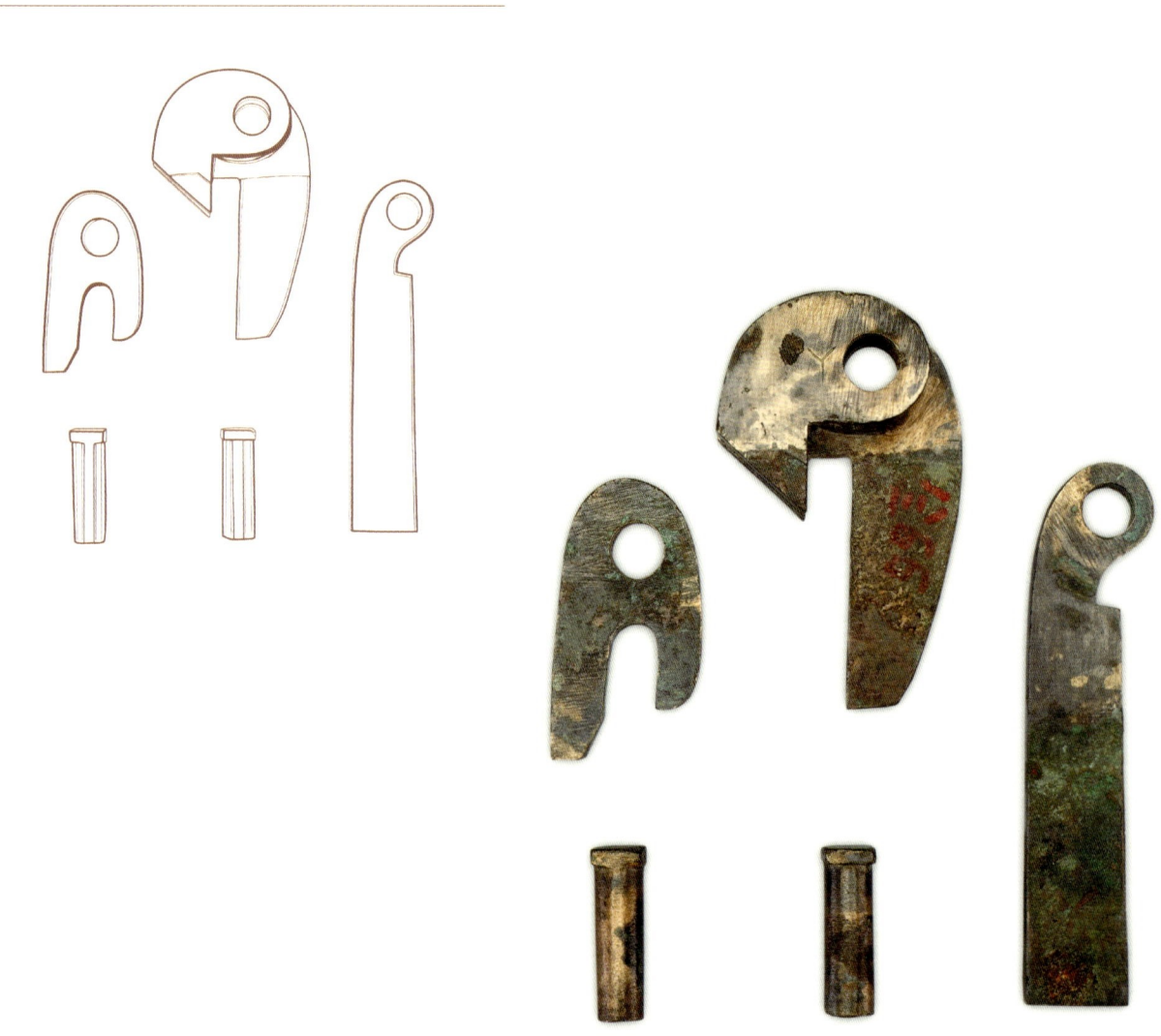

动能——科技成果的助力　Driving forces: Scientific and Technological Achievement

铜弩机

- 秦
- 长14.4厘米　高20.3厘米
- 1980年陕西西安临潼沙河村南出土

铜弩机

- 汉
- 高19.6厘米
- 1957年陕西宝鸡岐山高店乡四原村出土

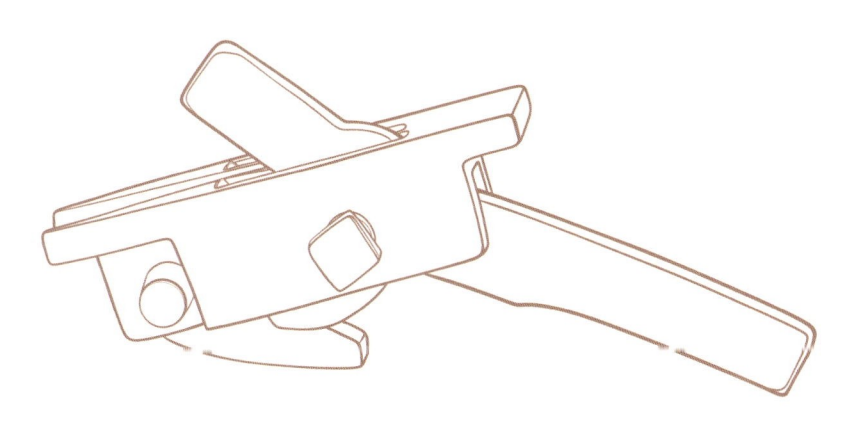

铜弩机

- 汉
- 长9厘米 高12.3厘米

"尚方"铭四神博局镜

- 汉
- 直径18.4厘米 厚0.5厘米

动能——科技成果的助力　Driving forces: Scientific and Technological Achievement

四神博局镜
- 汉
- 直径18.9厘米

圆筒形铜零件

- 秦
- 直径11.5厘米 高9.3厘米
- 1974年陕西西安长安纪阳公社小苏村南（秦阿房宫遗址）出土

铜零件

- 秦
- 长18.8厘米 宽13.9厘米
- 1974年陕西西安长安纪阳公社小苏村南（秦阿房宫遗址）出土

拐角形铜零件
- 汉
- 长9.5厘米 宽9.2厘米
- 1954年陕西宝鸡眉县营头二村征集

T形铜零件
- 汉
- 长8.1厘米 宽9.1厘米
- 1954年陕西宝鸡眉县营头二村征集

六边形铁零件
◎ 汉
◎ 最大径16.4厘米 ◎ 厚4.5厘米

铸钱铜炼渣
- 汉
- 长12~19厘米

铸钱铜料
- 汉
- 长1~11厘米

造纸术

　　造纸术是汉代一项最重大的发明，也是我国对世界文明的一大贡献。西汉时期我国已发明了造纸术，利用废旧麻料制成原始型的植物纤维纸。东汉的蔡伦在此基础上进一步改良、完善，"蔡侯纸"的出现是纸张开始取代竹帛的关键性转折，改变了"简重而帛贵"的现象。此后，造纸术传到了世界各国，促进了文明的交流和发展。

Papermaking Technology

Papermaking stands out as one of the most significant inventions of Han Dynasty and represents a major contribution of China to the civilization of the world. During Western Han period, papermaking technology had already been invented where recycled hemp was used in making the original type of plant fiber paper. Cai Lun, from Eastern Han period, further improved and perfected it based on the work of his predecessor. His invention, "Cai Hou paper", marked a transformative moment as paper started to replace bamboo slips and silk, altering the status quo where "bamboo slips were cumbersome and silk was costly". Subsequently, the papermaking technology spread to various countries around the world, spurring cultural advancement and enhancing intercultural exchange.

西汉麻纸

Hemp paper in Western Han Dynasty

● 以麻为主要原料制成的植物纤维纸——麻纸，在西汉时期已经出现，并且用于书写文字和绘图。此时的人们，早已掌握了麻的脱胶、柔化、漂白等工艺技术，使生硬的麻皮变成柔软的纤维，再经过切麻、洗涤、蒸煮、打浆、晒纸等工艺，制成麻纸。

天水放马滩汉纸本地图

1986年出土于甘肃天水放马滩5号汉墓，造纸原料为麻类植物纤维，是西汉的早期麻纸。纸面光滑平整，纸质薄软而有韧性，碎片边缘不规整，显微镜下，可见其纤维分布较均匀，纤维按异向交织较紧密。这是迄今所知世界上最早用于书写的纸张实物，也是最早的纸绘地图。

灞桥纸的成分

灞桥纸是迄今为止发现的世界上最早的植物纤维纸。在4—10倍的放大镜下做物理结构和纤维形态的外观检验,发现该纸质地粗厚,表面不够平滑,局部有小段双股细绳头,其基本成分为被分散的单纤维,交结处呈现杂乱无章、无规则的经纬纹。故可认为其是较粗糙的麻纸,原料组成是废旧的麻头、破布的麻纤维。

另外,经过多次显微分析化验,确认灞桥纸的原料纤维主要有大麻纤维,还有少量的麻纤维。

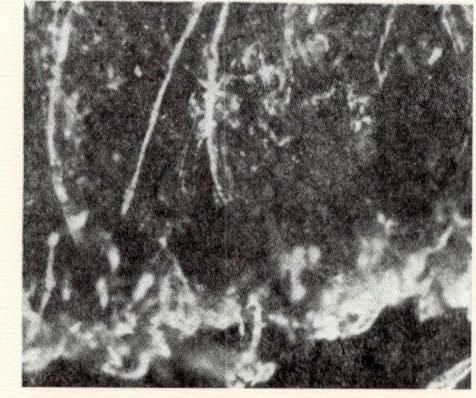

灞桥纸自然边缘(×70)

灞桥纸实物(×3)　　灞桥纸实物(扫描电镜 ×500)　　灞桥纸纤维形态(×80)

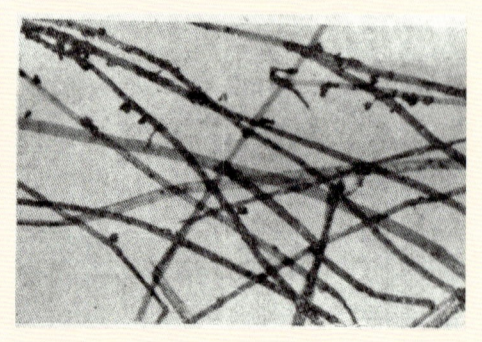

灞桥纸残片
- 西汉
- 长5厘米　宽3.2厘米
- 1957年陕西西安东郊灞桥砖瓦厂西汉墓出土

蔡伦造纸

Cai Lun's Papermaking

● 东汉蔡伦改进造纸技术,在原料中增加了树皮和旧渔网,开辟了木浆纸的先河,制造出质量较好的植物纤维纸,被称为『蔡侯纸』。这种纸的原料易得、制作成本低,成品便于书写,逐渐取代了缣帛和简牍,成为中国对世界文化的一项重大贡献。

汉代造麻纸工艺流程图

① 切料 → ② 洗料 → ③ 烧制草木灰水 → ④ 蒸煮 → ⑤ 捣料 → ⑥ 打槽 → ⑦ 抄造 → ⑧ 晒纸 → ⑨ 揭纸

天文历法

中国古代天文学在秦汉时期的发展，成果突出。天文学体系逐渐形成，许多天文观测技术趋于成熟。不但形成了历法体系，出现了天文仪器和天象记录，更发展出了天文学派，出现了多个伟大的天文仪器的发明家。

Astronomy and Calendar

The development of ancient Chinese astronomy during Qin and Han dynasties was remarkable. The system of astronomy was gradually taking shape, and numerous astronomical observation techniques were refined. The calendar system was established, various astronomical instruments were invented, and celestial phenomena were carefully documented. Additionally, various schools of astronomy emerged, each with pioneering inventors contributing to the field.

算术与数学的进步

Advances in Arithmetic and Mathematics

● 《周髀算经》和《九章算术》是秦汉时期两部著名的数学著作。《周髀算经》记载了运用勾股定理做天文计算的方法，以及采用复杂的分数算法以揭示日月星辰的运行规律。《九章算术》是中国现存最早的数学专著，汇集了从先秦至汉代的算学发展历史，标志着中国古代数学方法的形成与数学体系的确立。

算筹

算筹，是中国古代常用的计算工具，也叫算、筹、策、筹策、算子等，应用十分广泛。古代的算筹多用竹子制成，也有用木头、兽骨、象牙、金属等材料的。算筹记数遵循十进位值制，不仅使用了先进的记数法，而且有一套表示未知量和代数式的方法，它以独特的方式实现了代数符号的功能，对中国古代数学的发展功不可没。

陕西旬阳出土西汉象牙算筹

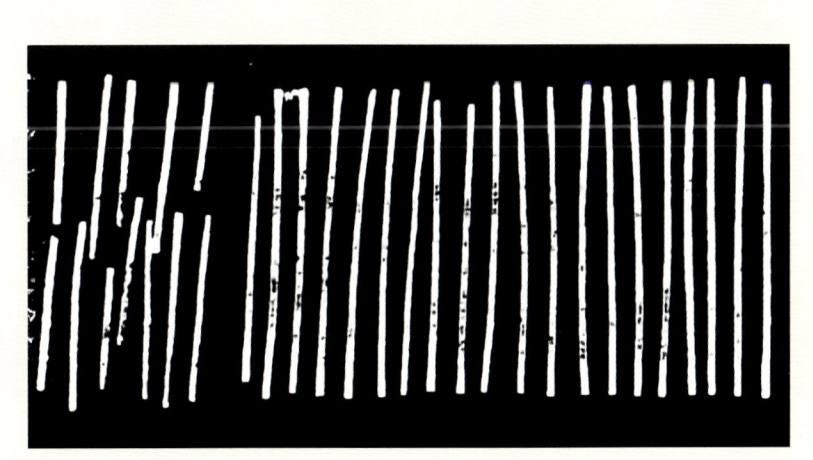

陕西千阳出土西汉骨筹

铅算筹

◎ 汉
◎ 最长16.6厘米
◎ 1982年陕西西安东郊三店村汉墓出土

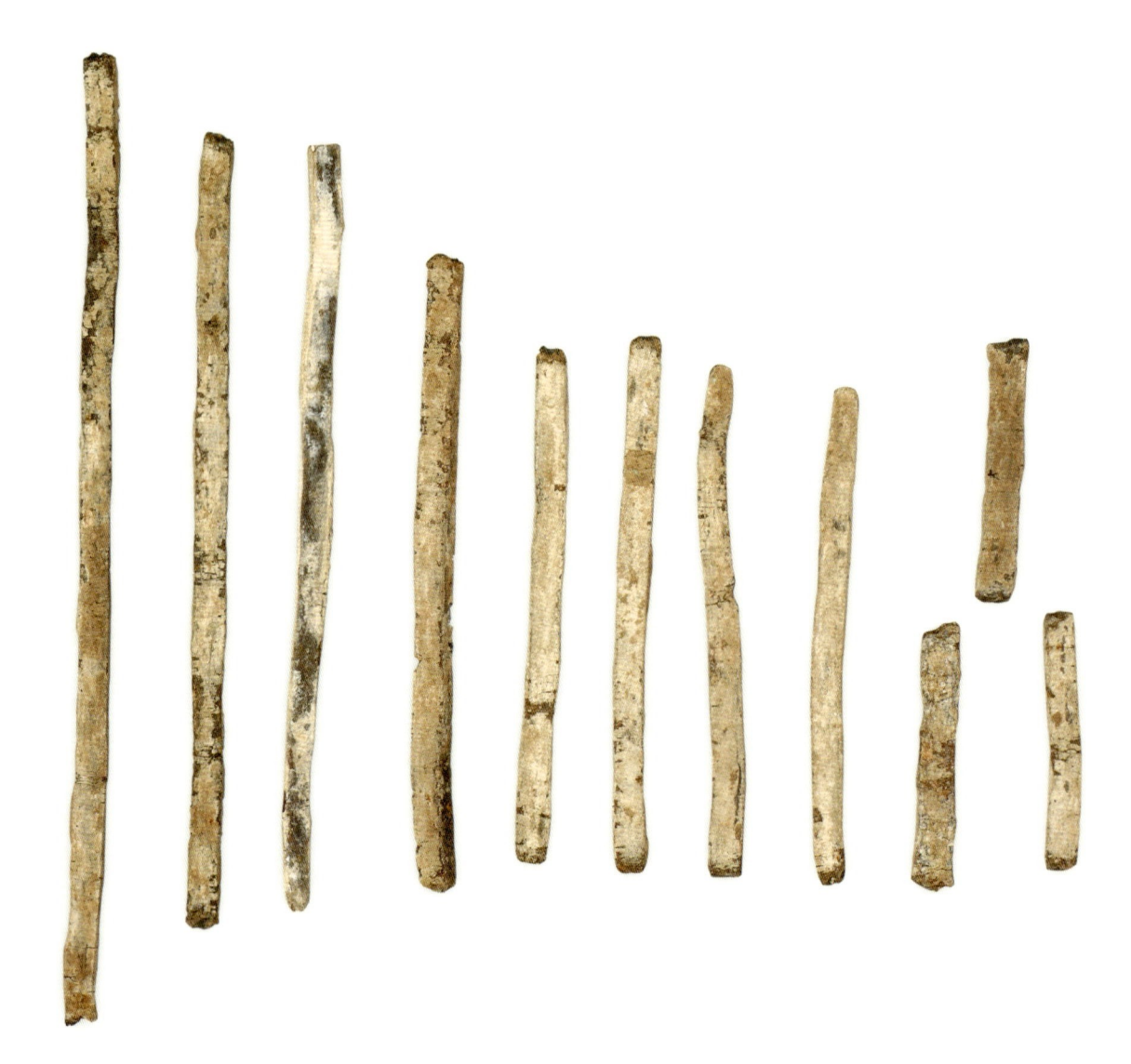

算筹如何表示数字？

用算筹表示数，有纵式和横式两种方式。纵式中纵摆的每根算筹都代表 1，上面横摆的一根则代表 5。横式中横摆的每一根都代表 1，其上面纵摆的一根代表 5。

算筹如何表示分数？

分数的表示方式，一般是整数部分在上，分母居右下，分子居左下。化为假分数时，分子在上，分母在下。

数学工具"规矩"的应用

矩的使用是我国古代数学的特色。它不但可以用来画直线、作直角，而且可以用于测量，有时还可代替圆规，堪称万能工具。

步骤一：用矩进行 4、8 等分圆周	步骤二：用规画出连弧图形
4等分圆周，先画圆的一条直径，再使用矩过圆心作该直径的垂线，画出另一条相垂直的直径。在4等分圆周的基础上，先用矩把一个直角等分，作出一条直径。再使用两次矩，可作出另一条与其垂直的直径，这样用4条直径即可实现圆周的8等分	在等分圆周的基础上，选取适当长度的半径，以圆周上各等分点为圆心依次画弧，可得到均匀的连弧图形

用规矩绘制几何图案

秦汉时期的铜镜纹饰复杂，工艺多样。铜镜图案的绘制，需要用到多种几何制图的方法。使用规、矩、尺等测绘工具，可以完成"等分圆周"或"等分弧"等技术难度较高的绘制。

天文学体系的形成

Establishment of the Astronomical System

- 《太初历》《三统历》《史记·天官书》和《灵宪》等天文著作的出现，多种天文仪器和天象观测手段的发明与运用，以及各种天体结构理论的提出，都标志着中国古代独特的天文学体系的初步形成。

天文机构

汉代设有专门的机构——太史，负责天象的观测与记录、每年历书的推算等工作。

太史令一人，六百石。本注曰：掌天时、星历。凡岁将终，奏新年历。凡国祭祀、丧、娶之事，掌奏良日及时节禁忌。凡国有瑞应、灾异，掌记之。

……

丞一人。明堂及灵台丞一人，二百石。本注曰：二丞，掌守明堂、灵台。灵台掌候日月星气，皆属太史。

——《后汉书·百官二》（节选）

天文记录

秦汉时期，对天象的观测和理解也有所进展。人们对于五星聚合、日月食等特殊天象最为关注。《汉书·天文志》记载，汉高祖刘邦因"五星聚于东井"，被认为是"高皇帝受命之符也"。

靖边杨桥畔渠树壕壁画墓星象图

陕西靖边县杨桥畔渠树壕汉代壁画墓，壁画总面积为20余平方米，内容有星象图、持镰门吏、车马出行、侍女、宴乐等，具有星形、星数、图像、题名四要素的天文星象图，也是中国考古首次发现的四宫二十八星宿，为准确地认识二十八宿及中外星官提供了科学依据。

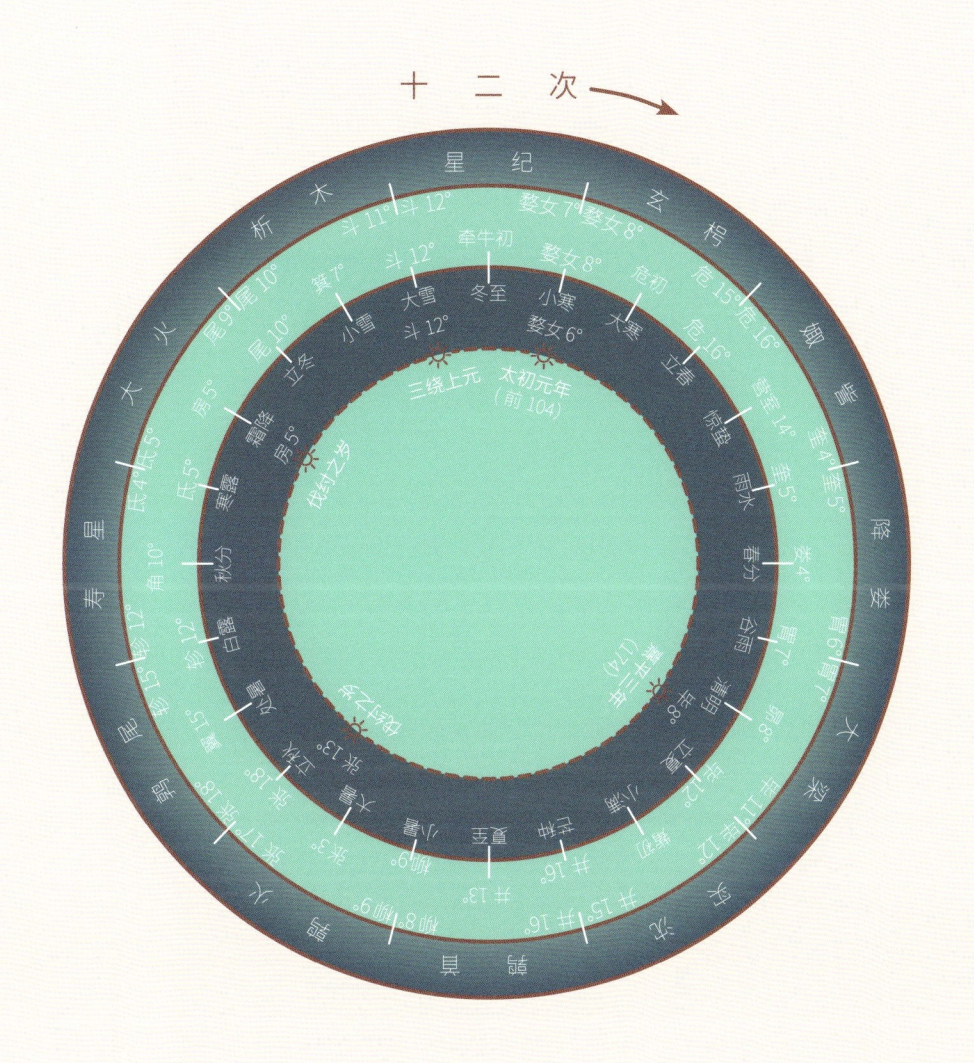

汉历法中的岁星纪年方法

我国古代重视对五大行星的观测。历代天文机构的重要工作之一，就是记录五大行星在恒星间的位置变化。编制历法的时候，还要同时计算五大行星的行度。

岁星即木星，其恒星周期是 11.86 年。在古人看来，大约每经过十二年之后，木星就又会出现在同一星空区域中。因此，古人就将天赤道带均匀地分成十二段，使冬至点正处于一分的正中间，这一分就叫星纪。由西往东依次为"十二次"，将每年木星所在的"次"记录下来，就成为自然的纪年资料。

汉人描绘的彗星图像

湖南马王堆汉墓中出土的帛书上有关于彗星的原始描绘。书中共包括 31 幅彗星图（其中 2 幅残缺），这些图呈现了不同类型彗星的彗核和彗尾，完成这项工作至少需要收集几个世纪的观测资料。这也是目前世界上已知最早的关于彗星图像的文献记载。

马王堆汉墓帛书中的彗星图

中医学体系

中医和中药是我国古代科技文化的重要组成部分。秦汉时期，我国中医学的基本体系已经建立，临床医学理论得以奠基。在病理研究、诊治、草药以及针灸、体育健身等方面都取得了重要成就，不但为后世留下了各类医药学名著，而且良医辈出。例如华佗在当时已施用全身药物麻醉术进行外科手术，张仲景奠定了中医辨证施治的基础。

The System of Traditional Chinese Medicine

Traditional Chinese medicine, including Chinese herbology, was an essential aspect of ancient Chinese science, technology, and culture. By the time of Qin and Han dynasties, the fundamental system of traditional Chinese medicine had been established, which laid the groundwork for clinical medical theories. Significant advancements were achieved in various areas, including pathological research, diagnosis, treatment, herbal medicine, as well as in acupuncture and physical fitness. These eras bequeathed a wealth of medical texts and witnessed the emergence of numerous esteemed physicians. Zhang Zhongjing established the principles of differential diagnosis and treatment in Chinese medicine, and Hua Tuo became the first known surgeon to employ pharmacological anesthesia and perform major surgeries.

动能——科技成果的助力 Driving forces: Scientific and Technological Achievement

医官制度
The System of Medical Officials

● 秦汉时期的医官，分为中央医官和地方医官，医官制度日益完善和规范。同时，还制定了开明的医学传承政策。这些是医政活动开展的基础，也是医政发展的保障。

秦汉的医官有哪些？

《汉书·百官公卿表》中记载："属官有太乐、太祝、太宰、太史、太卜、太医六令丞。"秦在统一六国之前，已设有太医令，西汉时设太医令、丞，分属太常和少府，均主医药。《汉书》中可见的医官职名有：太医监、侍医、女侍医、医工长、医待诏、本草待诏、乳医等，从这些名称也可以看出，医官有不同的等级，且分工不同。

《汉书·武五子传》："旦得书，以符玺属医工长。"颜师古注：医工长，王宫之主医者也。满城汉墓出土的"医工"铜盆和海昏侯汉墓出土的"医工五禁汤"漆盘，作为实物证据，证明了文献中的记载。

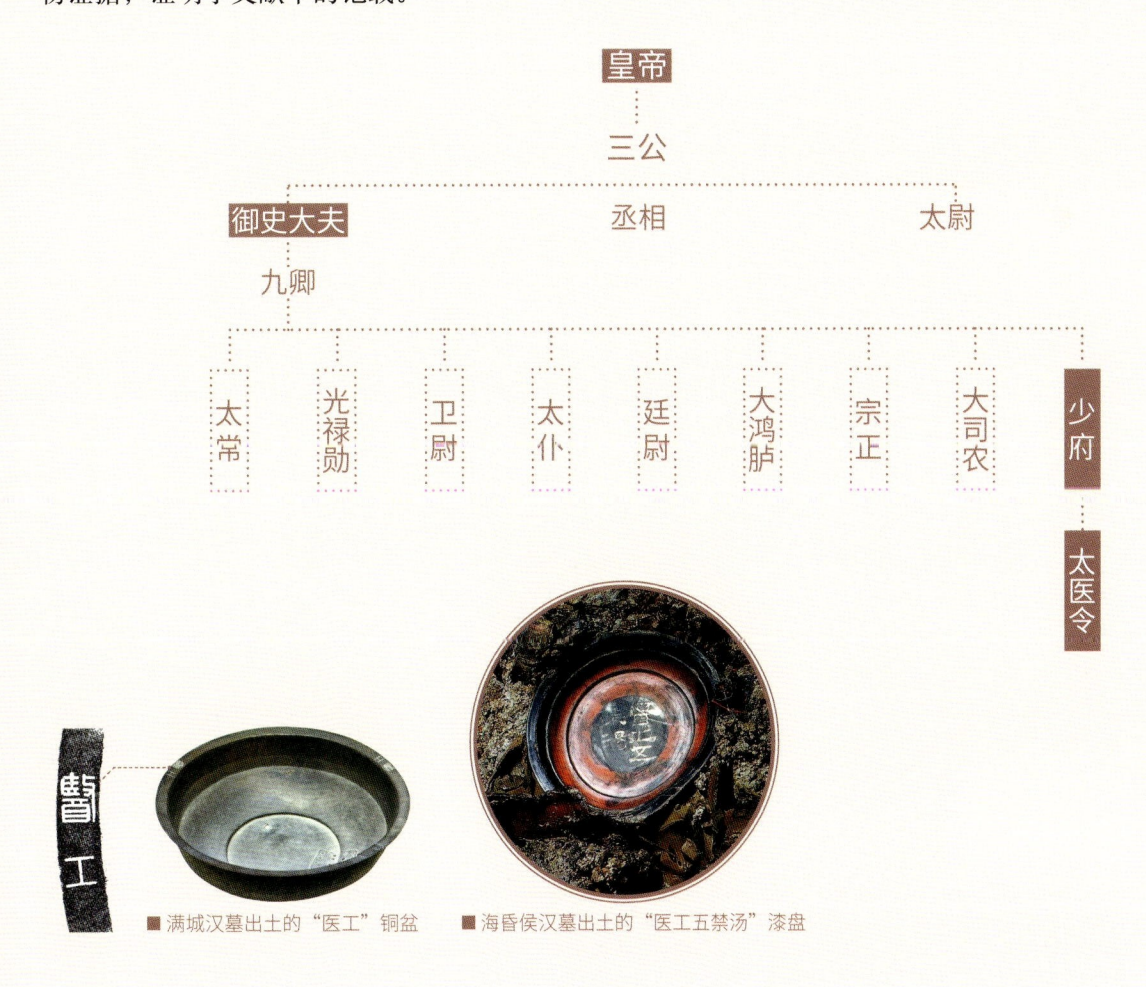

```
                        皇帝
                         │
                        三公
     ┌───────────────────┼───────────────────┐
  御史大夫              丞相               太尉
     │
    九卿
  ┌──┬──┬──┬──┬──┬──┬──┬──┬──┐
 太  光  卫  太  廷  大  宗  大  少
 常  禄  尉  仆  尉  鸿  正  司  府
     勋              胪      农   │
                                太医令
```

■ 满城汉墓出土的"医工"铜盆　　■ 海昏侯汉墓出土的"医工五禁汤"漆盘

医学著作
Medical Works

- 《黄帝内经》是我国现存最早的一部医学理论与临床实践相结合的名著，反映了我国古代医学的早期成就。药物学专著《神农本草经》成书于汉代，是我国现存最早的药物学专著，奠定了后世本草学的基础。《伤寒杂病论》则确立了理、法、方、药具备的辨证论治的医疗原则，大大充实了中医药学体系的内容。

汉墓出土医药文献一览表

年代	编号	墓葬	墓主	地域	医药文献
西汉早期	1	马王堆三号墓	利仓之子	湖南长沙	医简有《天下至道谈》《十问》《杂禁方》和《合阴阳》4种，总计200支。帛书10种，即《足臂十一脉灸经》《阴阳十一脉灸经》甲乙本、《五十二病方》《脉法》《阴阳脉死候》《杂疗方》《胎产书》《养生方》和《却谷食气》。此外还有帛画《导引图》1幅
西汉早期	2	张家山西汉墓M136	可能有五大夫以上爵位	湖北江陵	竹简内容为养生修身之道类的食气却谷之法
西汉早期	2	张家山西汉墓M247	生前应当具有一定的政治经济地位	湖北江陵	竹简《脉书》《引书》
西汉早期	3	老官山汉墓M3	具有较高的身份及社会地位	四川成都	八部医书：《五色脉脏论》（此为简称），以及根据简文内容分别初步定名的《敝昔医论》《六十病方》《脉死候》《经脉书》《脉数》《诸病症候》和《病源论》
西汉早期	4	安徽阜阳夏侯灶墓	第二代汝阴侯夏侯灶	安徽阜阳	竹简《万物》收载药物约110种，提及40多种疾病
西汉中期	1	安徽天长西汉墓	东阳掌握一定权力的官吏	安徽天长	木牍药方
西汉中期	2	海昏侯汉墓	海昏侯刘贺	江西南昌	竹简《医书》《五色食胜》
东汉早期	1	武威汉墓	当地一位有社会地位并多年专事医业的老年人	甘肃武威	医学相关简牍共92枚（片），简现存78枚（片）

淳于意"诊籍"

世界最早使用"诊籍"的，是我国西汉初期的仓公。仓公是战国末期著名的医家，复姓淳于，名意，曾任齐国太仓长，故世人称之为"仓公"。

文献记载，他一共诊治过25位病人，治愈15例，不治10例。诊治记录中有病人的姓名、性别、籍里、病状、病名、诊断、病因、治疗、疗效、预后等，史称"诊籍"，也就是现在的病历。

医药配方与计量
Formula and Dosage of Medicine

● 秦汉医学成就之一便是药物方剂的进步，西汉初期，以方治病已成为主要手段，许多方剂已有固定方名。同时，方剂的进步也离不开对药物认识的提高与针灸技术、医疗用具的发展。

药物剂型的转变

人们对于药物作用的认识主要着眼于药物本身，剂型只是作为更好发挥药效的参考因素。在病急、病重时多采用煎剂，病程较长时采用丸剂。西汉以前，内服药物的剂型以"冶末吞服"法为主，张仲景《伤寒杂病论》书成之时，大部分药物方剂已均采用煎煮服用法，实现了从"吃药"到"喝药"的转变。

"药府"铜印
◎ 秦
◎ 长2.4厘米 ◎ 宽1.3厘米

朴素生态观的形成

随着社会的发展和周边生态环境的变化，秦汉时期的人们已经对保护自然资源的重要性有了深层次的认识，逐渐形成了先进的生态意识。其中，山林保护意识、"时禁"意识、"天人合一"思想便是其最重要的反映。这些意识的形成，客观上指引了人们的生态行为，呼吁人与自然的和谐，维护了自然生态平衡，对秦汉时期的生态发展都起了重要作用。此时，政府设置有专门的生态职官，对森林资源、野生动物资源、水资源、土地资源等进行了相关保护，制定了相对完备的生态保护措施。

The Formation of the Primordial Ecological Consciousness

With the advancement of society and the transformation of surrounding ecological systems, people of Qin and Han dynasties developed a profound recognition of the importance of preserving natural resources and gradually cultivated a progressive ecological consciousness. This was principally reflected in their attitudes toward forest conservation, the practice of resource limitations, and the philosophy of harmony between man and nature. The formation of these awareness objectively directed ecological actions, advocating for a harmonious co-existence with the natural world and the preservation of ecological equilibrium, which significantly influenced the ecological evolution during Qin and Han dynasties. In this period, the government appointed designated ecological officials to enforce protective measures for forests, wildlife, water, and land, culminating in a relatively comprehensive suite of conservation policies.

动能——科技成果的助力 Driving forces: Scientific and Technological Achievement

山林意识
Forest Awareness

● 秦汉时期，已经形成了系统的山林保护意识，不论是社会礼俗、学人论说，还是统治者的封禅祭祀活动，都可以看到其中所反映的山林保护意识的内容。

《荀子·王制》：

"草木荣华滋硕之时，则斧斤不入山林，不夭其生，不绝其长也。"

"春耕、夏耘、秋收、冬藏四者不失时，故五谷不绝而百姓有余食也。"

"洿池、渊沼、川泽谨其时禁，故鱼鳖优多而百姓有余用也。"

"斩伐养长不失其时，故山林不童而百姓有余材也。"

"时序"瓦当
- 汉
- 直径12.5厘米
- 1956年刘百训捐

环保律令
Environmental Laws

● 秦汉时期，设立了专门的职官来保护生态环境，涉及水利、山林、苑囿等许多方面的内容，对保护生态和合理开发、利用生态资源起到了一定的积极作用。此外，还制定了相应的政策和规章制度，以规范人们的生态环境行为。

1.《吕氏春秋》（节选）

《吕氏春秋》的《十二纪》系统地叙述了一年12个月的天象规律、物候特征、生产程序以及应当分别注意的诸多事项。

《吕氏春秋》的《孟春纪》记载："孟春之月：命祀山林川泽，牺牲无用牝。禁止伐木，无覆巢，无杀孩虫胎夭飞鸟，无麛无卵。"

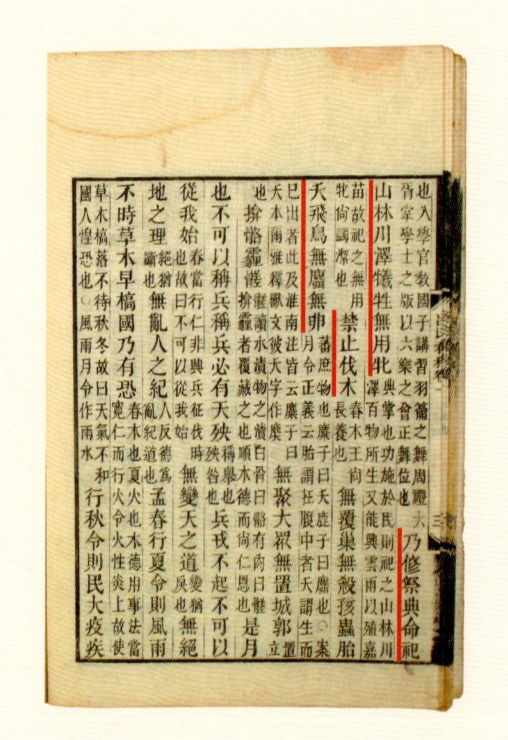

2.《睡虎地秦墓竹简·田律》（节选）

为秦代"四时之禁"的实行提供了法律依据。

《田律》记载："春二月，毋敢伐材木山林及雍（壅）隄水。""不夏月，毋敢夜草为灰，取生荔、麛（卵）鷇，毋□□□□毒鱼鳖，置穽罔（网），到七月而纵之。"

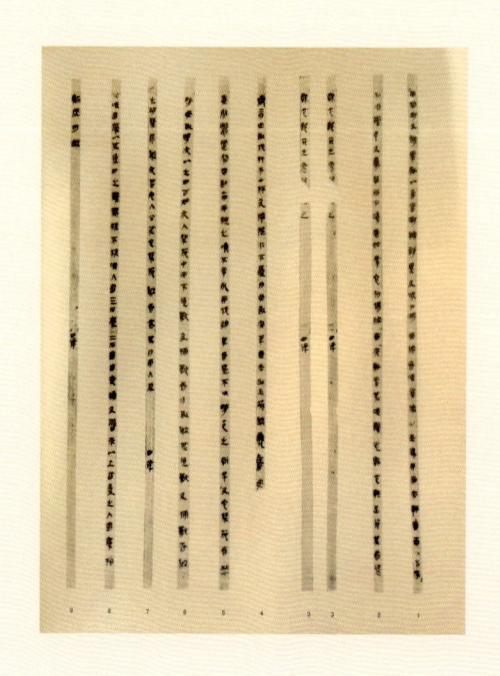

3.《汉书·百官公卿表》（节选）

秦朝时，九卿之一的少府管理山林川泽，少府设置有苑官、林官、湖官、陂官等。

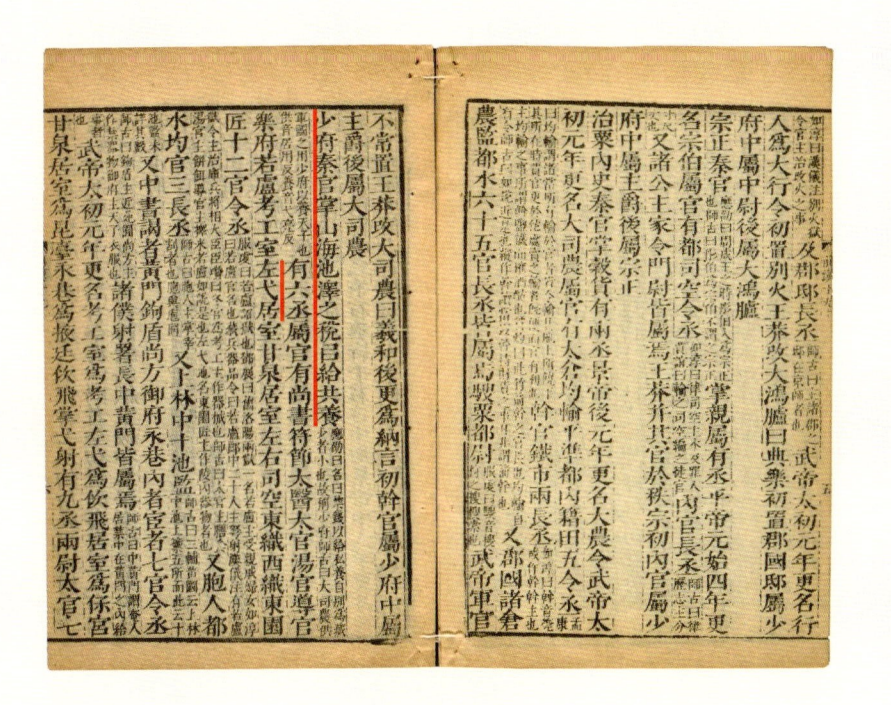

载：

《汉书·百官公卿表》

"少府，秦官。掌山海池泽之税，以给供养，有六丞。"

4.《淮南子·时则训》（节选）

记述了 年12个月的有关自然环境的要求，规范了人们在不同季节的生态环境行为。

"仲春之月……毋竭川泽，毋漉陂池，毋焚山林，毋作大事，以妨农功。"

彩绘雁鱼铜灯
- 西汉
- 通高54厘米 ◎ 长33厘米 ◎ 宽17厘米
- 1985年陕西神木店塔村西汉墓出土

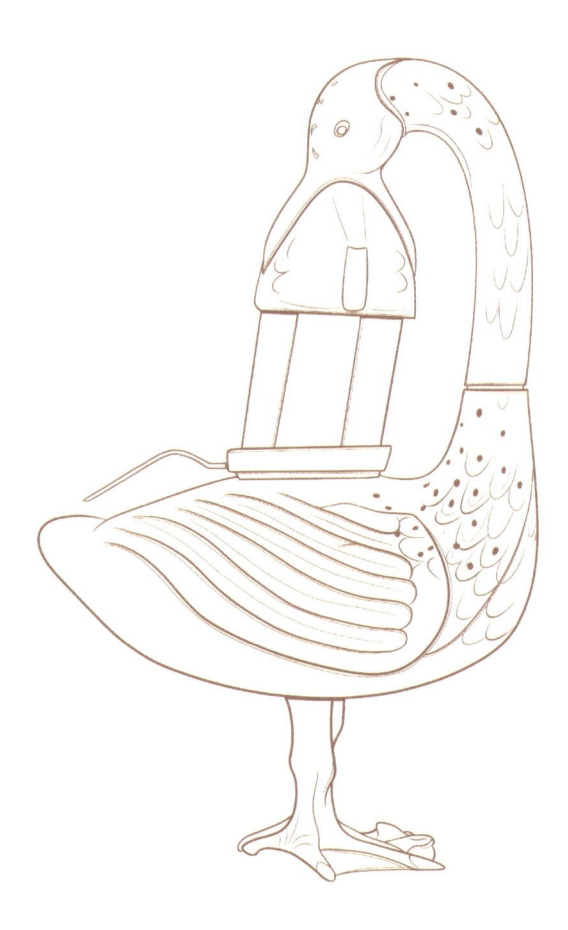

天下同一——秦汉文明主题展

动能——科技成果的助力　Driving forces: Scientific and Technological Achievement

烟气

灯釭

翳（yì）板
（可转动）

灯火

火主
（即插灯芯的支钉）

水

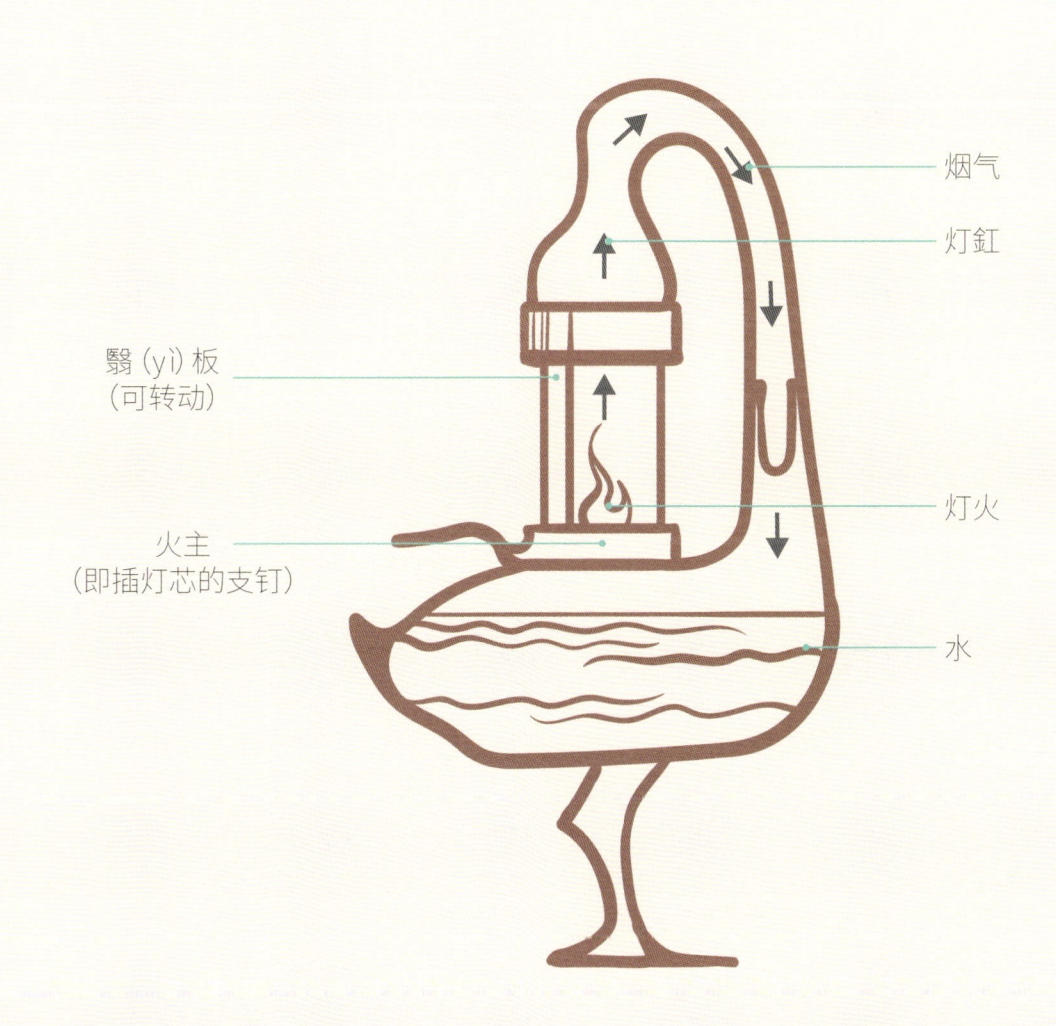

环保灯具

雁鱼铜灯的设计非常巧妙，整体由雁头、雁体、灯盘和灯罩组成，灯盘和灯罩能够转动开合，既实现了挡风的功能，又可调节光线的明暗度和照射角度。之所以称其为"环保灯具"，是因为雁的腹部盛有清水，灯被点亮后产生的烟会顺着雁的颈部进入雁的腹内，最后溶于水，从而避免了对环境的污染。

中国紫

作为中国古代人工合成的两种有色化合物，中国蓝和中国紫不但代表了古代中国科技史中独树一帜的文明成果，还丰富了中国古代颜料的种类，是古代先民的智慧结晶。中国蓝和中国紫作为颜料，在秦始皇帝陵兵马俑身上的彩绘中已经发现。

"中国紫"目前在自然界中还未发现，是中国古代人工制备的一类无机颜料。化学成分为硅酸铜钡，属混合物，易溶于水，在今天也是需要利用最新科学技术才能合成的一种物质，化学式是$BaCuSi_2O_6$。

中国蓝、中国紫的粉末

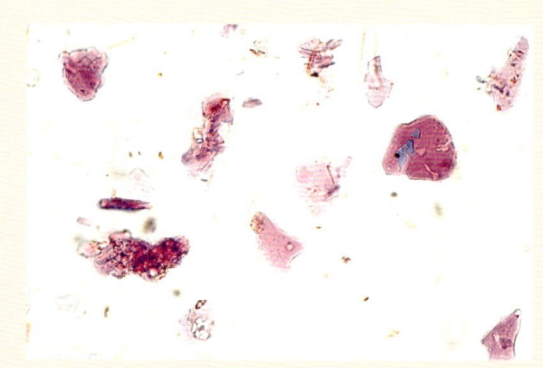

偏光显微镜下中国紫颜料颗粒

中国紫的广泛使用

该颜料在战国晚期至东汉晚期的中国大量使用，诸如秦始皇帝陵兵马俑、秦代宫殿壁画、西汉墓室壁画、彩绘陶器、彩绘陶俑等，均检测出极大量的"中国紫"和"中国蓝"及其他各色颜料的使用痕迹。

中国紫的制备方法

中国紫的制备较为复杂，需要石英、石青、硫酸钡，同时需要使用氧化铅或者碳酸铅作为助熔剂，调和之后在 1000℃ 左右的情况下，发生化学反应形成中国紫。在现代工业条件下，用石英粉作硅源，铜绿和氧化铜作铜源，硫酸钡、碳酸钡和氧化钡作钡源，氧化铅作铅源，才能模拟制备出包括中国紫（$BaCuSi_2O_6$）在内的古代人造硅酸铜钡颜料。

陕西靖边杨桥畔汉墓出土彩绘陶盒 　　陕西靖边杨桥畔汉墓出土彩绘陶灶 　　河南洛阳东汉墓中国紫彩绘壁画

中国紫为主要呈色物质时的使用情况表

时代	用途	文物载体	来源地区
战国晚期、秦	制品	珠子、管、八棱柱	河南洛阳西工区、吉林二龙湖、甘肃马家塬、陕西西安南郊秦墓
秦、西汉早期	颜料	宫廷壁画	陕西秦咸阳宫、汉长乐宫
秦、西汉、东汉早期	颜料	彩绘陶器（俑）	陕西秦始皇陵及兵马俑、榆林老坟梁、汉阳陵，山东香山、危山，江苏楚王陵，河北满城汉墓
西汉	颜料	彩绘青铜器	
西汉、东汉	颜料	墓葬壁画	河南洛阳烧沟、陕西旬邑
东汉	镇墓瓶颜料块	颜料块	河南三门峡南交口

天人合一的哲学观

天人合一是古代中国人在整个自然界寻求秩序，并将之视为一切人类关系的理想。先秦两汉时期的中国哲学家创立了这一思想，后代的哲学家将这一思想发展成熟。天人合一的哲学观，是东方综合思维模式最高、最完整的表现，弥补了西方分析思维模式的不足。

Philosophical Notion of "The Harmony between Man and Nature"

The philosophy of "Harmony between Man and Nature" represented the ancient Chinese vision of establishing order in the natural world and making it the guiding principle for all human relations. This concept, originated in Pre-Qin and Han dynasties through the ideas of Chinese philosophers, was refined by subsequent thinkers, epitomizing the zenith and completeness of the Eastern model of synthetic thinking, providing a compelling counterpoint to the Western mode of analytical reasoning.

历史源流
Historical origin

● 天人合一思想是中国古代思想家关于天人关系的思考，强调天人关系的统一性。其发展大致经历先秦、西汉和宋明三个阶段。

关系	时期	内容
神人关系	殷商	人们盲目屈从于神，无所作为
神人关系	西周	天具有"敬德保民"的道德属性
儒家人与义理之天合一 / 道家人与自然之天合一	东周	儒家：人与义理之天合一，仁善非人固有，而是"天之所与" 道家：人与自然之天合一，天没有人伦道德意蕴，主张尊重天然，避免人为
	西汉	董仲舒创制天人交相感应学说
	宋明	发展为人与天地万物为一体的思想
	明清之际	"天人合一"思想趋于式微，清代朴学兴起，重在考据

古代帝国的工程与科技

古代帝国为了维系广阔的领土和社会民生，既要修建牢固的对外防御工事，也要建设便于通信、运输的道路，以及供给日常生活的水利系统。在一些以农业生产为主导经济的古代国家，日月更替、土地旱涝和四季的变换，直接影响了农作物的生长，而一套成熟的历法可以指导人们高效地进行生产，为古代帝国的社会经济提供了重要的物资保障。

Engineering, Science and Technology of Ancient Empires

In order to safeguard their vast territories and ensure the well-being of their people, ancient empires had to construct robust fortifications on one hand and develop infrastructures to facilitate communication and transportation as well as water conservancy system to support daily life on the other. In those ancient countries where the economy was agriculture-oriented, the cycle of day and night, the droughts, floods and changing seasons all impacted directly on the growth of crops. A sophisticated calendar system could guide people and facilitate efficient production, thus providing essential material support for the socio-economic stability of ancient empires.

罗马的工程建设

Engineering Construction of Ancient Rome

● 正所谓"罗马不是一天建成的"，从城市中心的平坦街道、美轮美奂的神庙和公共浴场，到纵横交错的水利系统、遍布行省的防御工事，古罗马的工程建设无不体现出帝国强大的财政积累和军事实力。时至今日，在欧洲各地仍能看到古罗马工程的遗址，通过饱经风霜却依旧坚固的砖石，我们得以一窥昔日帝国之盛景。

古罗马引水渠遗址

罗马水道

罗马水道在水源的开发、调蓄、分引、输水和保证城市用水方面均有显著成就。罗马城内有多条引水渠，古罗马的第一条引水渠是暗渠，全长 16 公里，修建于公元前 312 年—前 310 年；公元前 144 年，建设了第一条引水明渠，全长 90 公里，其中空架桥部分长度为 16 公里。古罗马建设了 10 余条引水渠，每天可供应 14 万吨水，部分渠道至今仍在发挥作用。

古罗马引水渠工作原理

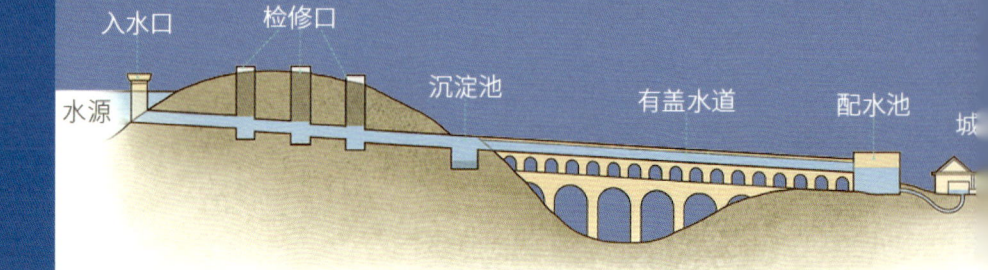

入水口　检修口　沉淀池　有盖水道　配水池
水源　　　　　　　　　　　　　　　　　　城

动能——科技成果的助力 Driving forces: Scientific and Technological Achievement

哈德良长城

　　哈德良长城位于不列颠今英格兰境内，修建于 122 年—127 年，与德国的北日耳曼—雷蒂恩界墙、英国安东尼长城，构成了世界文化遗产"罗马帝国边界"。

　　罗马皇帝哈德良于 122 年抵达不列颠时，英格兰与苏格兰的边境防线已稳步后撤到泰恩山谷，于是他下令在泰恩河口和索尔威湾一线修建长城，以保卫罗马帝国的占领地。由 3 个军团历时约 6 年分段筑成的哈德良长城，标志着罗马帝国扩张的最北界。

哈德良长城遗址

波斯御道

　　波斯御道是一条横贯波斯的大道，由波斯国王大流士一世主持修建于公元前 5 世纪。这条御道是波斯帝国的主轴，从萨狄斯的西边（今土耳其伊兹密尔东约 96 公里）出发，向东穿过今土耳其的中北部，直到古亚述国的首都尼尼微，再折向南方抵达巴比伦（今伊拉克巴格达）。御道还有诸多分支，这些分支可以通往地中海东岸、美索不达米亚北部和东部等地。御道设有多个驿站和信使，不仅是重要的运输通道，也可以保障帝国内部的快速通信，为帝国的高效运作发挥了重要作用。

古文明的历法

The Calendar Systems in Ancient Civilizations

● 不同地区的古代文明有着不同的历法传统。历法的制定与天文学密切相关，人们观察、记录、总结天体位置变化的规律，并结合当地的生产生活方式，来计算时间、规划生活。有了历法，曾令人们感到神秘莫测的自然界，逐渐变得有迹可循——"四季"不再是人们心中模糊的概念，农作物的种植技术更加成熟，人类文明的发展因此迈出一大步。

占星术

　　占星术，也称星象学，是用天体的相对位置和相对运动（尤其是太阳系内的行星的位置）来解释或预言人的命运和行为的系统。

第六章

玛雅历

玛雅历是一种精确的日历系统，通过两种独立的纪年系统来确定每一天。

第一种纪年记录了一个仪式活动的周期，现代的学者命其名为"卓尔金历"，卓尔金历分为 13 个月，每个月 20 天，玛雅人通过将 13 个月和 20 个日依次匹配，循环一次就是 260 天。

第二种纪年记录了太阳年，被称作"哈布历"。哈布历的一年有 365 天，分为 18 个月，每月 20 天，以及剩余的 5 个"晦日"。玛雅人将两种历法组合使用，形成了一个为期 18980 天的周期轮回。用我们中国人比较熟悉的方式来表述，即 52 年一个"甲子"。

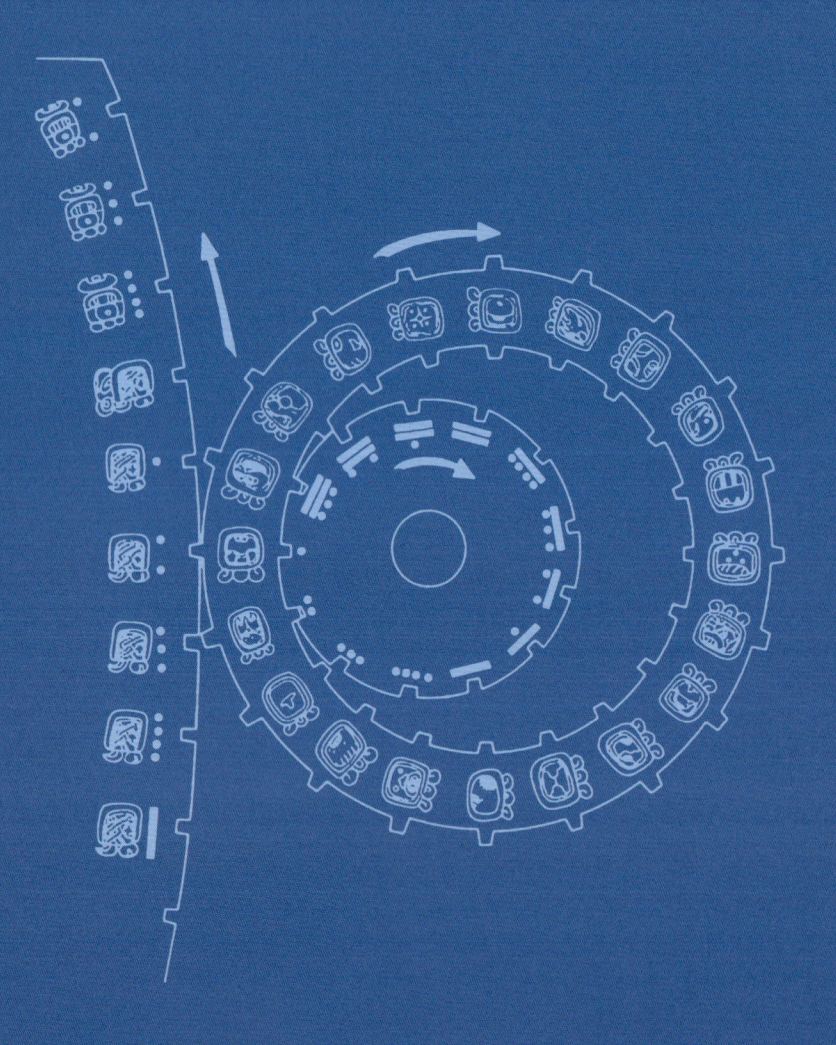

以 365 天为一周期的哈布历（左侧大齿轮）与以 260 天为一周期的卓尔金历（右侧两个小齿轮）的啮合图。

古罗马地理研究

Geographical Studies in Ancient Rome

● 古罗马继承了古希腊的地理学研究传统，随着疆域的扩张和物质资料的丰富，为学者的好奇心提供了充分的研究素材。古罗马出现了许多影响后世的地理学家和博物学家，他们不仅研究一个地区的自然属性，还研究它们之间的相互关系。他们的研究成果对后世乃至当今世界仍发挥着重要作用。

斯特拉波与《地理学》

斯特拉波（约公元前 64 年—公元 23 年）是古罗马的历史学家、地理学家，著有世界上第一部地理专著《地理学》，为西方地理学做出了极大的贡献。

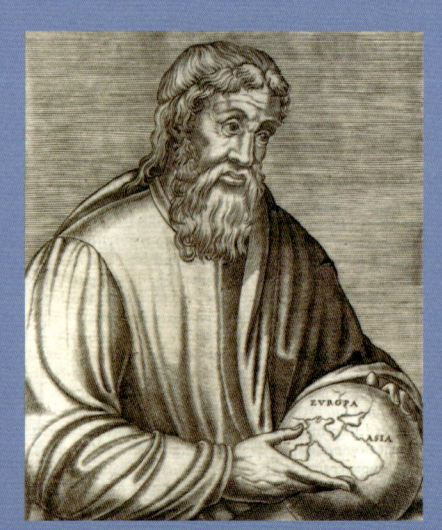

迪布纳科学技术史图书馆藏画

老普林尼与《博物志》

盖乌斯·普林尼·塞孔都斯（约23年—79年），通称"老普林尼"以与其外甥"小普林尼"区分，古罗马百科全书式学者，著有《博物志》。老普林尼一生勤奋好学，他研究天体、海洋、金属、动植物等多个领域，所著书籍是后人研究古代世界各个方面的重要史料。

古文明因生态破坏问题造成消亡的例子
Examples of Ancient Civilization Extinction Due to Ecological Destruction

- 文明的发展离不开对自然环境的改变。以古代罗马帝国为例，经考古研究发现，其大肆采矿和冶炼所排放的有害气体，曾造成北半球严重的大气污染；挖渠引水，导致山脉变化，影响了伊比利亚西北部的地貌；被征服地区向罗马进贡大量外来动物用于观赏、角斗和游戏，使这些动物濒临灭绝；通过农业活动、放牧和森林砍伐造成的地貌改变，使如今的地中海地区对于气候变化十分敏感。

- 遗憾的是，古罗马的境遇并不是个例，在一些地区，生态破坏甚至导致了文明的消亡。

苏美尔－巴比伦文明（今伊拉克地区）

苏美尔－巴比伦文明是诞生于两河流域上的伟大文明。如今，苏美尔文明已被埋藏在沙漠下，变成了历史遗迹。苏美尔文明败落的原因是多方面的，除了外部新兴文明如希腊和伊斯兰文明的征服和取代之外，还有农业开发所导致的生态环境的进一步恶化，包括不合理的灌溉对森林的破坏等，加之地中海气候的特点，使河道和灌溉沟渠淤塞，土地"盐化"，最终导致了在古巴比伦晚期，以吉尔苏为代表的大批苏美尔城市被永久放弃，苏美尔文明逐渐消亡。

古代巴比伦想象图

复活节岛文明（今复活节岛）

  复活节岛的居民，从 5 世纪时的小群体，经过 1200 年的发展，曾达到了 8000 至 20000 人的规模。但人们无节制地开发资源，砍伐树木、开发耕地，用木材制作独木舟、运送与竖立石像，还将其用作燃料、建筑材料等行为，导致到了 1600 年，复活节岛上的树几乎被砍伐殆尽，水土流失严重，土地也因此越来越贫瘠，农作物的产量下降。环境的剧变给复活节岛带来了巨大冲击，辉煌的文明无以为继。

复活节岛石像

楼兰古国（今中国新疆罗布泊地区）

楼兰文明的消失，是森林消亡和生态环境变化导致的区域性人类文明消失的又一具体例证。楼兰王国，位于古代塔里木河尾端一带，地处丝绸之路上的交通要道，在西汉时期尚处于中原汉族政权版图之外，为西域36国之一，是著名的"城郭之国"。全盛时期的楼兰，地势平坦，河湖密布，是植被茂密的绿洲。一个世纪以来，人们对古楼兰文明的起源、发展和消亡进行了广泛研究，认为楼兰文明的消亡与气候的变化、河流的改道、森林的覆灭、农业的衰退等生态环境的变迁和社会的长期动荡关系密切。

楼兰古国复原图

玛雅文明（今墨西哥等美洲地区）

玛雅文明曾有过辉煌的过去，但在10世纪初期突然神秘地衰落了，至今仍是千古难解之谜。研究表明，玛雅人为了满足人口的粮食需要，无限度地开辟耕地，大量砍伐或烧毁森林，并在梯田和台地上单一种植玉米，从而使水土流失日益严重，耕地生产能力严重耗损，造成生态环境极端脆弱，使农业生态系统抗病虫害能力减退，导致玉米花叶病毒连续爆发。玛雅文明因此失去了赖以生存的农业基础而走向衰落。

玛雅文明蒂卡尔神殿遗址

Mutual Learning:
China's Exploration of the Outside World

During the prosperous and economically booming eras of Qin and Han dynasties, extensive and comprehensive exchanges and interactions were initiated with the outside world through the Silk Road across the steppe, the overland Silk Road, and the maritime Silk Road. The colorful and diverse outside world came into the view for ancient China, while China's vibrant lifestyle likewise attracted the immigration of foreign populations. This heralded a new era in which China started to understand the world. From then on, the open and inclusive Chinese civilization has sustained its exuberant vitality by engaging in mutual learning, communication, and integration with other cultures.

互鉴
——中国对世界的探知

国运昌盛，经济繁荣，秦汉王朝与域外世界逐渐展开了大规模、全方位的交流与互动，从草原丝绸之路到海上丝绸之路，域外多彩的世界进入了中国的视野，中国多姿的生活也吸引着域外人口的迁入。古代中国认识世界的新格局打开了。自此，开放、包容的中华文明，始终与其他文明交流互鉴、和合融通，保持着旺盛的生命力。

中国境内秦汉时期外来遗物出土地点分布示意图

互鉴——中国对世界的探知 Mutual Learning: China's Exploration of the Outside World

早期秦文化的交流与发展

秦建国之初,地处西陲,与戎狄接壤,这为其与西域及草原地区经济、文化的交流提供了便利。考古资料表明,秦很早便经由西戎与西域地区有了文化接触,并从中获得了各类新的文化样式。

早期秦文化在自身的发展过程中,受到来自欧亚草原不同文化因素的影响,甘肃东部、新疆北部与阿尔泰—南西伯利亚地区之间,始终存在着文化的传播与交流,对汉代丝绸之路的孕育与产生起到了极其重要的作用。

Cultural Exchange and Development in Early Qin

At the beginning of its foundation, the Qin state was situated at the western frontier, adjacent to nomadic tribes. This geographic location provided opportunities for rich economic and cultural exchanges with the Western Regions and the steppes. Archaeological evidence reveals that Qin's cultural interactions with the Western Regions through nomadic tribes led to the adoption of a diversity of new cultural elements.

Furthermore, early Qin culture was influenced by various cultural elements from the Eurasian steppes. Continuous cultural transmissions and exchanges took place between eastern Gansu, northern Xinjiang, and the Altai-South Siberian region, playing an essential role in nurturing what would become the Silk Road during Han Dynasty.

早期铜镜演变比较图

	公元前9~前8世纪	公元前8~前7世纪	公元前7~前6世纪	公元前6~前5世纪	公元前5~前4世纪
A	01　02	03　04	05		06　07
B		01　02	03	04	05　06

A　01 延庆西拨子窖藏　02 岐山王家咀村窖藏　03 延庆玉皇庙墓地　04 凤翔东社采集
　　05 宝鸡甘峪春秋墓　06 怀来甘子堡 M8　07 行唐李家庄墓葬

B　01 北高加索别什塔乌采集　02 克拉斯诺雅尔斯克边区沙拉波林窖藏　03 克拉斯诺达尔边区克列尔梅斯斯基泰古冢
　　04 米努辛斯克博物馆藏品　05 塔格谢特采集　06 乌兰固木 M33

铜鍑（fù）

◎ 春秋
◎ 口径36.8厘米　通高38.2厘米
◎ 陕西宝鸡岐山王家咀村出土

◎ 铜鍑，是早期游牧民族最重要的生活用具，一般为双直立耳、筒形腹或球形腹，底部有圈足。我国出土的早期铜鍑，沿中原地区的北方和西北方呈弧线分布，年代区间约为西周晚期至战国时期（公元前9—前3世纪），中国以外尚未发现早于公元前9世纪的双耳圈足铜鍑。因此有学者认为，青铜鍑起源于中国北方农牧交错地带，后来当这一地区游牧文明形成后，这种适合游牧生活的炊具便在欧亚大陆草原早期游牧民族中广为流传。

透空双鹿纹金牌饰
- 战国
- 长8.7厘米 宽6.3厘米

双鹿纹金牌饰
- 战国
- 长10厘米 宽6.6厘米

鎏金牛纹铜牌饰
- 战国
- 长10.8厘米 宽5.5厘米

螭（chī）虎纹金饰
- 战国
- 直径3.5厘米 厚0.7厘米

秦文化中的域外文化因素

中国北方与欧亚草原的文化交流，早在商代就已经存在。战国晚期，秦地墓葬中出土了大量运用宝石镶嵌、珠化、掐丝等细金工艺的黄金制品，这些工艺大多源自西亚，体现出战国晚期秦国与欧亚草原之间文化的密切联系，也是早期中西方物质文明交流与传播的集中反映。

External Cultural Elements in Qin Culture

Cultural exchanges between northern China and the Eurasian steppe had already been established during Shang Dynasty. In the late Warring States Period, large amounts of gold artifacts, crafted with techniques such as gemstone inlay, granulation, and filigree, were unearthed from Qin burials. These techniques mainly originated from Western Asia, showcasing the intensive cultural engagement between Qin state and the culture of the Eurasian steppe in that era. This also highlights the early exchange and spread of material culture between the East and West.

神兽金饰

◎ 战国
◎ 长11厘米 ◎ 高11.5厘米 ◎ 重160克
◎ 1957年陕西榆林神木纳林高兔村出土

◎ 造型为一神兽(有学者称其为"格里芬")站立在一四瓣花形的托座上。托座的花瓣上有固定穿孔。神兽圆雕，勾喙、双耳竖立、环眼、蹄足，头上装饰带耳的勾喙鸟首，与神兽头部类似，尾端也装饰有一个带耳的勾喙鸟首。神兽身躯及四肢上部饰云纹。这种勾喙蹄足神兽是战国晚期中国北方地区常见的装饰纹样，圆雕的勾喙蹄足神兽目前只发现这一例，其他的均作为装饰纹样浅浮雕于相关器物表面，而且常常后肢朝上反转。

丝绸之路开通前我国境内出土的与草原文化相关的文物

秦人早期的活动地域位于西汉水上游、陇山东西、渭河及其支流汧河、牛头河流域，处于丝绸之路的东端、中原文化与草原文化接触的边缘地带。在早期秦文化中包含的诸如和田玉、短剑、铜鍑、金器等物质文化因素，表现出其与北方草原及域外文化的交流。

金腰带组件（17件）

战国晚期
甘肃马家塬墓地 M14 出土
甘肃张家川博物馆藏

金臂钏

战国晚期
甘肃马家塬墓地 M16 出土
甘肃省文物考古研究所藏

对虎纹金箔带形饰

战国
新疆阿拉沟墓地 M30 出土
新疆维吾尔自治区博物馆藏

虎豕咬斗纹金腰牌饰

战国晚期至秦
内蒙古准格尔旗西沟畔墓地 M2 出土
鄂尔多斯博物馆藏

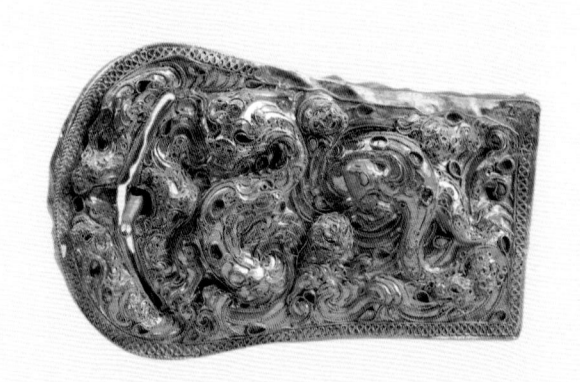

龙纹金带扣

西汉
新疆焉耆博格达沁古城黑圪垯出土
新疆维吾尔自治区博物馆藏

金牌饰

西汉

陕西西安缪家寨马腾空墓地 M15 出土

陕西考古博物馆藏

金盾

汉

山东莒县双合村汉墓出土

金玉玛瑙头饰和项饰

西汉

内蒙古准格尔旗布尔陶亥西沟畔匈奴墓出土

金蟾

汉

山东莒县双合村汉墓出土

金灶

东汉

陕西西安未央区卢家口出土

西安博物院藏

底部有金丝缀成的"日利"二字

银卧鹿

○ 战国
○ 长10.05厘米 ○ 重70克
○ 1957年陕西榆林神木纳林高兔村出土

中国北方早期铁器时代圆雕动物形象

动物纹装饰是著名的"斯基泰艺术"三要素之一，是北方民族和草原文化最为显著的标志。圆雕动物形饰件，广泛分布于战国中期和晚期的内蒙古中南部地区和甘宁地区，以鹿形、羊形、牛形等为主。这些饰件大多数为整铸，也有分铸后组装而成的。同一动物表现不同的姿态，一般呈现俯卧或蹲踞状，比例适宜，肌肉丰满，形象非常生动。

01 04 准格尔旗速机沟　02 05 06 准格尔旗瓦尔吐沟　03 神木纳林高兔　07 秦安千户
08 固原撒门村 M1　09 固原县马庄Ⅲ M4　10 伊金霍洛旗石灰沟　11 土默特右旗水涧沟门

金带钩（2件）

战国晚期
甘肃马家塬墓地M14出土
甘肃省文物考古研究所藏

铸造成型，为墓主手握之物。出土时短带钩握于墓主左手，长带钩握于墓主右手。
短带钩为长颈龙首、凸目、隆鼻、牛吻、卷须、弯角，钩身方形，正面高浮雕兽面，兽面有球形凸眼，眉、鼻、嘴呈卷云纹状，额、耳及面部轮廓边缘饰联珠纹，四角勾起的尾部饰羽纹，背面残存锡块，钩、身连接处开裂，身面局部微残。
长带钩为长颈兽首，造型似熊首，钩身椭圆形，正面高浮雕雌雄双龙缠绕图案，上端龙首圆大，双耳高竖，环眼圆凸，两眉对称斜弯呈"八"字形，方鼻，吻高凸，两侧卷须上翘，口部咬噬龙身，双爪扣锁龙身；下端龙首较小，呈三角形，圆耳，高凸目，额心圆珠纹，短鼻，椭圆形吻部，卷须，口噬龙身，双爪扣锁龙身。双龙身躯缠绕，饰云雷纹、联珠纹、凹窝纹、卷云纹等，背面残存大量锡块，颈部包裹条形弯钩铁胎，锈蚀膨胀后致使钩首金面开裂。
带钩是中原文化特有的腰带组件，马家塬墓地出土的带钩体现了中国北方地区草原文化与以秦文化为代表的中原文化之间的交流与融合。

神兽纹腰牌饰陶模具

战国晚期至秦
陕西西安北郊乐百氏工地 M34 出土
陕西省考古研究院藏

秦国一位叫"苍"的铸铜工匠墓中出土，同出的还有其他类型的陶模具。这件长方形腰饰牌的模具上有3个长方形小凹槽，背面附有草拌泥。模具中心是一后肢翻转朝上的神兽，神兽头生大角，角上装饰有带耳的勾喙鸟首，肩部和臀部装饰有螺旋纹。这种后蹄翻转180°的动物图样是早期铁器时代欧亚草原民族流行的一种装饰题材，从侧面反映出这一时期秦与欧亚草原民族间的文化交流与互动。

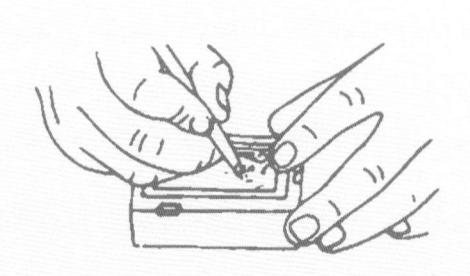

1. 制模 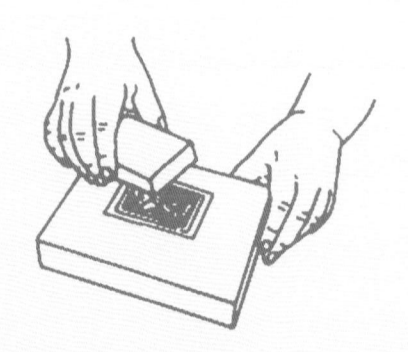　　　2. 拓范 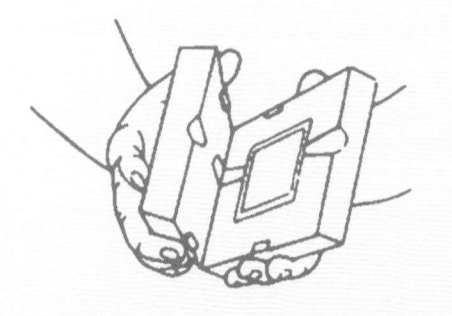　　　3. 合范

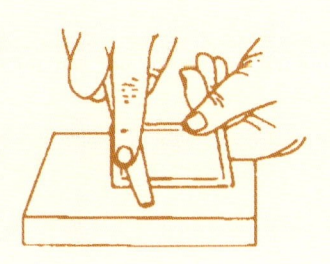

4. 浇铸　　　　　5. 去范　　　　　6. 修正

马鞍布上的凤鸟纹织锦

公元前 4 世纪
马鞍布长 226、宽 62 厘米
1947 年俄罗斯戈诺阿尔泰巴泽雷克墓地 5 号冢墓出土
俄罗斯艾尔米塔什博物馆藏

"山"字纹铜镜

公元前 4 世纪
直径 11.5 厘米
1947 年俄罗斯戈诺阿尔泰巴泽雷克墓地 6 号冢墓出土
俄罗斯艾尔米塔什博物馆藏

5 号冢墓出土的马鞍布上有来自中国的凤鸟纹织锦，6 号冢墓出土有中国中原地区生产的"山"字纹铜镜，这些物品成为草原丝绸之路形成的标志。

丝绸之路的开辟

两汉时期是中外文化交流最重要的开拓时代。古代中国与西方的陆路和海路交通格局，大致形成于这个时期。汉武帝建元三年（公元前138年）、元狩四年（公元前119年），张骞两度出使西域，史称"凿空"。汉武帝平定南越，灭卫氏朝鲜，建立汉四郡，开辟了通过南海、印度洋航路与西方交往的海上通路。丝绸之路的开辟，促使汉王朝开始联通世界。

The Establishment of the Silk Road

The Western and Eastern Han dynasties marked the most crucial period for the onset of cultural exchanges between China and various foreign territories. The formation of extensive land and sea transportation routes between ancient China and the West took shape during this era. Zhang Qian's historic missions to the Western Regions in 138 BCE, and again in 119 BCE, are also known as "Zao Kong", which epitomized the efforts to forge a path through uncharted territories. Emperor Wu of Han quelled the instability in Nanyue, dismantled the Wiman Joseon and established four commanderies there. He created maritime trade routes linking the South China Sea with the Indian Ocean, further facilitating access to the west. The establishment of the Silk Road significantly strengthened Han Dynasty's integration into the global network.

鎏金铜蚕

◎ 汉
◎ 高5.6厘米 ◎ 腹围1.9厘米
◎ 陕西安康石泉前池河出土

◎ 这是中国国内的首次发现。它的发现说明石泉地区在汉代的养蚕活动已经形成了相当规模，是汉代整个丝绸生产业态的重要见证，也反映了丝绸在中国古代中西方贸易中的重要地位。

◎ "古丝绸之路打开了各国友好交往的新窗口，书写了人类发展进步的新篇章。中国陕西历史博物馆珍藏的千年'鎏金铜蚕'，在印度尼西亚发现的千年沉船'黑石号'等，见证了这段历史。"

——习近平总书记在"一带一路"国际合作高峰论坛开幕式上的演讲

（2017年5月14日）

秦汉时期丝绸之路路线示意图

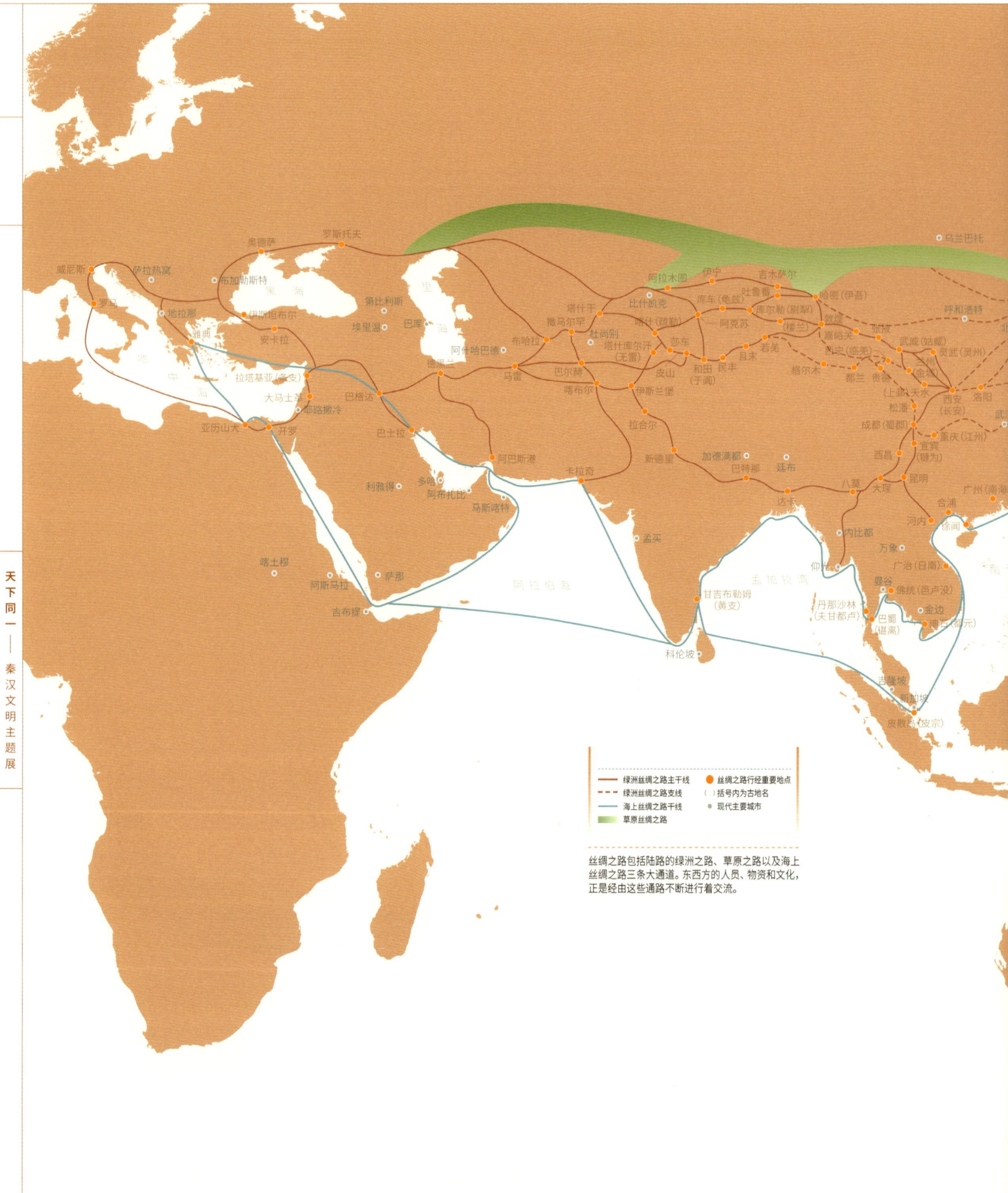

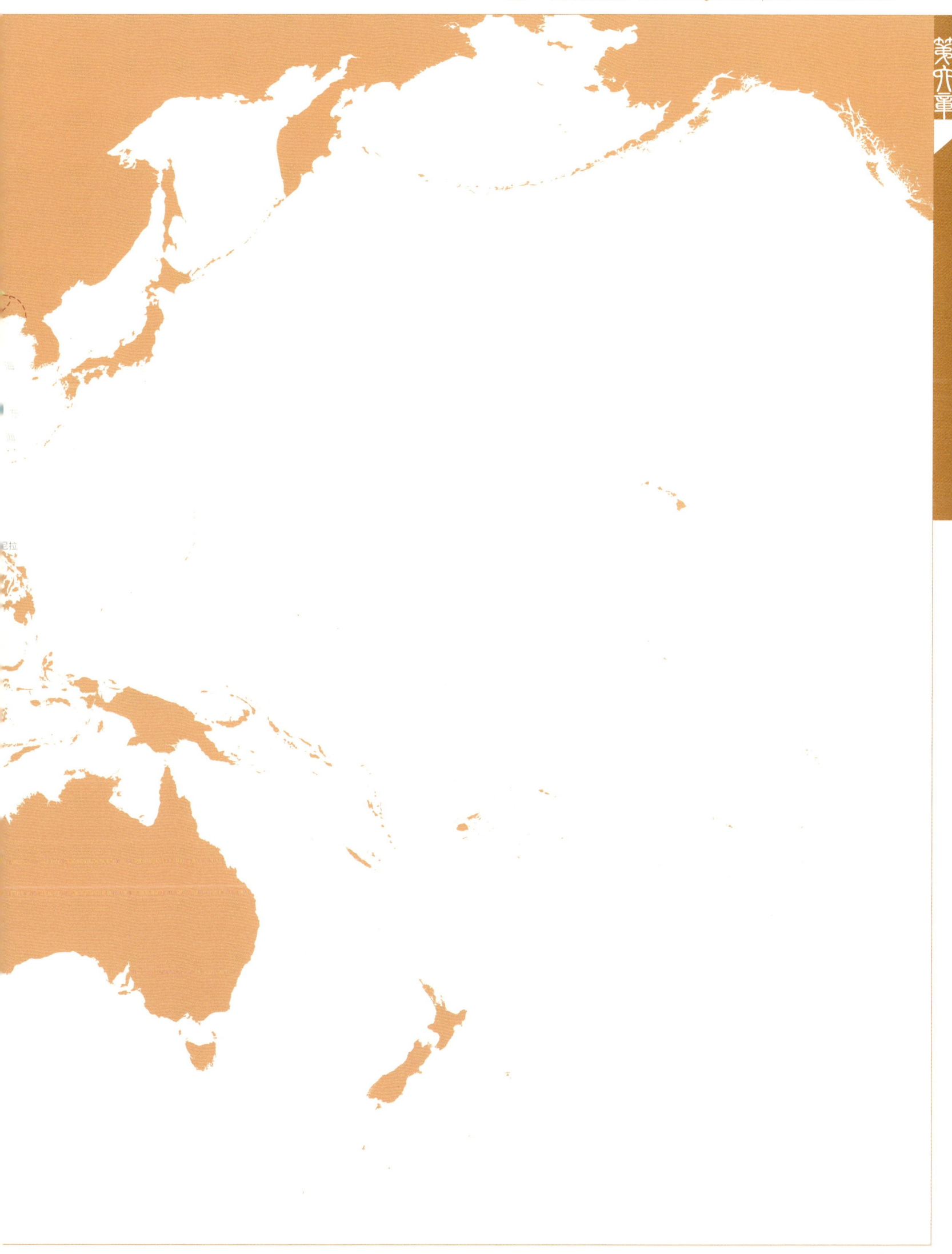

互鉴——中国对世界的探知　Mutual Learning: China's Exploration of the Outside World

从中国到罗马
From China to Rome

● 丝绸之路开通之前,在国际贸易中占据主导地位的是以地中海为中心的海上贸易体系。丝绸之路开通后,欧亚大陆连成一体,形成了新的国际贸易体系。《后汉书·西域传》记载汉桓帝延熹九年,『大秦王安敦遣使自日南徼外献象牙、犀角、玳瑁』,这表明,从印度洋到太平洋的大航道已经打通,将当时世界上的汉与罗马两大帝国联系起来了。

素面丝绸残片
- 汉
- 残长30～125厘米 ○ 宽30厘米

汉代丝织业发展概况及织机复原图

汉代是我国纺织史上重要的发展阶段，也是第一个高潮阶段。除了满足国内丝织品市场的供需外，两汉边市的开放和发展更加促进了汉朝与边境诸族贸易的发展，促使中原地区的丝织品不断运往周边地区进行销售。为了处理好与周边各族的关系，汉王朝采取了和亲及通关市的政策。随着政策的实施，少数民族的"来朝""进献"，汉廷对其赏赐或给遗异常慷慨，赏赐的物品以丝织品为主；此外，汉代丝织品的对外贸易对还包括大量对大秦、琉球、天竺、朝鲜等欧洲和东南亚各国的丝织品输出。汉代的丝织品质量非常高，当时的富人以穿"襄邑锦绣"为阔气和时髦。正是因为汉代的丝织品极为闻名，使其在对外贸易过程中成为一主要商品，并通过丝绸之路远销欧亚各地。满足大量贸易往来的产量得益于这一时期纺织技术的极大提高，无论是在产品品种上，还是染色、印花以及加工工艺上，汉代丝织品都相较前代有了较大的提升与突破。根据各类史料可知，汉代仅丝织品的种类就有锦、绣、绮、绢、缟、绛、缣、罗、纨、绨、紬、素、练、纱、缎、缦等数十种。从各类织物的工艺来看，可知西汉时期使用的纺织工具结构已经相当复杂。虽未在考古发掘中发现实物，但根据画像石的图像及各类文字记载已可大致复原出当时的织机形制。

汉画像石曾母断机训子图

夏鼐绘制的汉代织机复原图

赵丰复原的汉代斜织机

长安城北渭桥遗址出土的古船

- 汉
- 拼合后通长9.71米 ◎通宽1.98米（东部残宽1.3米，西部残宽1.7米）◎中部深0.83米
- 陕西咸阳渭河北埠岸南出土

◎ 由16块船板采用不同形式的榫卯结构连接而成。这种在船板之间嵌入小木板、再用木钉固定的榫板拼接方式，在罗马时期的地中海地区的木船上已经广泛使用，但在其他地方却很少发现。这条古船是罗马地区以外首次发现应用这种榫卯方式连接的船体，是"丝绸之路"两端文化互鉴的见证。

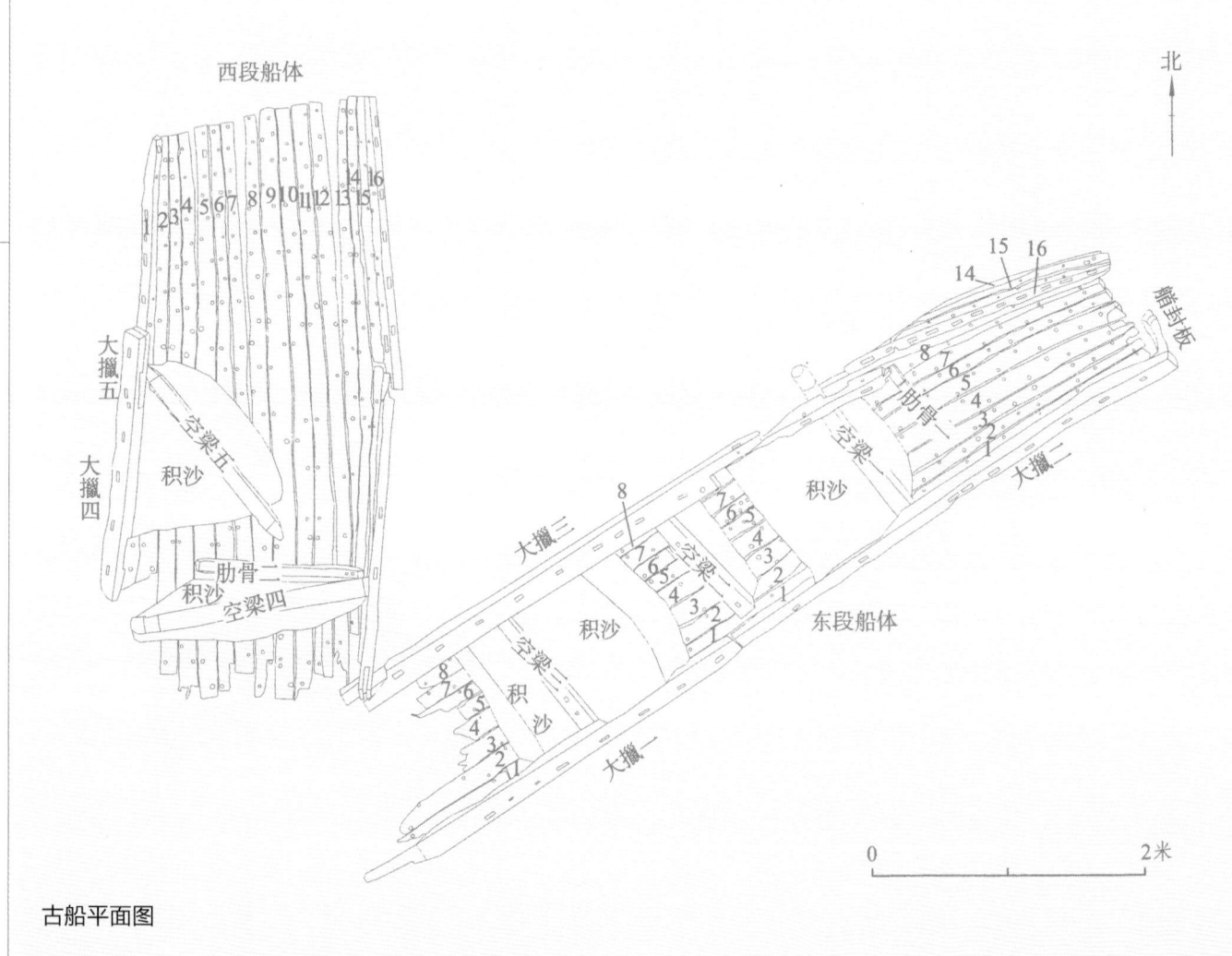

古船平面图

古船部分细节图

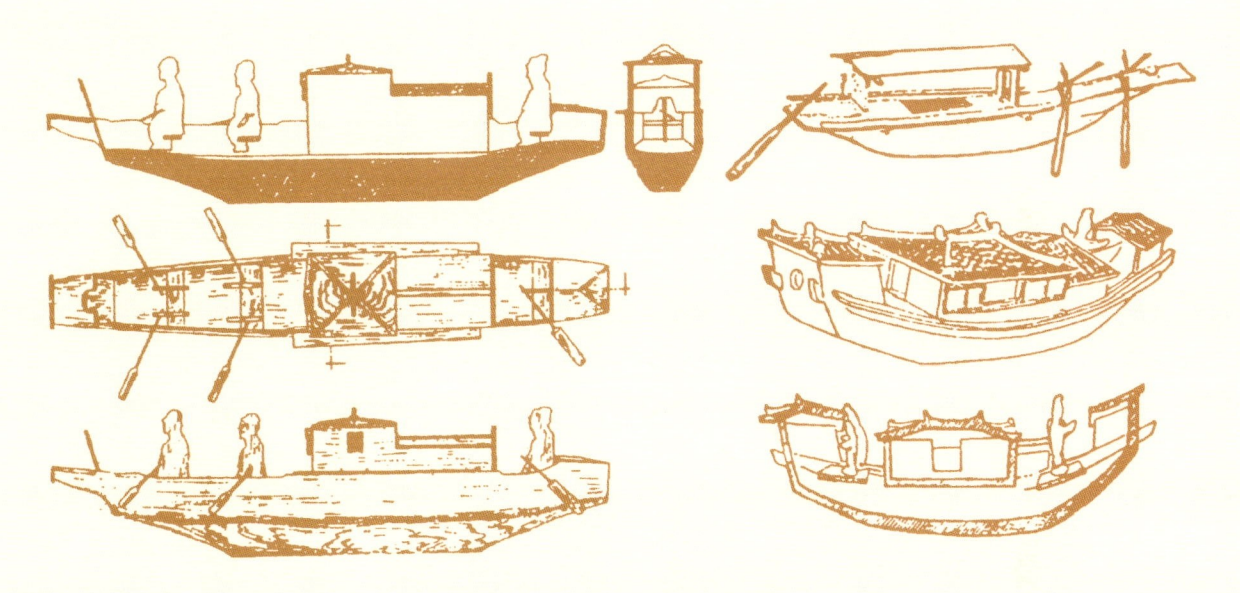

秦汉时期出土的木船、陶船

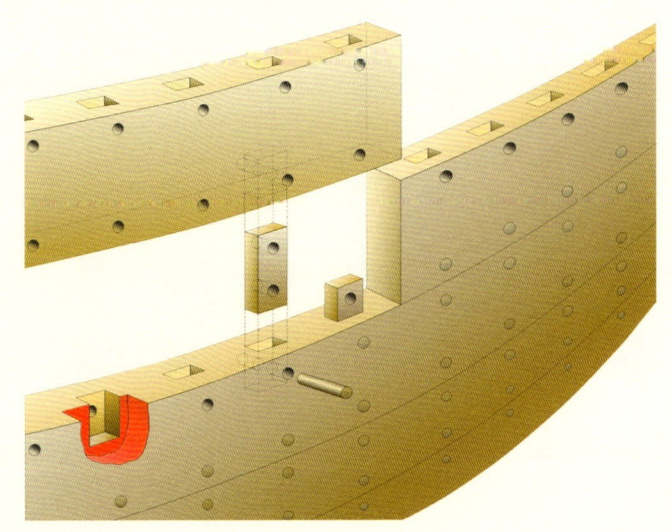

罗马造船技术，榫卯结构图

鎏金斗兽纹铜牌饰
- 汉
- 长9.6厘米　高4.6厘米

鹰兽相搏纹铜牌饰

◎ 汉
◎ 长13厘米 ◎ 高8.1厘米
◎ 1955年陕西西安红庙坡砖瓦二厂出土

玛瑙琉璃耳饰
◎ 汉
◎ 最大径1厘米

琥珀动物
◎ 汉
◎ 长1.5厘米 ◎ 宽1厘米

琥珀动物
◎ 汉
◎ 长1.3厘米 ◎ 宽0.7厘米

琥珀虎

- 汉
- 长1.7厘米 宽1.1厘米 高1.2厘米

紫兰宝石

- 汉
- 长2厘米 宽1.1厘米

胡人形釉陶烛台（一组两件）

◎ 汉
◎ 高28厘米

"长宜子孙"连弧纹铜镜

- 汉
- 直径25.9厘米

彩绘茧形壶

◎ 汉
◎ 口径12厘米 ◎ 高25厘米

龙首提梁铜扁壶

◇ 汉
◇ 口径7.9厘米 ◇ 通高26.5厘米
◇ 1956年陕西西安南郊经二十路出土

战国、秦汉时期扁壶分布范围示意图

秦汉时期扁壶分布情况

一般认为，茧形壶、扁壶和蒜头长颈壶这三类器物是最具代表性的秦文化典型器，尤其是扁壶，因其精美的制作与独特的造型，历来受到中外文物界的重视。典型的秦式扁壶主要流行年代是战国及秦汉时期，其在我国分布范围的扩大与秦汉王朝疆域拓展同步。

皮囊形铜扁壶
- 汉
- 口径5.4厘米 高28.1厘米

汉代皮囊形壶流行时代主要为西汉中期至东汉，产地集中于胡汉交错地区的陕北高原及河套地区的鄂尔多斯草原。其造型虽然属于扁壶，但与战国至汉代流行于中原地区的椭腹扁壶不同，其形象来源于对匈奴人皮囊壶的模仿，而铸造工艺和文化渊源则来自中原的传统。皮囊形壶是两汉时期，中原工匠使用传统青铜器铸造工艺，结合北方草原民族生活习性而产生的融合性器物，其具有携带方便、适于游牧生活的优点，又蕴含着中原传统文化中祈愿多子多福、连年有余的朴素信仰，是陕北至鄂尔多斯高原地区民族融合的实物见证。

海上丝绸之路的开辟

The Establishment of the Maritime Silk Road

● 随着航海技术的进步，汉代也渐次开辟了通过南海、印度洋航路与西方交往的海上通路。汉武帝元鼎六年（公元前 111 年）汉平南越，置南海等九郡。从日南、徐闻（今广东徐闻附近）、合浦（今广西合浦东北）等港口出发，沿近海航行，经都元（今越南迪石一带）、邑卢没（今泰国古港佛统）抵达谌离（今泰国克拉地峡北丹那沙林），再从陆路穿过克拉地峡到达夫甘都卢（今缅甸丹那沙林），然后在印度洋换航至黄支（今印度甘吉布勒姆）。从黄支再往南经己程不国（今斯里兰卡），向东穿过马六甲海峡，经皮宗（今新加坡以西皮散岛），即可返航归抵汉日南郡象林地界（今维州县南）。

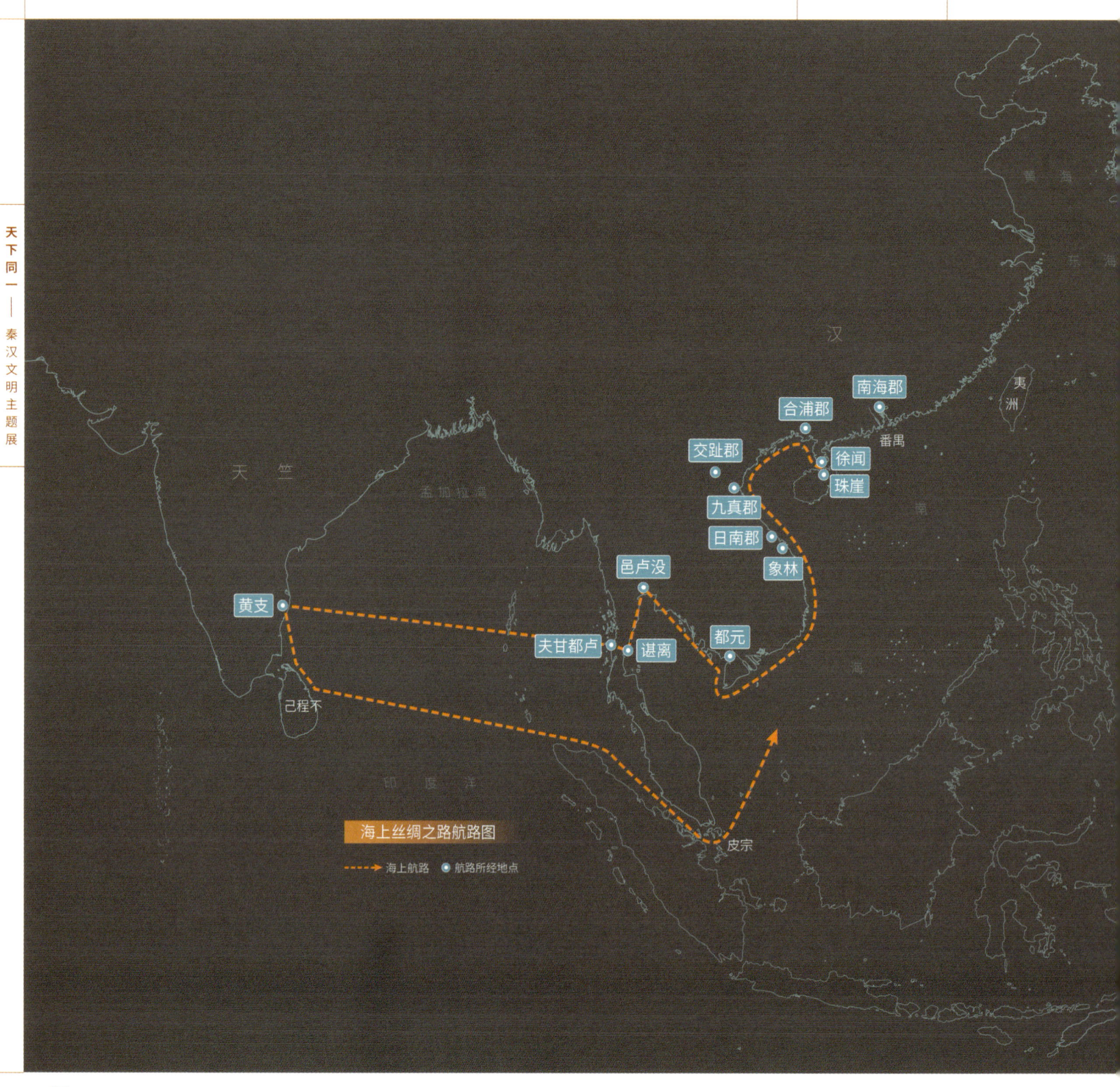

海上丝绸之路航路图
- - - → 海上航路　● 航路所经地点

锤揲工艺

锤揲法是利用金和银延展性较高的性质，将金银加热后用锤子敲打金银片再制成各种器具的工艺技法。它传入中国后，逐渐成为了金银器制作的主要方法之一，也是金银器制作最基础的工艺。其他的金银器制作工艺大多是在锤揲工艺的基础上进行的。

裂瓣纹银盒
汉
通高12.1、内径14.8厘米，重572.6克
广州象岗西汉南越王赵眜（huá）墓出土
南越王博物院藏

焊珠工艺

焊珠工艺即用细小的金属珠粒通过焊接固定在基体表面之上，排列成装饰性或具象性图案的装饰技术。这种工艺传入中国后被广泛运用于各类饰品上。

镂空花金球
东汉（25～220年）
直径1～1.5厘米，重40克
1959年长沙市五里牌李家老屋9号墓出土
湖南博物院藏

从丝路向太空

几千年以来，历代中国人秉承创新精神，不惧风雨，一路向前……

战国的西南丝绸之路

李冰，西南丝绸之路的开拓者。约公元前256—前250年任蜀郡太守。先秦两汉时期，西南夷地区的"五尺道"是被《史记》《汉书》等文献明确记载的古道，意为宽约五尺的路。战国末年，李冰担任蜀郡太守期间，积薪烧断悬崖的岩石，开凿出"五尺道"。唐蒙南入通僰（bó）道时期，还能看到焚烧岩石的痕迹。李冰始凿的"五尺道"为西南丝绸之路的开通创造了条件。

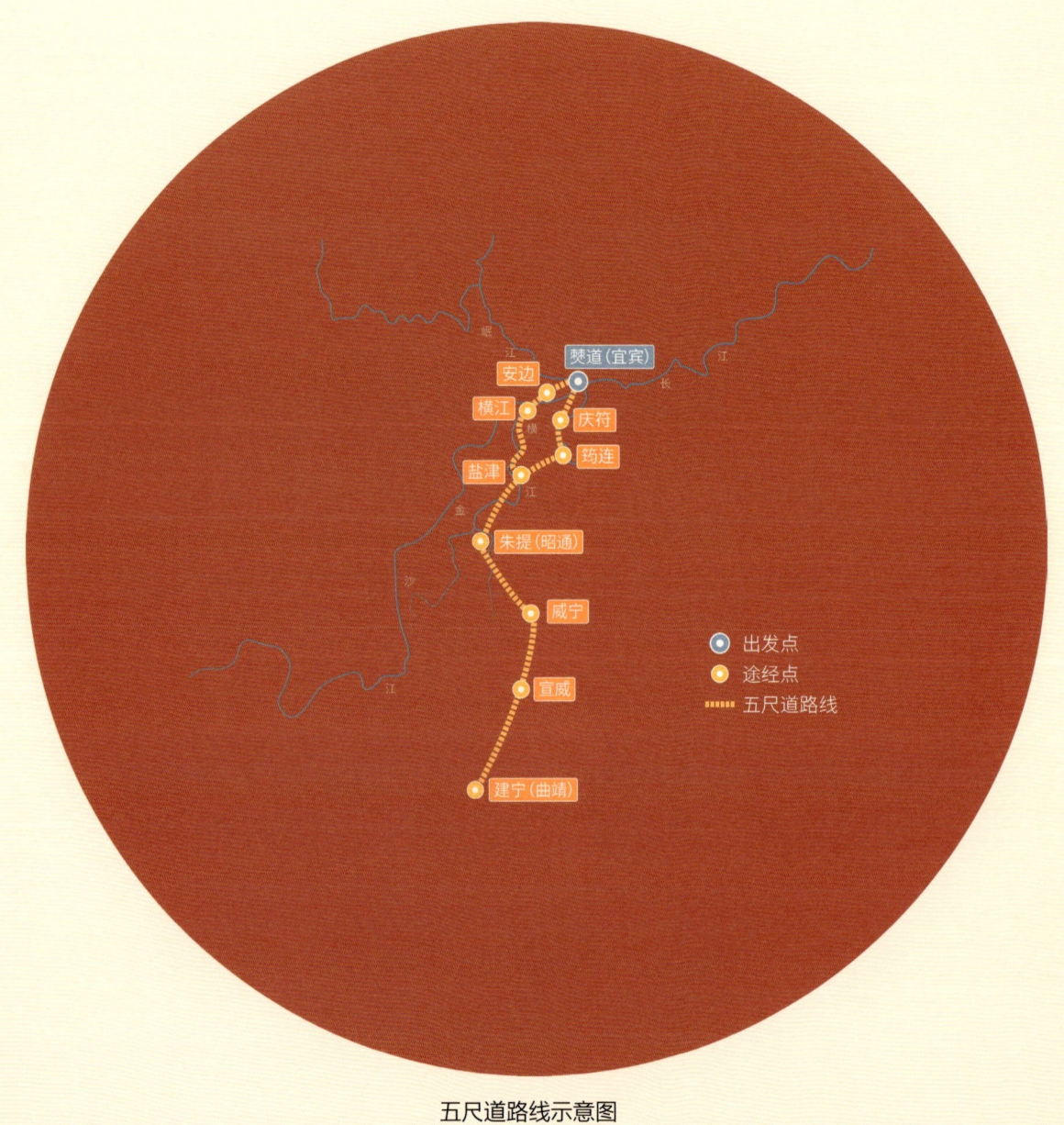

五尺道路线示意图

"凿空"西域

张骞,开辟丝绸之路的重要功臣。
公元前138年,张骞奉汉武帝之命,出使西域。
公元前119年,张骞第二次出使西域。
张骞两次出使西域,对汉王朝联合西域各国夹击匈奴并最终打通丝绸之路具有重要的历史意义。正是张骞等汉代使臣不畏艰险、锲而不舍的"凿空"精神,让后继的汉使们踏上了安息、身毒、条支等国的国土,安息等国使者的身影也络绎不绝地走在前往汉都城的茫茫沙漠中。

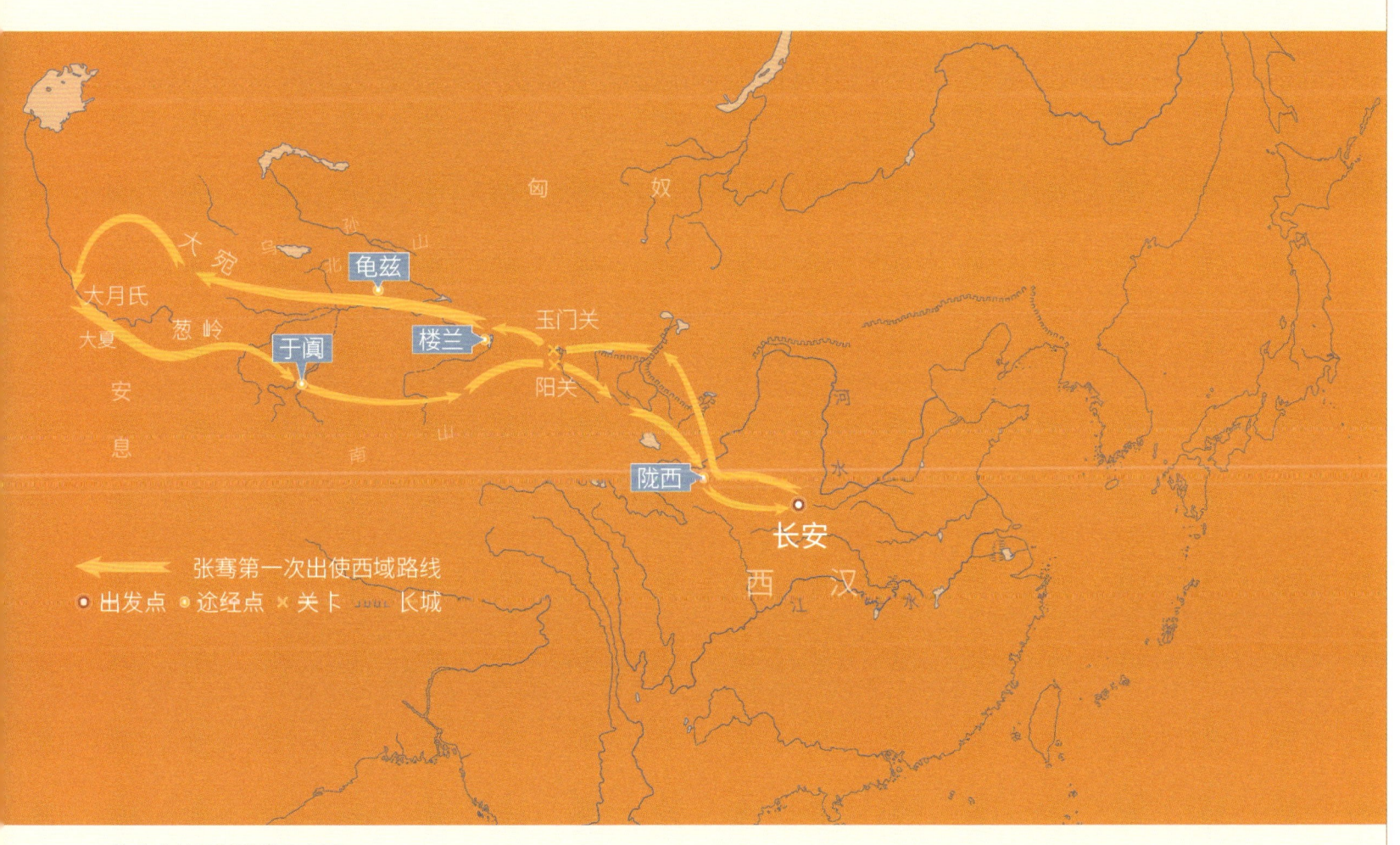

张骞出使西域路线示意图

从中国到罗马：班超经略西域

班超，东汉著名军事家和外交家。

永平十七年（74年），重置西域都护府。

东汉时期，汉王朝对西域的经营与控制相对曲折。《后汉书·西域传》记载："自建武至延光，西域三绝三通。"班超在西域三十余年，历经明帝、章帝、和帝三朝，在复通西域的过程中有着卓越的功绩。他稳定了当时的西域局势，进一步加强了中原和西域地区的经济文化交流，对促进丝绸之路的畅通作出了卓越的贡献。

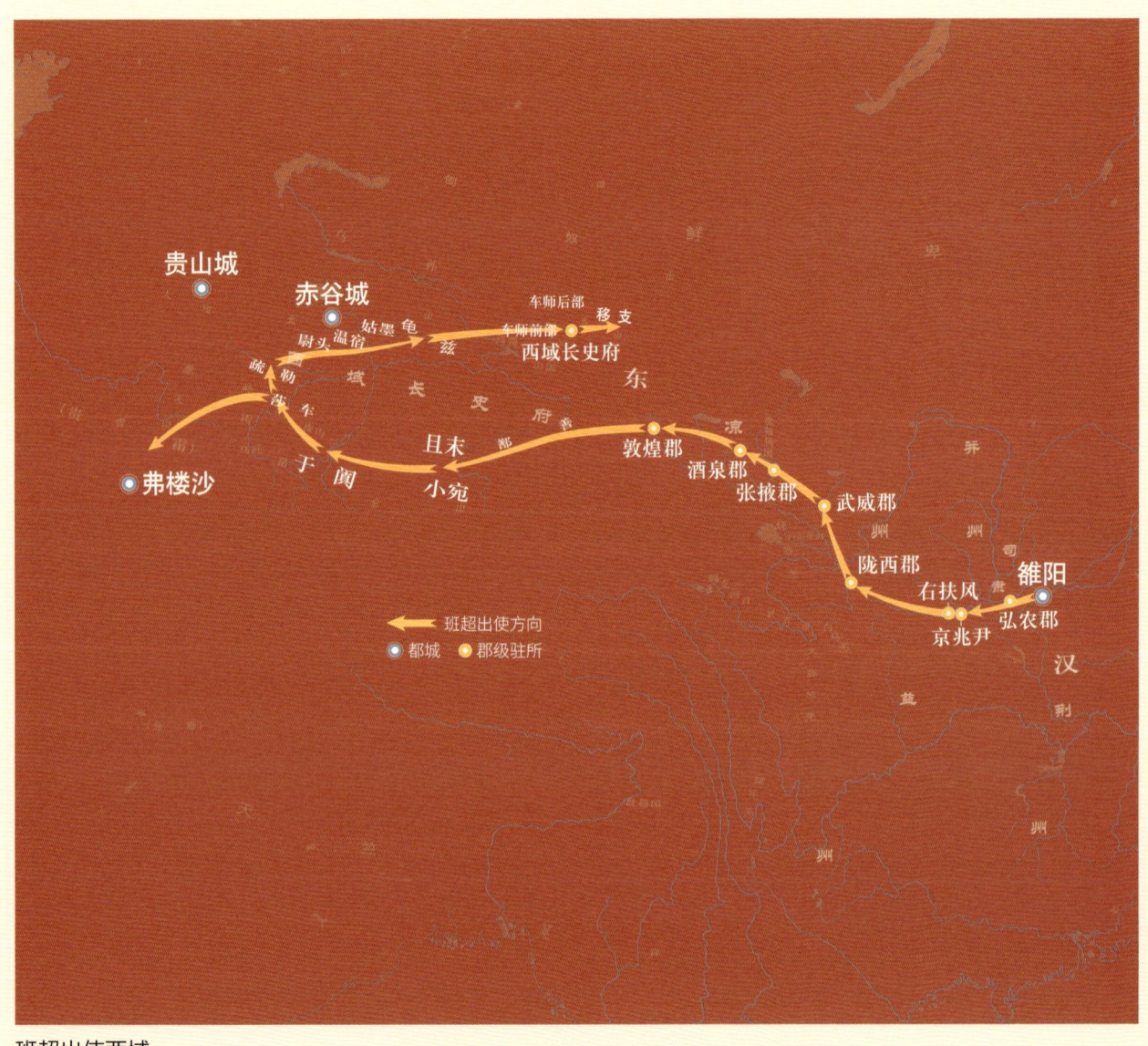

班超出使西域

出使罗马帝国的尝试

甘英，中国到达波斯湾第一人。

永元九年（97年）奉西域都护班超之命出使大秦（罗马帝国）。班超恢复汉朝对西域的控制权后，派甘英出使大秦，探寻直接同大秦贸易的商道，并宣扬汉威，招徕外域使臣。

甘英于永元九年从龟兹出发，途经西域多国，最终"抵条支，临大海欲度"。"海"非大秦所在的地中海，而是波斯湾。甘英虽未能成功抵达罗马，但他的出使丰富了东汉王朝对西方世界的了解和认识。

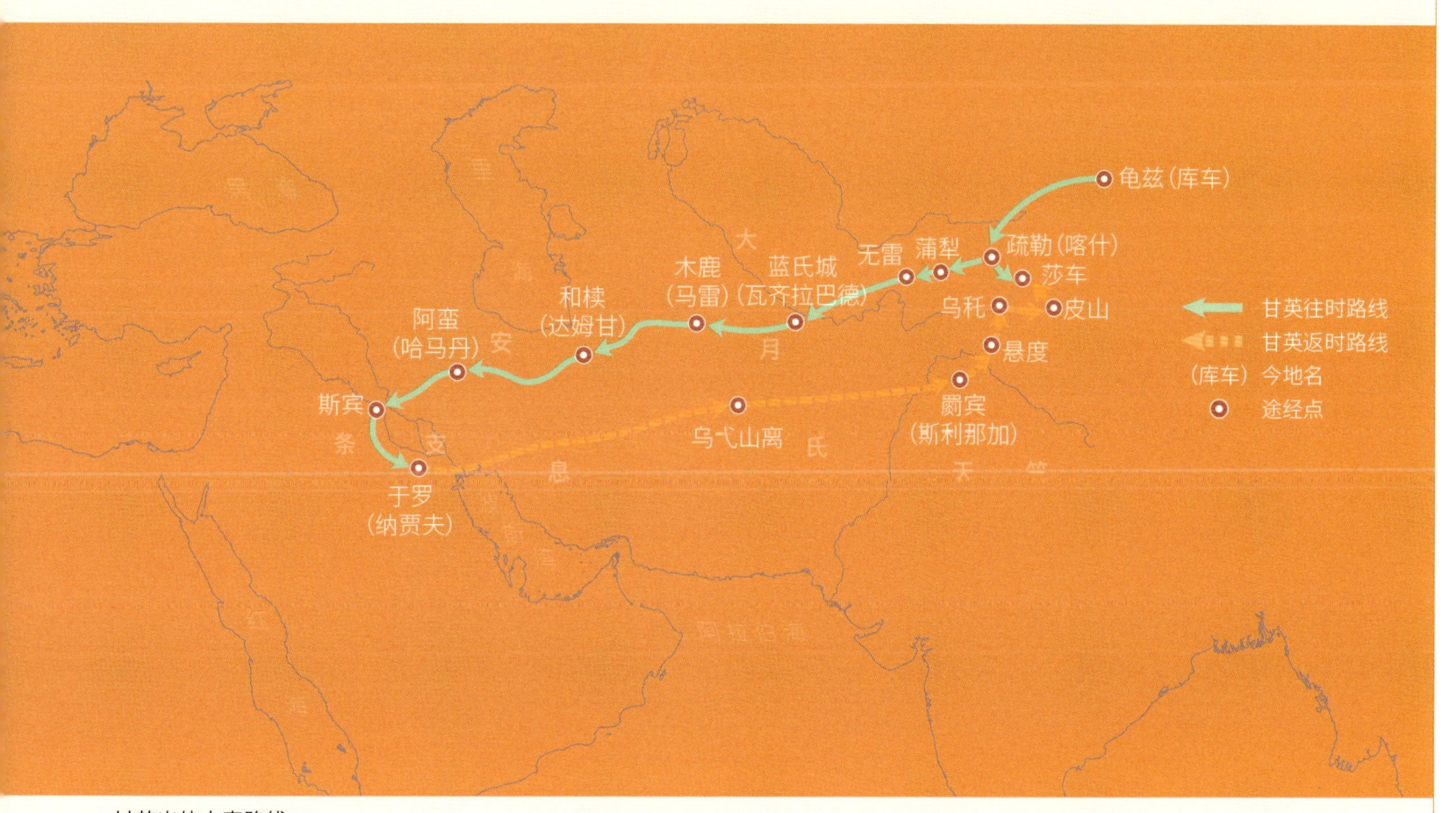

甘英出使大秦路线

大乘典籍汉土翻译的开端

支娄迦谶，大月氏人，东汉佛经翻译家。东汉桓帝末年从月支来到洛阳。

汉代丝绸之路南移，使古印度、古希腊的宗教与艺术通过丝绸之路进入今新疆地区，与华夏文明汇合。支娄迦谶于桓帝末年来到洛阳，不久通汉语，于灵帝光和、中平年间（178—189年）译出《般若道行经》《般舟三昧经》等。支娄迦谶所译佛经文字简明易懂，且准确传达了佛经的宗旨。

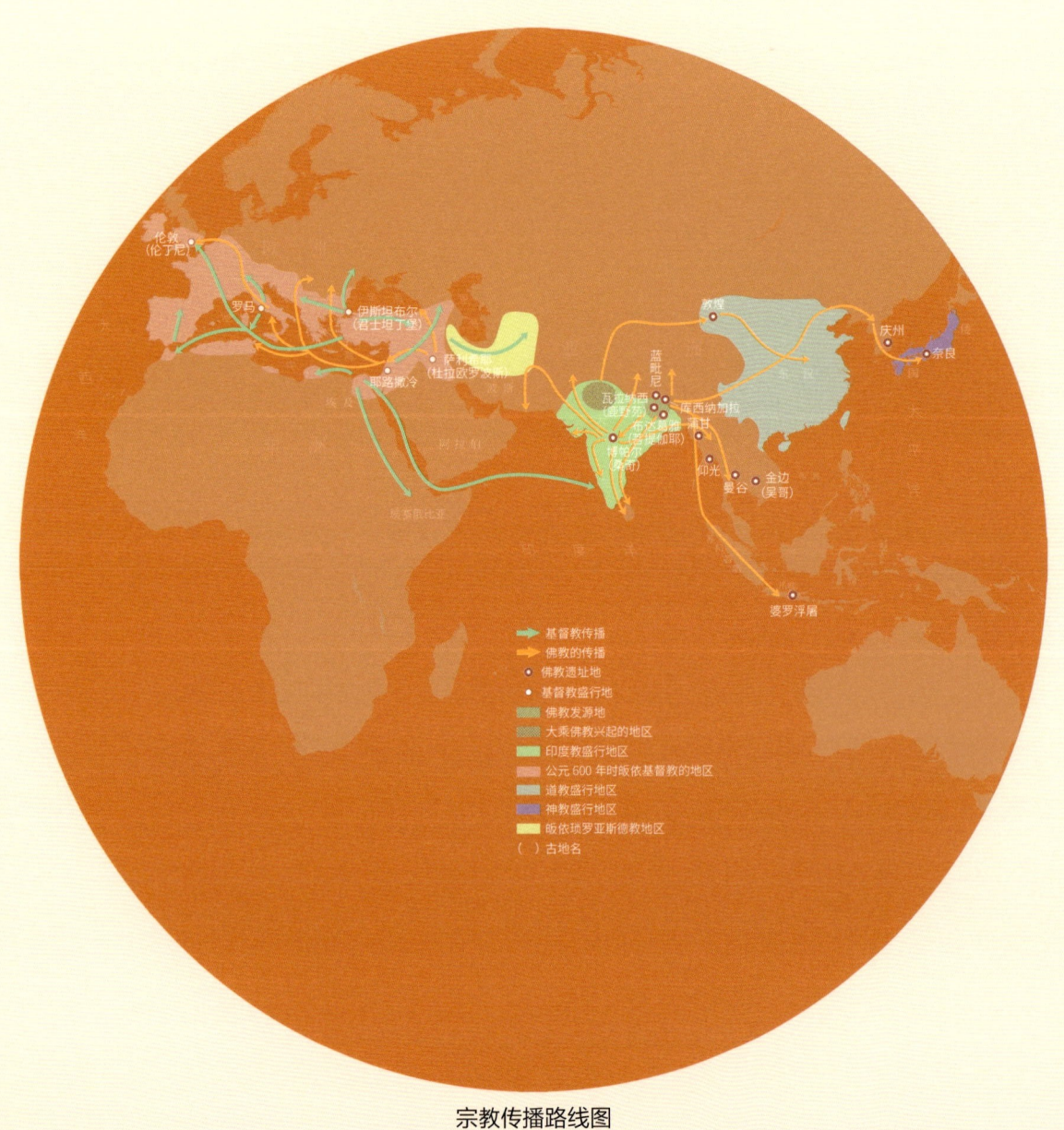

宗教传播路线图

途经两条丝绸之路的旅行家

马可·波罗，13世纪世界著名的意大利旅行家和商人。1275年经丝绸之路到达元大都。

马可·波罗17岁时沿陆上丝绸之路前来东方，于1275年到达元大都。1291年，他从泉州走海上丝绸之路，于1295年回到威尼斯。13世纪之前，中西方的丝绸之路交流停留在以贸易为主的经济联系上。而《马可·波罗游记》激起了欧洲对东方世界的好奇心，从此，中西方之间直接的政治、经济、文化交流的新时代开始了。

马可·波罗来华及返回路线示意图

海上丝绸之路的鼎盛

郑和，明朝航海家和外交家。1405 年开始率舰队下西洋。1405 年至 1433 年，郑和受命率领庞大的远洋舰队七下西洋，涉海十余万里，走出亚洲，横跨西太平洋、印度洋，最远到达非洲东北部。据《明史·郑和传》记载，他出使过的城市和国家共有 36 个。郑和在宋元以来海上航线的基础上，发展出多条交叉的综合海上丝绸之路网络，将海上丝绸之路的发展推向鼎盛。

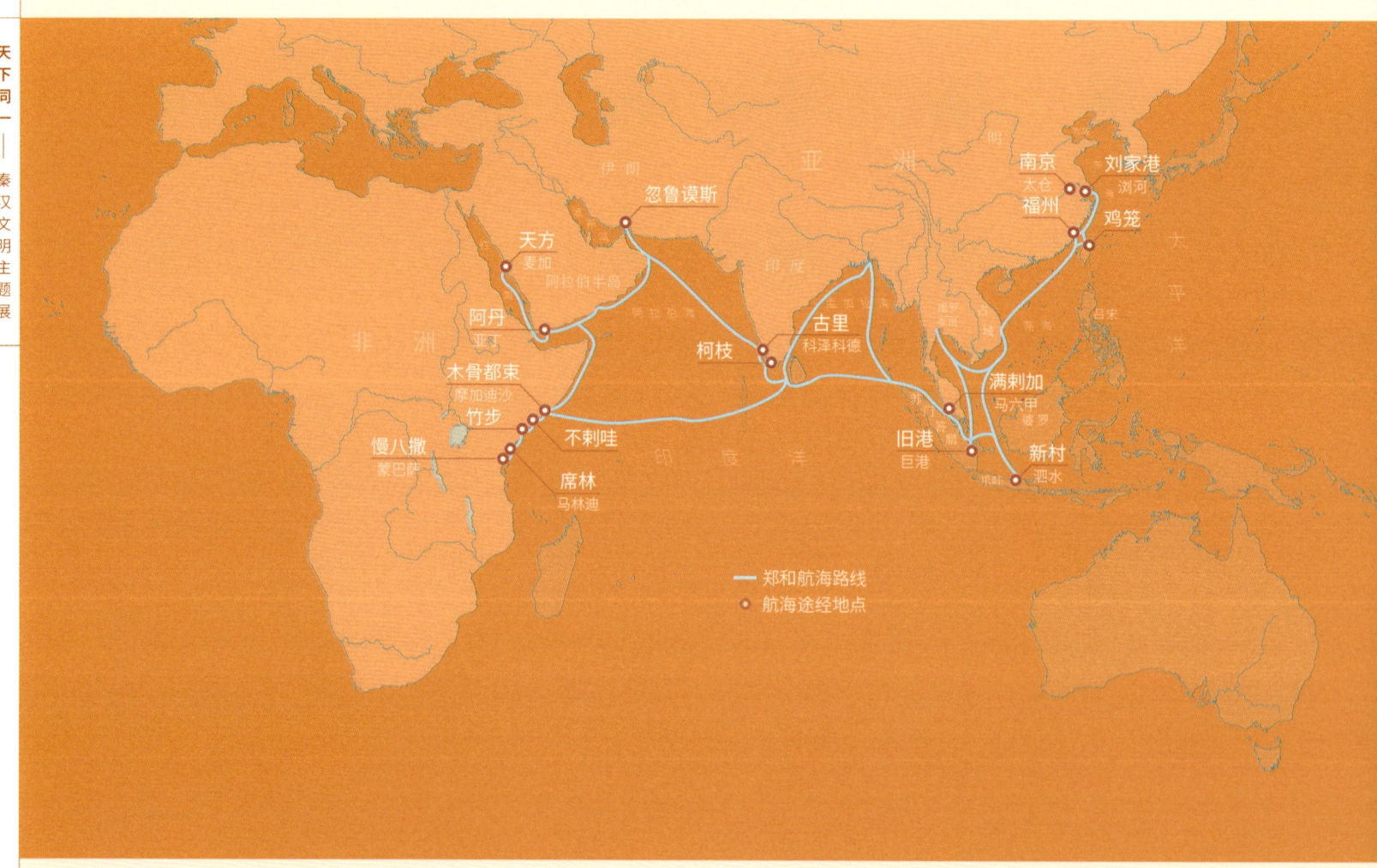

郑和下西洋

走向太空

人物群像

1992 年载人航天工程开始启动。

遨游太空一直是中华民族五千年来的梦想。从 1992 年载人航天工程启动以来，三十多年的时间里，我国实现了从载人飞船到空间站的飞跃，中国成为能自主进行载人航天的 3 个国家之一，跻身航天大国之列。未来，中国航天将继续我国通往深空的探索之路，加强与世界各国的合作，共同促进人类未来的发展。

从"国家意识"到"世界观念"

丝绸之路的开通,极大地拓展了汉王朝统治者的政治时域,汉王朝所构建的"王者无外,天下一家"的政治秩序观念得以在更为广阔的政治地理空间背景下被重新型塑。海陆丝绸之路不但沟通了欧亚大陆的文明版图,更让汉帝国在古代世界东西方文明的交流互鉴中占据着重要地位。

From "National Consciousness" to "Globe View"

The establishment of the Silk Road significantly broadened the political perspective of the rulers of Han Empire. The political concept of "To the emperor, there is no foreign land and all lands under heaven are of one family" was redefined within a wider geopolitical context. The maritime and land Silk Road not only interconnected the cultural realms of Eurasia but also made Han empire a pivotal participant in the exchanges and mutual learning between eastern and western cultures in the ancient world.

贵霜铜币

◎ 汉
◎ 直径2.5厘米

◎ 贵霜帝国（30—375年）主要发行金币、铜币以及部分银币。受到希腊化风格的影响，贵霜货币一面刻有神的形象，另一面则刻画着国王。国王通常侧立于琐罗亚斯德教的祭坛中，手握圣枝束，也有骑马奔驰的形象。

（放大）

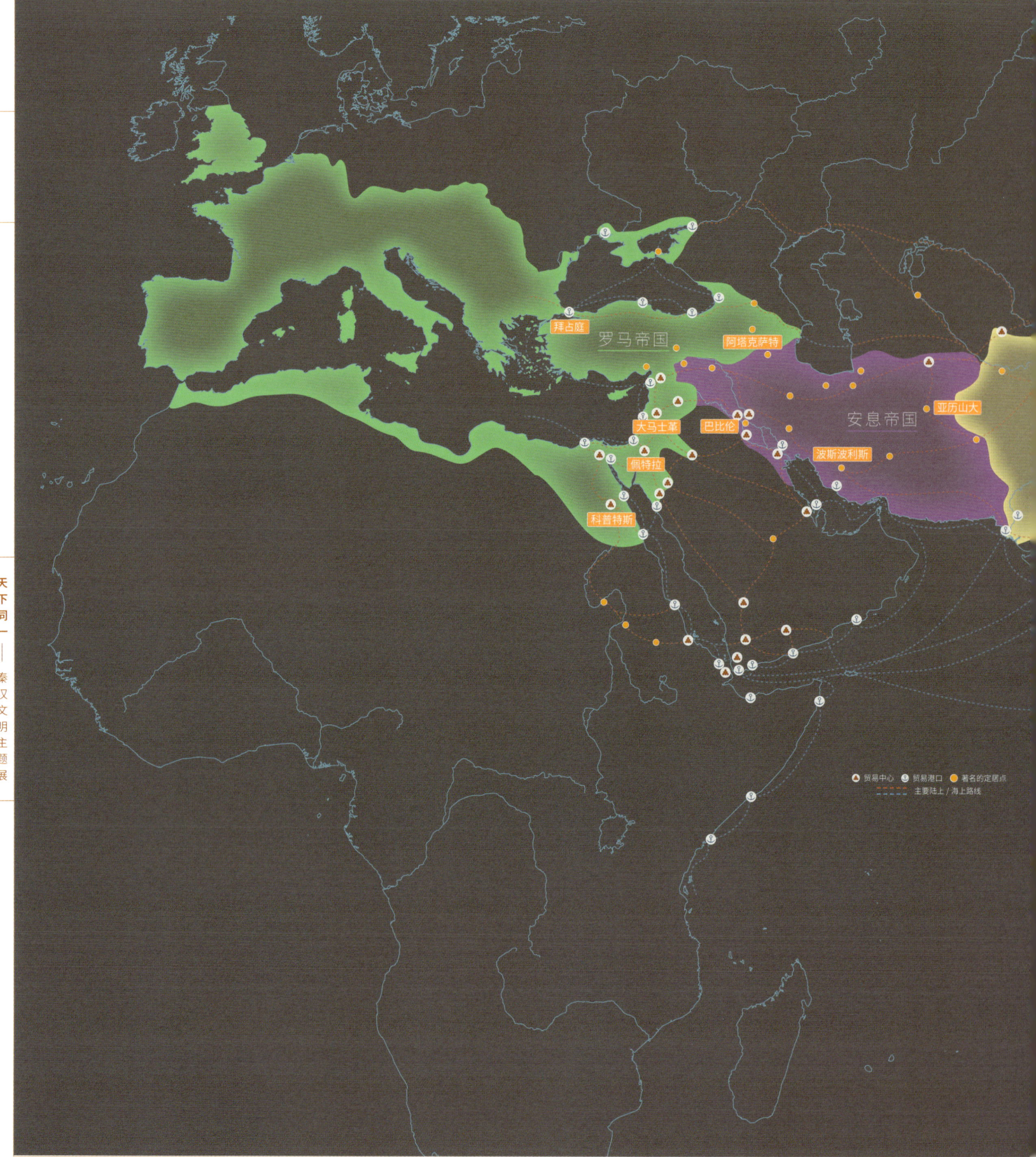

罗马帝国与东方的贸易联系

公元前 2 世纪前后，欧亚大陆上各文明中心都普遍出现对外开拓与探索的冲动，使得各文明交流与影响呈现出相互性与双向性，极大地拓展了彼此的视野。中国和其他各文明都开始了对世界的重新认知，并形成了不同于传统观念的"世界"意识。有关这一时期中国对"世界"范围的认知，在文献中也多有记载。《史记·郦生陆贾列传》中记载："皇帝……继五帝三王之业，统天下，理中国。中国之人以亿计，地方万里，居天下之膏腴，

人众车舆，万物殷富，政由一家，自天地剖判未始有也。"《汉书·西域传》云："汉兴至于孝武，事征四夷，广威德，而张骞始开西域之迹……置使者校尉领护，以给使外国者。"《后汉书·西域传》云："大秦国，一名犁鞬，以在海西，亦云海西国……或云其国西有弱水、流沙，近西王母所居处，几于日所入也。"

绿釉孔雀灯

- 东汉
- 通高89厘米
- 1956年河南陕县刘家渠1037号墓出土

这件河南陕县汉墓出土的绿釉陶孔雀灯，形体高大，结构复杂，通身施翠绿色釉，胎质红色。灯自下而上共分三层。第一层下端底座呈喇叭形，上托一折唇平沿大灯碗，碗沿上有对称的四个小孔，各插一支小灯盏，小灯盏外侧附柿蒂形花。第二层底座上大下小，犹如罐形，其上灯碗口径略小于第一层，其余与第一层无异。第三层底座似钟形，上塑出一昂首开屏的孔雀，孔雀背驮一灯盏。因通身有九个灯碗可以同时点燃，所以又称"九连灯"。蓝孔雀原产自印度，由南亚经中亚，或翻越丛林过新疆，至河西走廊进入中原。这件孔雀灯将孔雀元素与我国传统豆型灯相结合，体现出了中国传统文化通过丝绸之路与异域文化之间的交流与融合。

互鉴——中国对世界的探知　Mutual Learning: China's Exploration of the Outside World

文明从城市走向世界

从城邦到帝国的发展过程，也是文明从城市走向世界的过程。贸易和外交活动将世界联系在一起——亚历山大的东征，将古典希腊文化传播到西亚，促进了东西文化的交流、融合；罗马帝国的扩张，影响了周边地区的经济和文化，其贸易网延伸到北欧、印度、中国等地区，加强了各文明之间的联系。在文明互鉴的推动下，人类对于世界的认知逐渐走向成熟。

Civilizations from City-states to Globalization

The transition from city-states to a great empire is also the process through which civilizations spread from local cities to the broader world. Trades and diplomatic activities have connected the world together. For instance, Alexander the Great's conquests to the east brought ancient Greek culture to western Asia, advancing the communication and integration of eastern and western cultures. Similarly, the expansion of the Roman Empire influenced the economy and culture of surrounding regions. Its trade networks extended to the northern Europe, India, China and other areas, strengthening connections among different civilizations. Through the promotion of mutual learning, peoples' understanding of the world gradually matured.

01 公元前 336 年
亚历山大继位成为马其顿国王。

02 公元前 335 年
率军征服色雷斯各部，平定底比斯、雅典叛乱，统一了巴尔干半岛。

03 公元前 334 年
横渡赫勒斯滂海峡（今达达尼尔海峡），登陆亚洲。

04 公元前 333 年
马其顿军队利用波斯御道的部分北线和南线进军，击败大流士三世于伊苏斯。

亚历山大的征服之路

The Conquest Route of Alexander the Great

● 公元前 336 年，亚历山大成为马其顿国王，随后便开始了传奇般的征服之路。他在 13 年内征服了约 500 万平方公里的领土，率领军队先后统一了巴尔干半岛，征服埃及、波斯，攻打印度，在地中海东部地区开启了"希腊化时代"，他本人也作为"亚历山大大帝"留名史册。

亚历山大东征路线

公元前 326 年，亚历山大率军返回希腊，途经波斯以及周边他所征服的地区。

05 公元前 332 年	06 公元前 331 年	07 公元前 329 年	08 公元前 328 年	09 公元前 327 年	10 公元前 327—前 326 年	11 公元前 323 年
亚历山大沿地中海东岸南下，马拉图斯、西顿投降，提尔、加沙被攻陷。然后进军埃及，建亚历山大港，又沿尼罗河南下，利用波斯在埃及修建的埃及道进行侵略和征服。	亚历山大从孟菲斯北上，返腓尼基，先从今叙利亚西北上，然后东进与大流士三世决战于高加米拉并获胜，征服了巴比伦和波斯。	亚历山大追击波斯的巴克特里亚总督贝苏斯，一路征服，抵达今兴都库什山脉一带。	攻陷塔奈斯七城，在西罗波利斯附近建亚历山大城。	亚历山大攻陷索格底亚纳山城和科瑞尼斯山城，向印度河西岸和旁遮普北部进军。	亚历山大与印度人战于科芬河和印度河之间，最终攻陷诸多城市，将其中的桑加拉城夷为平地。	亚历山大卒于巴比伦。

古罗马与古中国的贸易往来

Trades between Ancient Rome and Ancient China

- 战争和贸易，是古罗马与外界联系的主要方式。战争为罗马带来了广阔的领土、物资、人力和边境隐患，而贸易进一步拓宽了罗马人的视野。
- 罗马的外贸活动通过丝绸之路远至中国。166年，罗马皇帝马可·奥勒留派遣使节来访汉朝，他们在日南郡（今越南，当时属东汉）边界外，将贡品象牙、犀牛角、玳瑁等献给了东汉。这是大陆两端的庞大帝国之间的第一次直接往来。

尼雅遗址

考古学家奥莱尔·斯坦因和他的团队，在我国新疆塔里木盆地的民丰县以北发现了一处古村落遗址，可追溯至公元前2世纪，它就是尼雅遗址。人们在当地发掘出了古罗马钱币和料珠。这个遗址是古代丝绸之路东西方贸易往来的见证。

尼雅项链

外来物种入侵

随着罗马帝国的扩张，一些不同种类的草本植物被带到罗马境内及其行省。如高卢和南英格兰地区，在农村出现的麦仙翁，既抑制作物产量，又对人和动物有毒；在城市出现的颠茄，易导致当地植物生长环境缺失和居民中毒。

麦仙翁

传染病的入侵和蔓延

166 年，一种疾病通过红海潜入罗马帝国，有关疾病的源头未可查证，有专家猜测它与 156 年出现在阿拉伯半岛的传染病有关。瘟疫很快席卷了罗马全境，据现代历史学家统计，这场瘟疫造成的死亡人数 150 万—2500 万不等。这场瘟疫自第一次爆发以后，又在罗马各地之间不断地侵扰，至少持续到 172 年。

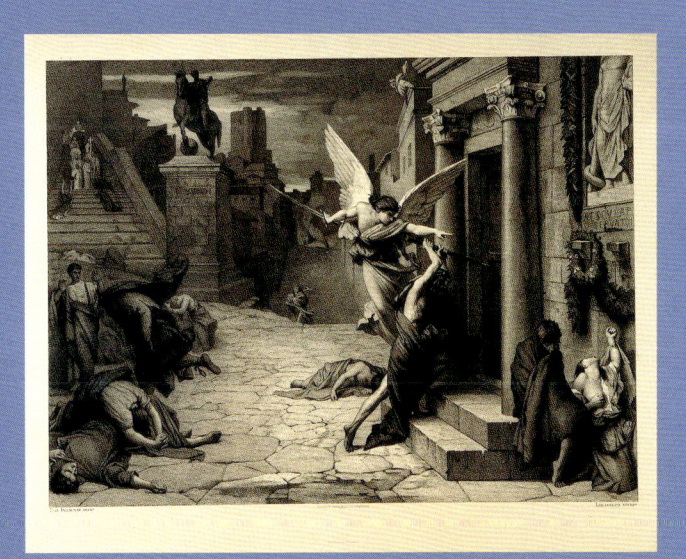

勒瓦瑟尔根据 19 世纪学院派画家儒勒·埃利·德劳内所绘《被瘟疫侵袭的罗马城》而制作的版画，描绘了死亡天使降临的场景

"The Great Stability of China"

During Qin and Han dynasties, cultural innovation and development shone brilliantly. Innovations in the political system, coupled with the thriving development of economy, culture, and technology, enhanced national strength, solidifying the foundation for a self-assured and powerful nation, and providing a "Chinese paradigm" for the advancement of world civilization.

The "Great Stability of China", diligently fostered by our forebears, represents our generation's steadfast direction and is the wellspring of vitality for the Chinese nation, perpetuating ongoing growth and ushering in the new era.

「中国大宁」

秦汉时期，文明的创造和文化的发展，耀眼夺目！政治体制的创新，经济、文化、科技的繁荣发展，提升了国家实力，为一个自信、强大民族的形成奠定了坚实的基础，也为世界文明的发展提供了「中国范式」。前人努力营造的「中国大宁」，亦是我辈坚守的方向，更是中华民族生生不息、继往开来的力量源泉。

长乐万世宜酒食
大乐贵富
千秋万岁
延年益寿
多贺国家人民息
风雨时节五谷熟
长保二亲得天力
七象日月

长乐未央
千秋万岁
延年益寿
万事如意
天下康宁
延年益寿
大宜子孙
四夷尽服
汉并天下
百万石仓

维天降灵
延元万年
天下康宁
万事如意
延年益寿
大宜子孙
安乐如意长乐子孙
延年益寿长保子孙
长乐明光
永昌
冀四海贵富寿为国庆
五星出东方利中国

其质清刚
以视亚容兮
辟去不羊
（祥）
中国大宁
予孙益昌
法似于天终复始
中国大宁宜孙子
多贺中国人民富
云雨时节五谷熟

"中国大宁" "The Great Stability of China"

参考文献

专著：

- [1] 〔英〕爱德华·吉本. 全译罗马帝国衰亡史[M]. 席代岳译. 浙江大学出版社, 2018.
- [2] 陈伟. 西方政治思想史[M]. 中国社会科学出版社, 2020.
- [3] 陈云. 论集体主义的历史谱系：以儒家文化为中心的型构[M]. 社会科学文献出版社, 2018.
- [4] 甘肃省文物考古研究所, 北京大学考古文博学院, 中国国家博物馆考古院等. 秦与戎：秦文化与西戎文化十年考古成果展[M]. 文物出版社, 2021.
- [5] 黄时鉴. 东西交流史论稿[M]. 上海古籍出版社, 1998.
- [6] 〔美〕凯尔·哈珀. 罗马的命运：气候、疾病和帝国的终结[M]. 李一帆译. 北京联合出版公司, 2019.
- [7] 〔英〕莱斯莉·阿德金斯, 罗伊·阿德金斯. 古代罗马社会生活[M]. 张楠、王悦、范秀琳译. 商务印书馆, 2016.
- [8] 李零. 波斯笔记[M]. 生活·读书·新知三联书店, 2019.
- [9] 〔美〕理查德·W·布利特等. 大地与人：一部全球史[M]. 刘文明、邢科、田汝英译. 商务印书馆, 2020.
- [10] 刘庆柱, 白云翔主编. 中国考古学·秦汉卷[M]. 中国社会科学出版社, 2010.
- [11] 卢嘉锡总主编、陈美东著. 中国科学技术史：天文学卷[M]. 科学出版社, 2003.
- [12] 卢嘉锡总主编、潘吉星著. 中国科学技术史：造纸与印刷卷[M]. 科学出版社, 1998.
- [13] 卢嘉锡总主编、席龙飞、杨熺、唐锡仁主编. 中国科学技术史：交通卷[M]. 科学出版社, 2004.
- [14] 卢嘉锡总主编、周魁一著. 中国科学技术史：水利卷[M]. 科学出版社, 2002.
- [15] 〔英〕玛丽·比尔德. 罗马元老院与人民：一部古罗马史[M]. 王晨译. 民主与建设出版社, 2018.
- [16] 彭信威. 中国货币史（校订版）. 上海人民出版社, 2020.
- [17] 秦始皇帝陵博物院. 真彩秦俑[M]. 文物出版社, 2014.
- [18] 陕西省考古研究所. 秦都咸阳考古报告[M]. 科学出版社, 2004.
- [19] 石云涛. 早期中西交通与交流史稿[M]. 学苑出版社, 2003.
- [20] 王红旗编译, 孙晓琴绘. 《山海经》全集精绘, 清华大学出版社, 2019.
- [21] 王子今. 秦汉时期生态环境研究[M]. 北京大学出版社, 2007.

- [22] 王子今. 秦汉交通考古[M]. 中国社会科学出版社, 2015.
- [23] 王子今. 秦汉交通史稿[M]. 中国人民大学出版社, 2013.
- [24] 威尔·杜兰特. 文明的故事[M]. 台湾幼狮文化译. 天地出版社, 2018.
- [25] 乌恩岳斯图. 北方草原考古学文化比较研究——青铜时代至早期匈奴时代[M]. 科学出版社, 2008.
- [26] 乌恩岳斯图. 北方草原考古学文化研究——青铜时代至早期铁器时代[M]. 科学出版社, 2007.
- [27] 张芝联、刘学荣主编. 世界历史地图集[M]. 中国地图出版社, 2002.
- [28] 钟少异. 中国古代军事工程技术史上古至五代[M]. 山西出版集团, 2008.
- [29] Mattingly D J. Imperialism,Power,and Identity Experiencing the Roman Empire[M]. Princeton University Press, 2011.
- [30] Selsvold I, Webb L. The Roman sand the Anthropocene: Posthuman Provocat ions[C]. Beyond the Romans:Posthuman Perspectives in Roman Archaeology. Oxbow Books, 2020.

期刊文献：

- [1] 蔡锋. 论秦在统一战争时期的军事优势[J]. 青海师范大学学报(哲学社会科学版), 1991(02).
- [2] 蔡智忠、马明达、聂晶等. 论秦文化的尚武精神[J]. 天水师范学院学报, 2012, 32(03).
- [3] 曹锦清, 刘炳辉. 郡县国家：中国国家治理体系的传统及其当代挑战[J]. 东南学术, 2016(06).
- [4] 陈连开. 汉族的形成与发展[J]. 中国民族, 1984(04).
- [5] 陈胜武. 汉武帝时期汉匈战争双方战略运用比较[J]. 军事历史研究, 2011, 25(02).
- [6] 陈长琦. 汉代察举制度略论[J]. 华南师范大学学报(社会科学版), 1992(04).
- [7] 陈长琦. 汉代郡政府行政职能考察[J]. 暨南学报(人文科学与社会科学), 1993(04).
- [8] 陈长琦. 郡县制确立时代论略[J]. 河南大学学报(社会科学版), 1987(01).

- [9] 崔敏侠. 略谈扁壶[J]. 文博, 2006(01).
- [10] 丁赵旭. 西汉定襄郡的设置与汉匈战争[J]. 孙子研究, 2021(06).
- [11] 杜晓勤. "草原丝绸之路"兴盛的历史过程考述[J]. 西南民族大学学报(人文社会科学版), 2017, 38(12).
- [12] 段永升. 西汉国家祭祀仪式与身份认同——以《郊祀歌》为中心的考察[J]. 唐都学刊, 2021, 37(03).
- [13] 冯渝. 浅论汉武帝时期汉匈战争的意义[J]. 中国民族博览, 2019(02).
- [14] 吉家友. 魏国变法改革在战国时期的示范作用[J]. 华北水利水电大学学报(社会科学版), 2010, 26(05).
- [15] 高士荣. 秦献公：战国时期推动秦国兴起的前驱者[J]. 西安财经大学学报, 2020, 33(03).
- [16] 葛剑雄. 秦汉时期的人口迁移与文化传播[J]. 历史研究, 1992(04).
- [17] 宫芳. 试析管仲的改革思想与实践[J]. 管子学刊, 2010(02).
- [18] 巩文. 炫目丝珠：考古发现的汉代黄金饰品[J]. 美成在久. 2017(02).
- [19] 古永继. 秦汉时西南地区外来移民的迁徙特点及在边疆开发中的作用[J]. 云南民族大学学报(哲学社会科学版), 2006(03).
- [20] 顾奎相, 陈涴. 春秋战国时期改革之同异及启示[J]. 辽宁大学学报(哲学社会科学版), 1998(05).
- [21] 郭物. 青铜鍑在欧亚大陆的初传[J]. 欧亚学刊, 1999.
- [22] 郭之昀, 沙丹. 简析秦灭六国的"远交近攻"方略[J]. 军事历史, 1994(05).
- [23] 韩连琪. 春秋战国时代的郡县制及其演变[J]. 文史哲, 1986(05).
- [24] 何光岳. 汉人与汉族的形成[J]. 中央民族大学学报(哲学社会科学版), 1997(01).
- [25] 何志虎. 汉族和中华民族的形成[J]. 历史教学, 2002(11).
- [26] 呼啸, 李倩, 牟泉霖. 汉代铜鱼形扁壶初探[J]. 草原文物, 2023(01).
- [27] 黄留珠. 察举制研究的重大突破——读阎步克《察举制度变迁史稿》[J]. 北京大学学报(哲学社会科学版), 1992(05).
- [28] 黄兆宏. 从云梦秦简看秦军制[J]. 青海师范大学学报(哲学社会科学版), 2014, 36(06).
- [29] 黄中业. 战国社会改革的历史经验[J]. 史学月刊, 1989(06).

- [30] 季德源. 汉代的军事机构及其主官[J]. 军事历史, 1987(02).
- [31] 江涛. 战国初期吴起在楚国变法之历史考述[J]. 兰台世界, 2013(24).
- [32] 赖华明. 汉代察举制的内容及其功过[J]. 西南民族大学学报(人文社科版), 2003(11).
- [33] 赖华明. 汉代察举制概论[J]. 天府新论, 2003(06).
- [34] 赖华明. 论秦汉移民及其特点[J]. 四川师范大学学报(哲学社会科学版), 1995(04).
- [35] 赖华明. 论秦汉移民政策及其历史作用[J]. 四川师范大学学报(哲学社会科学版), 1996(04).
- [36] 赖华明. 秦汉移民与巴蜀文化的变迁[J]. 西南民族学院学报(哲学社会科学版), 2002(11).
- [37] 李朝远. 新见秦式青铜簋研究[J]. 文物, 2004(01).
- [38] 李都都. 甘泉与西汉中期的国家祭祀[J]. 石河子大学学报(哲学社会科学版), 2011, 25(05).
- [39] 李岗, 田亚岐, 肖健一等. 2008~2017年陕西秦汉考古综述[J]. 考古与文物, 2018, (05).
- [40] 李零. 论西辛战国墓裂瓣纹银豆——兼谈我国出土的类似器物[J]. 文物. 2014(09).
- [41] 李秋香. 秦汉民间信仰文化认同功能研究综述[J]. 天中学刊, 2010, 25(03).
- [42] 李瑞兰. 战国七雄改革成败得失散议[J]. 天津师范大学学报(社会科学版), 1987(02).
- [43] 李若晖. 郡县制时代——由权力建构与社会控制论秦至清的社会性质[J]. 文史哲, 2011(01).
- [44] 李晓青. 先秦时期甘肃地区与北方草原地带的文化关系[J]. 丝绸之路, 2004(S2).
- [45] 李晓青, 南宝生. 甘肃清水县刘坪近年发现的北方系青铜器及金饰片[J]. 文物, 2003(07).
- [46] 李艳峰. 汉晋时期中国—罗马丝绸之路的开辟及其文化想象[J]. 广西民族大学学报(哲学社会科学版), 2020(03).
- [47] 林剑鸣. 试论商鞅变法成功的原因[J]. 西北大学学报(哲学社会科学版), 1978(02).
- [48] 陕西省考古研究院渭桥考古队, 中国社会科学院考古研究所渭桥考古队, 西安市文物保护考古研究院渭桥考古队. 西安市汉长安城北渭桥遗址[J]. 考古, 2014.
- [49] 刘瑞, 李毓芳, 王志友等. 西安市汉长安城北渭桥遗址出土的古船[J]. 考古, 2015(09).
- [50] 卢良志. 汉代的军事地图[J]. 国土资源, 2008(01).

[51] 芦敏. 秦汉时期中朝移民及其特点[J]. 信阳师范学院学报(哲学社会科学版), 2012, 32(05).

[52] 罗丰. 中原制造——关于北方动物纹金属牌饰[J]. 文物, 2010(03).

[53] 马成林. 管仲变法探微[J]. 北京社会科学, 1994(04).

[54] 马健. 黄金制品所见中亚草原与中国早期文化交流[J]. 西域研究, 2009(03).

[55] 毛自成. 战国魏楚秦变法比较研究[J]. 陕西广播电视大学学报, 2019, 21(01).

[56] 牧金山. 巴泽雷克文化与史前丝绸之路[J]. 大众考古, 2022(07).

[57] 牛敬飞. 被夸大的前郊祀时代——从《秦汉国家祭祀史稿》对史料的误用说起[J]. 清华大学学报(哲学社会科学版), 2017, 32(01).

[58] 邱文山. 春秋时期齐国的全方位改革[J]. 山东理工大学学报(社会科学版), 2007(05).

[59] 瞿林东. 探索民族间的心灵沟通——深入研究中国历史上历史文化认同的传统[J]. 史学史研究, 2010(04).

[60] 单印飞. "出土资料与战国秦汉社会转型研究"国际学术研讨会综述[J]. 中国史研究动态, 2014(02).

[61] 单月英. 移动的文化桥——黄金草原与东西方文化交流[J]. 艺术品, 2015(05).

[62] 邵会秋, 杨建华. 前丝绸之路亚洲草原的文化交往——以金属器为视角的考古学研究[J]. 故宫博物院院刊, 2022(06).

[63] 史党社. 从考古新发现谈前丝路的一些问题[J]. 秦始皇帝陵博物院, 2014.

[64] 史继忠. 汉族的形成及其历史地位[J]. 贵州民族研究, 1993(02).

[65] 宋伯胤, 黎忠义. 从汉画象石探索汉代织机构造[J]. 文物, 1962(03).

[66] 宋佳雯, 邵会秋. 两周时期北方地区铜鍑再研究——兼谈椭方口鍑的起源[J]. 草原文物, 2022(01).

[67] 田继周. 秦汉多民族国家的形成和汉族人们共同体的发展[J]. 云南社会科学, 1986(04).

[68] 田天. 西汉末年的国家祭祀改革[J]. 历史研究, 2014(02).

[69] 万昌华. 郡县制起源理论的历史考察[J]. 齐鲁学刊, 2000(05).

[70] 万昌华. 论郡县制度的嬗变与实质[J]. 齐鲁学刊, 2002(05).

[71] 万川. 商鞅的户籍制度改革及其历史意义[J]. 中国人民公安大学学报(社会科学版), 1998(01).

[72] 汪高鑫. 汉代的历史文化认同意识[J]. 史学史研究, 2010(04).

[73] 汪高鑫. 汉代历史文化认同意识与统一多民族国家的巩固[J]. 四川师范大学学报(社会科学版), 2012, 39(01).

[74] 王博. 亚欧草原所见青铜鍑及其研究[J]. 新疆师范大学学报(哲学社会科学版), 1995(04).

[75] 王红. 论西汉初期的汉匈关系[J]. 四川教育学院学报, 1999(Z1).

[76] 王景义. 论华夏族——汉族的形成和发展[J]. 绥化师专学报, 1997(04).

[77] 王炼炼. 浅析汉族的形成与发展[J]. 新西部(理论版), 2015(06).

[78] 王仁湘. 带钩概论[J]. 考古学报, 1985(03).

[79] 王绍东. 论商鞅变法对秦文化传统的顺应与整合[J]. 内蒙古大学学报(人文社会科学版), 2002(05).

[80] 王晓. 建国以来我国古代纺织机具的发现与研究[J]. 中原文物, 1989(03).

[81] 王彦辉. 出土秦汉户籍简的类别及登记内容的演变[J]. 史学集刊, 2013(03).

[82] 王振铎. 汉代冶铁鼓风机的复原[J]. 文物, 1959(05).

[83] 王志友. 考古材料所见早期秦文化的军事性[J]. 兰州学刊, 2014(05).

[84] 王志友. 早期秦文化与域外文化、北方草原文化的交流[J]. 西安电子科技大学学报(社会科学版), 2013, 23(06).

[85] 王子今. 岭南移民与汉文化的扩张——考古资料与文献资料的综合考察[J]. 中山大学学报(社会科学版), 2010, 50(04).

[86] 王子今. 秦汉时期渤海航运与辽东浮海移民[J]. 史学集刊, 2010(02).

[87] 王子今. 秦"北边"战略与统一进程[J]. 西安财经学院学报, 2016, 29(04).

[88] 魏昌. 秦楚变法成败原因刍议[J]. 长江大学学报(社会科学版), 1985(04).

[89] 魏娜. 春秋战国时期百家关于法思想的争鸣——儒家、墨家、法家法律思想初探[J]. 法制与社会, 2014(12).

- [90] 魏娜. 论栎阳城与秦国的崛起[J]. 大庆师范学院学报, 2018, 38(02).
- [91] 乌恩. 欧亚大陆草原早期游牧文化的几点思考[J]. 考古学报, 2002(04).
- [92] 吴寰, 刘力. 秦汉巴蜀移民与巴蜀的华夏化[J]. 三峡大学学报(人文社会科学版), 2020, 42(04).
- [93] 吴小平. 汉代铜壶的类型学研究[J]. 考古学报, 2007(01).
- [94] 吴妍春. 古代亚欧大陆游牧文化中的动物纹艺术[J]. 新疆大学学报(哲学社会科学版), 1995(04).
- [95] 夏鼐. 我国古代蚕、桑、丝、绸的历史[J]. 考古, 1972(02).
- [96] 肖瑞玲. 秦汉对北部边郡的开发[J]. 中国边疆史地研究, 1996(04).
- [97] 早期秦文化联合考古队, 张家川回族自治县博物馆. 张家川马家塬战国墓地2010~2011年发掘简报[J]. 文物, 2012(08).
- [98] 熊铁基, 周鼎初. 秦始皇军事思想探微[J]. 文博, 1990(05).
- [99] 熊永. 秦国的大一统治理与战时体制转型[J]. 南京大学学报(哲学·人文科学·社会科学), 2022, 59(02).
- [100] 徐泉海. 战国时期百家争鸣述略[J]. 科技视界, 2014(10).
- [101] 徐日辉. 秦早期军事力量考略[J]. 学术月刊, 2005(01).
- [102] 徐勇. 中国历代军事制度概述——(二)春秋至秦军事制度概述[J]. 历史教学, 1989(09).
- [103] 杨建宏. 汉和帝时期汉匈战争新析[J]. 吉首大学学报(社会科学版), 1994(03).
- [104] 杨宽. 论战国时代齐国复辟的历史教训[J]. 历史研究, 1975(02).
- [105] 杨振红. 从秦"邦"、"内史"的演变看战国秦汉时期郡县制的发展[J]. 中国史研究, 2013(04).
- [106] 尤中. 秦、汉时期汉族的形成和发展[J]. 思想战线, 1998(09).
- [107] 于天宇. 移民政策在汉中军事争夺中的演进——以战国秦汉三国时期为例[J]. 吉首大学学报(社会科学版), 2020, 41(04).
- [108] 张国刚. 百代皆行秦政制——商鞅变法对中华政治文化影响深远[J]. 紫光阁, 2015(03).
- [109] 张家升. 汉代丝织业发展的考古学观察[J]. 东南大学学报(哲学社会科学版), 2009, 11(S1).
- [110] 张金光. 商鞅变法后秦的家庭制度[J]. 历史研究, 1988(06).

- [111] 张景明. 北方草原金银器产生的历史条件及早期丝绸之路的开通[J]. 大连大学学报, 2012(02).
- [112] 张龙春. 秦汉时期中原移民对岭南的开发及影响[J]. 乌鲁木齐职业大学学报, 2005(04).
- [113] 张寿龙. 吕不韦的经济管理改革思想和启示[J]. 黑河学院学报, 2018, 9(01).
- [114] 张淑慧, 常艳. 战汉时期腰带牌饰中动物咬斗纹的研究[J]. 湖南包装, 2021, 36(05).
- [115] 张小兰. 从出土文物看广东地区的移民文化变迁——以广东秦汉至元代出土陶瓷器为例[J]. 文物世界, 2018(02).
- [116] 张欣. 论汉代辟除制与察举制之关系[J]. 河南师范大学学报(哲学社会科学版), 2018, 45(04).
- [117] 张营营. 西汉国家祭祀中的方士[J]. 郑州航空工业管理学院学报(社会科学版), 2016, 35(04).
- [118] 张仲立. 长平之战垒壁与秦俑坑军事建筑[J]. 文博, 1993(01).
- [119] 赵德云. 凸瓣纹银、铜盒三题[J]. 文物, 2007(07).
- [120] 赵化成. 秦人从哪里来寻踪早期秦文化[J]. 中国文化遗产, 2013(02).
- [121] 赵艺蓬. 从《史记·河渠书》看战国秦汉水利工程及其效用[J]. 西安文理学院学报(社会科学版), 2010, 13(02).
- [122] 周群. 秦代置郡考述[J]. 中国史研究, 2016(04).
- [123] 陈斯雅, 王东. 综论早期秦文化的发现与研究[J]. 西安财经学院学报, 2014(01).

学位论文：

- [1] 陈剑. 先秦时期县制的起源与转变[D]. 吉林大学, 2009.
- [2] 池桢. 静静的思想之河——战国时期国家思想研究[D]. 郑州大学, 2004.
- [3] 董莉莉. 论秦汉关西武将集团[D]. 山东师范大学, 2015.
- [4] 董莉莉. 丝绸之路与汉王朝的兴盛[D]. 山东大学, 2021.

[5] 钢特古斯. 蒙古族传统皮囊壶研究[D]. 内蒙古师范大学, 2015.

[6] 郭小红. 文明互动中的古罗马与东方：古罗马向东方的探索及其经济文化交流[D]. 首都师范大学, 2011.

[7] 胡岩涛. 秦汉都城军事防御体系研究[D]. 西北大学, 2019.

[8] 黄慧. 秦汉时期内蒙古地区移民问题研究[D]. 内蒙古大学, 2009.

[9] 黄佳梦. 秦移民及相关问题研究[D]. 东北师范大学, 2006.

[10] 江娜. 汉代边防体系研究[D]. 华中师范大学, 2013.

[11] 寇少丽. 中国北方草原人物纹饰与古代北方民族文化之考察[D]. 中央民族大学, 2012.

[12] 李秋香. 文化认同与文化控制：秦汉民间信仰研究[D]. 河南大学, 2010.

[13] 李砚卓. 战国秦汉时期丝织品的发现与研究[D]. 吉林大学, 2010.

[14] 李艳秋. 两汉王朝向内蒙古地区移民初步研究[D]. 内蒙古大学, 2016.

[15] 李媛. 马家塬战国墓地文化性质及其与秦文化关系探讨[D]. 西北大学, 2009.

[16] 廖小东. 政治仪式与权力秩序：古代中国"国家祭祀"的政治分析[D]. 复旦大学, 2008.

[17] 刘耐冬. 先秦秦汉时期金银工艺及金银器研究[D]. 中国地质大学（北京）, 2006.

[18] 刘淑颖. 秦汉迁徙刑与迁徙地[D]. 武汉大学, 2014.

[19] 刘玉璟. 汉代入迁河西地区移民研究[D]. 西北师范大学, 2012.

[20] 刘悦. 西汉帝陵移民研究[D]. 兰州大学, 2020.

[21] 陆刚. 鄂尔多斯式青铜器造型艺术研究[D]. 内蒙古大学, 2021.

[22] 陆坦. 秦的军制演变研究[D]. 郑州大学, 2020.

[23] 马巧香. 汉代田猎的文化考察[D]. 陕西师范大学, 2018.

[24] 闵海霞. 匈奴发展史研究[D]. 兰州大学, 2010.

[25] 邱晴. 秦汉时期西南地区移民问题研究[D]. 江西师范大学, 2021.

[26] 任艳荣. "张骞凿空西域"历史现象再探讨：兼论秦汉时期中原王朝外交战略格局形成之原因[D]. 中央民族大学, 2009.

[27] 司家民. 秦统一前后畜力资源在军事领域的利用研究[D]. 山东大学, 2019.

[28] 孙浩. 秦孝公至秦始皇时期的秦国法制教育研究（公元前361-公元前210）[D]. 东北师范大学, 2015.

[29] 孙赫. 论春秋战国时期秦国人才引进[D]. 吉林大学, 2011.

[30] 王柏中. 两汉国家祭祀制度研究[D]. 吉林大学, 2004.

[31] 王淳. 秦国的母系氏族残余与其变法统一的关系[D]. 河南大学, 2006.

[32] 王辉. 银雀山汉墓竹简军事思想问题研究[D]. 西南大学, 2014.

[33] 王小丽. 秦汉时期岭南移民问题研究[D]. 河南大学, 2010.

[34] 王勇. 秦道路交通发展的军事因素研究[D]. 兰州大学, 2012.

[35] 王云鹤. 商鞅变法若干问题研究[D]. 苏州大学, 2015.

[36] 汶翰. 秦人都邑的军事考古学观察[D]. 西北大学, 2020.

[37] 吴方浪. 汉代丝织业研究[D]. 江西师范大学, 2014.

[38] 吴海平. 西汉与匈奴关系演变的原因及影响[D]. 渤海大学, 2017.

[39] 吴既. 中国早期金珠工艺探讨[D]. 陕西师范大学, 2013.

[40] 谢伟峰. 从血缘到地缘：春秋战国制度大变革研究[D]. 陕西师范大学, 2013.

[41] 辛田. 春秋战国时期社会转型研究[D]. 陕西师范大学, 2006.

[42] 徐帆. 秦咸阳军事遗存的发现与研究[D]. 西北大学, 2015.

[43] 杨柳. 秦汉时期山东移民关中研究[D]. 山东大学, 2019.

[44] 喻鹏涛. 秦直道若干问题研究[D]. 西北大学, 2013.

[45] 袁方. 商鞅的"强秦之计"与秦国的政治发展[D]. 中国政法大学, 2006.

[46] 张卓琳. 秦郡县制度研究[D]. 陕西师范大学, 2009.

[47] 赵东月. 汉民族的起源与形成——体质人类学的新视角[D]. 吉林大学, 2016.

[48] 周至杰. 社会转型与春秋战国人学思潮研究[D]. 福建师范大学, 2008.

天下同一——秦汉文明主题展

后记
Epilogue

22个月的团队奋战，此时交卷，可以长舒一口气了。

2022年8月接到侯宁彬馆长的电话，邀请我参与陕西历史博物馆秦汉馆的陈列展览工作，可以说又让我有了一次关于什么是"文明"的认真思考，特别是针对"秦汉文明"这样如此厚重且宏大的主题。

我是学历史的，以考古学印证历史学中的问题，是我进入博物馆工作后才接触和理解到的，它给了我很多新的学术思路；同时，如何从大历史观的角度出发，来探讨历史文化的渊源与人类文明的发展，也是我在做展览策划过程中一直认真思考的问题。陕西历史博物馆秦汉馆的"秦汉文明主题展"，给了我这样一个将日积月累的思考和研究进行视觉转化并呈现给观众的机会，我很兴奋。在架构展览内容框架前，我们必须认真思考且需要解决的一连串问题是："秦汉文明"到底是什么？"秦汉文明"给予中华文明发展的意义在哪里？"秦汉文明"的发展于世界文明的发展和人类社会的进步是否有关系、有意义？能回答得了这些问题，我们便可以厘清展览思路了。

"天下同一——秦汉文明主题展"是秦汉馆的基本陈列，也是架构整个博物馆的展览体系并阐释、解读"秦汉文明"的基础和出发点。陈列内容主线以新制度的创建为核心，通过制度创立、经济发展、思想奠基、文化创新、科技助力、交流互鉴六个方面，平行架构了展览的"故事线"，但层层递进的内容逻辑脉络，也明确表述了秦汉文明在中华文明发展进程中的多种成就和作用，向观众充分展示了其发展的广度与高度。同时，为了更好地便于观众理解秦汉文明乃至中华文明的发展于世界的意义，我们将30°N~40°N世界古代文明发生带的大背景置于展览内容的辅线中，以平行的视角，为观众架构了一个与西方古代文明对话的窗口，希望观众能通过观看整个展览体察中华文明的发展特性。对"文明"的阐释和解读，需要多层次、多角度的建构。在架构展览叙事逻辑的同时，我们也利用原创的9大多媒体艺术装置作为叙事的另一条线索，与具象化的文物相结合，营造出空间的仪式感，张弛有度地引导观众的观展节奏，将"秦汉文明"这一庞大主题阐释得生动、形象且具体，对展览核心内容进行了延伸和提升。

任何一个展览都不是一蹴而就的，特别如"秦汉文明"这样主题内涵深厚的展览，从涉及"文明"概念的大课题，到不同学术观点的合理利用，再到表述过程中的每个细节，策展团队都经过认真思考。我们希望对"秦汉文明"的解读，不仅仅局限于历史的细节，更希望以大历史观的角度来为观众架构对中华文明成就的思考、辨析，同时理解中华文明的特质，明确中国之所以可以为世界文明的发展提供"中国范式"的立足点。

感谢国家文物局和陕西省文物局领导对展览的切实关怀，认真细致地把握展览方向，并协调全国文博单位的展品为展览添砖加瓦。我们特别感谢侯宁彬馆长给予团队的信任，把这样一个重任交给我们来执行。在整个展览的策划和实施过程中，侯馆长从展览内容的整体架构到设计细节的把握，再到文物的挑选，包括展览标题的最后确定，都提出了前瞻性和指导性的意见，为展览的成功举办创造了条件。感谢秦始皇帝陵博物院的李岗院长和陕西历史博物馆领导班子的各位领导对展览的支持，每当我们遇到困难，他们便会给予最大的支持。感谢刘庆柱、王子今、焦南峰、马永嬴、杨武战、曹龙、张翀老师给予我们学术上的支撑，不仅帮助我们把握学术观点的大方向，而且重视细节内容的表达。感谢陕西历史博物馆陈列展览部的任雪莉主任和她的团队周光顺、陈闽非、吴晓璇、王靖、惠月瑶、姜晨等小伙伴们，我始终铭记一起并肩战斗打硬仗的那些日子。感谢藏品保管部贺达炘主任以及田小娟、李文怡、杨洁、张佳、侯苏洋、黄安琪、王乙妃、独盼盼、谷朝旭、周叶青、张旭东、梁煜东、耿毅、秦妍、杭志宏、李莉、冯茹、王晨露、张心睿、杨以恒、张桢、张晓燕、陈小利、侯雨杉、张沛心、白丽莎、燕芳雨、乔会会、赵青、杨亮、罗天艺、宋睿、何颖、韩棣、齐蕴华、宋歌、王博、梁勉、董洁、岳敏静、王莉、万晓、王晶晶、魏秋萍、许峰、杨晓娜、卢轩、胡薇、白璐等老师和小伙伴们，他们对藏品工作的尊重和对陈列展览工作的支持，让我收获良师益友。感谢文物保护部的路智勇主任及他的团队王佳、付文斌、荆海燕、侯鲜婷、白璐、张蜓、高小超、张媛媛、李冬梅、马腾飞、邹浩川、郭军强、孙亚鹏、樊雷、张骄、薛栋峰、周禄毅等老师，他们为展品的保驾护航才能使得展览如期举办。感谢为秦汉馆的顺利运营提供保障工作的马军辉主任、任刚主任、许晨主任以及他们的团队姚李虎、魏昂、焦超、南楠、上官渊、徐四胜、王长缨、王琳、孙武、高曼、杜李斌、马佳伟、郑瑶瑶、韩燚、程思雯、孙晓寒、刘涛、张杰奎、乔力尧、郭玮璐、裴沛、张家年、吕璐、黄宇恒、李明瑾、任立本、杜龙生、宋瑶、勾昕玥、孙悦、王苗、刘心怡等，他们在展览背后默默的付出，我们看在眼里也记在心里，大家只是工作岗位的不同。感谢陕西省西咸新区开发建设管理委员会的樊延平、王龙、张奘、郑菲、黄一鑫、郭玉玉等同仁，你们自始至终的努力和付出，是展览正常开展最重要的保障。还要感谢广州美术学院广东省集美设计工程有限公司的邵战赢老师和他带领的年轻团队，思想的碰撞、情绪的激荡，再加上在不断争吵中达成一致的呈现，最终带给观众一个全新的视觉盛宴，他们的付出和努力历历在目。这样一种全新的视觉创新实践，突破了传统历史博物馆基本陈列叙事的常规语境，将大量的数字技术植入其中，高效地辅助了展览主题的阐释，是一种创新，也是一种冒险，但我们依然愿意共同探索博物馆基本陈列表达的一个新思路和新形式。感谢孙岩、段西洋老师为展览翻译了上万字的陈列内容，感谢孙岩、亓浩、杨红英、黄文英老师对展览内容的审译。感谢合和工作室的蒋艳老师创新且精致的图录设计，她对文博事业的热爱令我动容。感谢科学出版社文物考古分社的孙莉社长、王蕾编辑认真负责的工作态度，以及雅昌团队在时间紧迫的情况下依然努力奋战达成展览图录的出版。最后，我要感谢策展团队的8位小伙伴，从2022年10月9~12日组建策展团队开始，她们就夜以继日地陪伴着我走过了这20个月的每一天，即便我半夜发出的信息也会及时得到回应，让我感受到了团队彼此间支撑的力量，感谢你们不计条件的付出和对我永远的支持。

众人拾柴火焰高。我无法列举参与本展览工作的每一位朋友的名字，但我们一同经历的困难和一样的坚持，是我们为之努力的共同目标。一个展览由策划到完成会经历很多困难，也会留有诸多遗憾，但只要每一个展览都能提升一小步，也是令人欣慰的。对于宏大历史主题的展览叙事，我们在"天下同一——秦汉文明主题展"里有了诸多创意设计的尝试，从内容的架构到形式的呈现，从宏观的叙事到细节的表达，都付诸了我们对未来的思考。作品已提交，静待检验。

谨以此展览向奋战在中国博物馆一线的博物馆人致敬！

策展人　彭　文

2024年5月4日